왜, 우리는 변화되지 않는가?

내면의 창으로 다시 본 성경

왜,
우리는
변화되지
않는가?

내면의 창으로 다시 본 성경

이성훈 글

성인덕

목 차

머리말 • 006

1. 내적치유, 누구에게 필요한가? • 015
2. 성경에 나타난 아픈 마음 • 035
3. 내적 세계를 향한 하나님의 계획 • 057
4. 가난한 마음 • 077
5. 십자가의 치유 • 097
6. 용서를 통한 내적 성장 • 115
7. 희년의 치유적 의미 • 135
8. 내적 성전과 치유적 예배 • 155
9. 성령의 내적 사역 • 181
10. 팔복의 내적 의미 • 201
11. 선교의 내면적 의미 • 233
12. 구속사에 나타난 치유의 모형 • 251
13. 교회 내의 내적치유 • 267
14. 내적치유, 그 위치와 문제점 • 285

머리말

한국교회의 가장 큰 목표는 성장이었다. 너도, 나도 교회가 성장하는 데 초점을 맞추고 전력 질주하였다. 그래서 한국교회는 기독교 역사에 길이 남을 만큼 기적적인 성장을 이루었다. 이는 대한민국이 단기간에 경제성장을 이룬 것과 거의 동시대적으로 일어난 일이다. 그런데 우리나라가 단기간에 경제성장을 하다 보니 적지 않은 부작용이 있었다. 그 첫 번 부작용이 인권의 억압과 탄압이었다. 억압된 인권을 찾기 위해 민주화 운동이 극렬하게 진행되었고 그 결과 민주주의도 단기간에 이루었다. 그러나 형식만 민주주의이지 우리 자신이 아직 민주적으로 변화되지 않았다. 그래서 겉은 민주주의지만 속은 비민주적이고 병리적인 모습이 여전하다. 저자도 이를 '한국인의 아픔과 힘'이란 저서에서 지적한 바 있다. 그래서 우리는 이제 성숙한 민주시민으로서의 변화가 필요하다.

그렇다면 한국교회의 모습은 어떠할까? 교회도 한국 사회처럼 급속

한 교회 성장을 이루었지만 이에 걸맞은 내적 성장을 이루지 못했다. 그래서 그 부작용을 심하게 겪고 있다. 어떻게 보면 요즈음 개신교 교회는 대한민국의 왕따가 되고 있다. 문제만 생기면 항상 교회와 목사가 등장한다. 대한민국도 전반적으로 그렇게 건강하지 않은데도, 그 대한민국에서도 가장 문제가 많은 집단으로 늘 비판의 대상이 되고 있다면, 그 문제의 원인이 어떠하든 정말 심각한 문제가 아닐 수 없다. 힘든 나라와 민족을 바로 이끌지는 못할망정, 그들로부터 골치 아픈 집단으로 비난과 배척을 받고 있다면 정말 하나님 앞에 얼굴 들기가 어렵다. 교회가 받는 모든 비난과 멸시는 고스란히 하나님께로 가기 때문이다.

물론 모든 문제가 교회에 있다는 말은 아니다. 대부분의 성도는 건강하고 열심히 살아가고 있으며 이 뒤에는 목회자의 헌신과 교회의 힘이 분명히 있다. 대한민국이 이만큼 성장하는 데는 분명 기독교와 교회의 힘을 무시할 수 없다. 근면하고 의로운 크리스천들이 곳곳에 숨어 근대화와 민주화의 주역으로 이바지하였다. 그 과정에서 수많은 어려움이 있었지만, 그때마다 그들은 교회에 모여 간절히 기도하였고, 그 믿음과 기도의 힘으로 어려움을 이겨내며 여기까지 왔다. 그들의 간절한 기도를 들으시고 하나님께서 이 나라를 축복하셨다. 우리는 모두 이렇게 믿고 살아왔다. 그런데 이상하게도 기독교의 건강한 면들은 인정받지 못하고 조금 안 좋은 것들만 크게 부각되어 교회가 이상한 집단으로 인식되는 점이 무척 안타깝다.

흔히 일부 잘못된 집단이 전체의 이미지를 흐리게 하고 욕먹게 한다고 한다. 물론 어느 정도 사실이다. 그리고 잘못된 편견과 영적인 공격으로도 볼 수 있다. 그러나 원인이 어떠하든 현상적으로 이러한 일이 일어나고 있는 것은 사실이다. 이에 대한 교회의 반응은 무엇일까? 교회에 대한 박해와 핍박으로 받아들여 저항하고 싸워야 한다고 생각하는 사람도 있다. 물론 잘못된 박해에 대해서는 저항하고 외쳐야 할 것이다. 그리고 잘못된 교회 집단과 지도자를 비판하면서 그들을 기독교에서 축출해야 한다고 주장하기도 한다. 그리고 교회와 교단의 개혁을 부르짖는다. 그리고 말씀과 복음으로 돌아가서 회개 기도를 해야 한다고 한다. 이러한 것들이, 지금의 시점에서 대체로 우리가 할 수 있는 반성과 정화의 내용이 될 것이다.

  그러나 교회에 대한 위기의식에 관한 이야기는 지금 시작된 것은 아니다. 아주 오래전부터 있었다. 모두가 이 문제에 대해 공감하며 이를 해결하기 위해 적지 않은 노력을 해왔다. 그런데도 그렇게 나아진 것 같지 않다. 오히려 더 나빠져 가는 것 같아 더욱 안타깝다. 그렇다면 지금 다시 이러한 노력을 한다고 우리가 변화될까? 이에 대한 회의가 먼저 드는 것이 사실이다. 늘 같은 처방만으로 다시 좀 더 강도를 높여 노력한다고 우리의 고질적인 병이 고쳐질까? 문제를 어디에서 찾아야 할까? 어떻게 해야 할까? 노력 이전에 좀 더 문제의 근원에 대한 고찰과 분석이 필요하다고 생각한다. 대체로 '신앙적인 노력'하면 무조건 말씀과 기도, 그리고 성령 충만이라 생각한다. 이것은 사실이지만, 말씀에서 무엇을 보고 무엇을 가지고 기도해야 하는가와 어떠한 성령 충만을 받아야 하는지가 더 중요하다. 바른 내용을 찾아야 하는 것이다. 무조건 회개가 아니라 무엇을 구체적으로 해야 하는 가를 알아야 하는 것이다.

결국, 내용은 하나님의 뜻과 말씀이고 이는 성경에서 나온다. 말씀을 다시 보아야 한다는 것이다. 성경을 한국교회처럼 깊이 파고들며 열심히 보는 나라가 있을까? 보는 것도 부족해서 성경을 아주 다시 받아쓸 정도이다. 이만큼 말씀 중심인데 또 무슨 말씀인가? 한국교회의 문제의 키워드는 '변화'이다. 겉은 종교적으로 변화되었는데 성품과 삶이 변화되지 못한 차이에서 생기는 문제이다. 겉과 속의 변화가 일치하지 않은 데서 생기는 문제이다. 겉은 분명 기독교인이 되었는데 같이 살아보니 너나 나나 비슷하고 때로는 비신자보다 더 못한 면이 보이니 비판받는 것이다. 한국 사람들은 특히 이중적이고 위선적인 것에 아주 예민하게 반응한다. 그냥 나쁘면 그런가 보다 하지만, 겉은 하나님을 말하면서 실제로는 다른 모습을 보일 때 심하게 반발하는 것이다. 특히 한국인에는 겉과 속이 다른 점이 아주 많다. 자기가 그러기 때문에 자기보다 더 그런 사람을 보면 아주 예민하게 반응한다. 이를 투사projection라고 한다. 그래서 기독교인의 이런 점을 아주 싫어하는 것이다.

그러므로 교회가 왜 겉과 속이 다르게 되었는지를 연구해보아야 한다. 겉과 속은 예수님께서 늘 강조하신 말씀이다. 바리새인에게 겉만 그럴듯하게 꾸미고 있지, 속은 썩어있다고 했다. 이를 한마디로 '회칠한 무덤'이라고 했다. 결국 정도 차이는 있을지 모르지만 지금 우리 교회의 모습일 수도 있다. 예수님은 속의 변화를 추구하셨다. 산상수훈은 완전히 속을 알아야만 이해할 수 있는 말씀이다. 예수님은 속의 변화를 위해 이 땅에 오셨고 구약을 다시 새롭게 보게 하셨다. 겉만을 추구하던 당시의 사람들뿐 아니라 제자조차도 예수님의 이러한 말씀과 삶을 이해하기 어려웠다. 결국 그래서 주님은 십자가로 갈 수밖에 없었다. 그들은 예수님이 왜 십자가를 져야 하는지 도저히 이해할 수 없었다. 우리 속의 변화를 위해서는 십자가가 아니고서는 불가능하다는 것을 이해할 수 없었던 것이다.

예수님은 사람의 속을 보셨다. 하나님도 겉이 아닌 사람의 중심을 보신다고 했다. 그러나 사람은 보이는 겉만 가지고 하나님 앞에 나가지 속으로 나가지 않는다. 속을 감추어 두고 겉만으로 신앙생활을 한다. 사람은 겉만의 변화만으로는 충분하지 않다. 속이 같이 변해야 한다. 성경을 열심히 보지만, 겉으로만 해석하고 순종한다. 그러나 예수님은 우리 속에 숨겨둔 죄와 아픔을 드러내시고 이를 대신하기 위해서 십자가를 지셨다. 주님은 지금도 우리 속을 보라고 하시며, 속의 구원과 변화를 이루라고 하신다. 그러나 우리의 신앙 수준은 거의 겉에만 머물고 있다. 이러한 신앙을 참된 신앙이라고 말하기보다는 그냥 종교 생활이라고 말할 수 있다. 말씀을 통해 자기 속을 들여다보고 크게 뉘우치며 이를 가지고 십자가로 나가지 않는다. 자기 의로 열심히 신앙생활을 한다. 대부분의 우리 모습이다.

이 책은 바로 우리 속의 변화를 위해서 성경을 속으로부터 다시 보기 위해 쓰게 되었다. 나는 모태 신앙으로 겉은 기독교인이었지만 내면의 여러 가지 문제를 어떻게 해결할지 몰랐다. 정신의학을 전공하며 자기 내면을 많이 보고 해결할 수 있었지만, 깊은 곳에 있는 핵심적인 문제는 접근하기 어려웠다. 그러던 중 성령 체험을 통해 내면의 변화를 경험했다. 그냥 은혜를 받은 것으로 지나갈 수도 있었지만, 무엇이 나를 변화시켰는지를 알고 싶어 성경을 다시 보게 되고 이를 통해서 성경을 내면의 창으로 볼 수 있는 계기가 되었다. 겉이 아닌 속을 만나는 성경으로 다시 본 것이다. 이러한 성경의 이해에는 인간의 내면을 탐구하는 정신의학이라는 지식과 훈련이 도움이 된 것은 사실이지만, 성령의 조명이 없이는 불가능한 일이라고 생각한다.

그 결과로 '내적치유'라는 세미나를 시작할 수 있었다. 그러나 내적치유는 하나의 결과물이다. 더 중요한 것은 성경을 내면의 창으로 볼 때 성경에 대한 새로운 차원의 이해와 지식을 얻게 되고 이를 통해 과거에 애매하게 생각된 부분까지도 더 확실하게 이해할 수 있게 된 것이다. 성경은 주로 외적인 행위와 사건에 관한 책이다. 내면에 대해 자세히 친절하게 설명하는 책은 아니다. 그러나 우리는 성경 속에 있는 사건들을 통해 그 속에서 일어나는 인간의 마음과 하나님의 마음을 충분히 유추하고 이해해 볼 수 있다. 성경은 창조주 하나님의 책이다. 그 속에는 엄청난 창조의 지식과 지혜가 숨겨져 있다. 그래서 성경은 다양한 각도와 차원으로 접근하여 볼 수 있다. 자신의 전문 분야에 따라 성령님의 인도하심을 받아 다양한 차원의 창조의 지혜를 만날 수 있다. 내면의 창을 통해 성경 속에 있는 인간과 하나님의 마음을 보고 그 마음들이 어떻게 만나고 구원과 치유를 이루는지를 볼 수 있는 것이다.

그리고 이를 정리하여 '상한 마음을 찾으시는 하나님'이라는 책을 출간하게 되었다. 거의 30년 전의 일이다. 그리고 이 책은 절판되고 거의 잊혀졌다. 그러나 꾸준히 이 책을 찾는 사람들이 있었고, 이 내용이 지금 한국교회에 꼭 필요하다는 분들의 요청이 있어, 이 책을 개정하여 출간하기로 했다. 다시 이 책을 보면서 깨달은 것은, 당시는 다소 생소한 내적치유를 소개하고 설명하기 위해서 쓴 책이었지만, 지금은 속의 변화를 원하는 한국교회에 꼭 필요한 책이 될 수 있다는 생각이 들었다. 그래서 내용도 내적치유라는 제한된 차원보다는 속을 변화시키기를 원하시는 하나님의 뜻과 성경으로 확장하는 방향으로 제목과 내용을 바꾸어 개정판을 내게 되었다. 그러나 과거의 있던 핵심적인 내용은 대부분 그대로이다.

그런데 우리는 아직도 내적치유에 대한 오해가 있다. 내적치유는 임상적으로 아픈 사람들이 신앙으로 치유하는 사역으로만 생각하는 사람들이 있다. 그래서 임상적으로 아프지 않다고 생각하는 일반 성도들은 자기와 상관없는 것으로 생각한다. 물론 겉으로는 그렇다. 그러나 이를 속으로 보면 그렇지 않다. 내적치유는 겉으로 있는 아픔의 유무有無와 관계없이 모두에게 필요하다. 아픔은 죄로부터 왔기에 모두가 주님 앞에 죄인이라면, 우리에게 아픔이 없을 수 없다. 그래서 하나님은 구약에서부터 상한 심령을 찾으신다고 하셨다.(시 34:18)

그리고 구원을 받은 다음 우리는 죄로부터 자유로운 것처럼 아픔으로부터 자유로웠는데 왜 자꾸 죄와 아픔을 들추어내는가 하고 이에 대한 저항과 오해도 있을 수 있다. 물론 맞는 말이다. 십자가의 구원과 치유는 이미 완전하고 단번에 이루어진 것이 사실이다. 그러나 우리 속에 과거의 기억이 남아 있어서 구원과 치유를 다 누리지 못하고 과거의 회로로 살아간다. 겉은 구원과 치유이지만, 속은 여전히 과거의 상처와 아픔의 회로로 과거에서 벗어나지 못하는 것이다. 겉은 하나님의 자유로운 백성이지만, 속과 그 삶은 여전히 세상의 종으로 살아간다. 이스라엘 백성도 이집트에서의 기억과 아픔에서 벗어나는데 40년이라는 광야 생활이 필요했다. 이처럼 완전하게 주신 구원의 능력으로 속의 기억을 새롭게 바꾸어야 한다. '종의 회로에서 자녀의 회로'로 말이다. 이것이 진정한 성화의 과정이다. 그래서 이는 모든 구원받은 신앙인에 해당한다. 특별히 목회자와 지도자는 더욱 깊은 내적인 변화가 필요하다. 모세는 백성보다 앞서 40년을 먼저 이집트의 내적 사슬을 벗어내는 훈련을 받았다.

그래서 우리는 구원받는 모든 성도가 겉의 칭의적 변화에서 속까지 변화되는 성화적인 변화가 필요하다. 그러나 모두가 이러한 변화가 필요하다는 데는 공감하지만, 너무도 오랫동안 겉의 변화에만 익숙해져 있다. 성경을 볼 때도 외적인 해석에 너무 익숙해져 있다. 내적인 변화를 간절히 사모하지만, 성경을 통해 자기 속까지 비추어본다는 것이 쉽지만은 않다. 아픔이 이를 가로막고 있으므로 이를 본능적으로 피하려고 한다. 그리고 이를 도전하고 안내하는 성경 서적도 찾아보기가 쉽지 않다. 일부 치유 서적이 성경의 내적 의미를 보게 하지만, 성경 전체를 구속사적인 측면에서 내면을 보게 하는 책은 찾아보기가 어렵다. 그래서 이 책은 우리의 내면이 죄로 인해 어떻게 변하게 되고 하나님은 이러한 우리를 어떻게 구원하고 치유하시기를 원하시는지를 성경의 다양한 각도에서 살펴보려고 한다. 외적인 구속사만이 아니라 내적인 구원을 어떻게 이루어서 하나님의 온전한 자녀로 세우시기를 원하시는지를 구약의 다양한 역사적 사건과 신약의 복음을 통해 살펴보려는 것이다. 이를 통해 성도들이 성경을 내면의 창으로 보는데 눈과 귀가 열리고 점차 이에 익숙해지기를 기대해본다. 그래서 각자의 신앙이 내면에까지 더욱 확장되는 변화를 체험해보았으면 한다. 이를 통해 한국교회가 진정한 내면의 변화를 이루게 될 때, 한국 사회로부터 환영과 칭찬을 받는 교회로 거듭날 수 있을 것으로 생각한다. 이 책이 그러한 변화에 조금이라도 도움이 되길 간절히 바란다. 이 책을 재출간하도록 격려해주신 많은 분들에게 감사를 드리고, 또 이 책을 교정하는 데 많은 도움을 준 고상아 선생에게도 깊은 감사를 전하고 싶다.

강원도 성인덕에서 2022년 1월

이성훈.

내적치유, 누구에게 필요한가?

1

의식을 넘어선 구원

인간은 모든 사고와 감정을 의식으로 인식하고 처리한다. 그리고 인간의 행동 역시 대부분 의식 속에서 수행되고 조절된다. 아무리 좋고 중요한 것이 있다고 하더라도 의식으로 인식할 수 없다면 그것의 의미를 느끼기가 정말 어렵다. 그러나 사실 인간의 기능 중 의식은 아주 중요한 부분이기는 하지만 인간의 전부는 아니다. 우리가 의식으로 느끼지 못하는 것도 엄연한 실재實在로서 존재한다. 그래서 우리가 의식하지 못하는 것에 대해서도 무관심 할 수 없다.

영적 세계가 바로 그러한 세계이다. 영적 세계는 의식으로 안 느껴진다고 해서 존재하지 않는 것이 아니라 우리가 느낄 수 없더라도 엄연히 존재하고 있다. 인간의 의식이 사라지는 죽음의 세계에서는 그 어떠한 것도 의미 없어 보이지만, 사실 죽음이 끝이 아닌 것이 기독인의 신앙고백이요, 믿음이다. 이런 뜻에서 볼 때 신앙이란, 곧 믿음이란 의식의 지각 현상을 극복하고 초월하는 어떠한 노력이라고 볼 수 있다. 그러나 한편으로 믿음은 의식 현상에 의존한다. 믿음은 의식의 이해와 의지를 기반으로 출발하기에 믿음은 초의식적 영역이 되기도 하면서 의식을 무시하고는 존재할 수 없는 이중적인 성격을 갖는다.

이것은 신앙 세계의 어려움이기도 하면서 신비한 면이기도 하다. 신앙은 의식의 수준을 통해 시작되나 얼마나 의식 너머의 넓고 깊은 세계로까지 확장되느냐가 곧 신앙의 깊이라고 말할 수 있다. 그러나 많은 부분에서 인간의 신앙은 의식의 수준을 넘기가 쉽지 않다. 물론 초월적 세계와 영적 세계, 혹은 죽음 너머의 세계를 인정하고 그 세계를 사모하고는 있지만, 의식의 범주에 머무는 경우가 많다. 즉 초월적 세계 자체로서의 경험과 열림보다는 자신의 의식 경험과 개념 안에서의 세계로 닫힌 경우가 많은 것이다.

복음은 예수 그리스도의 죽음과 부활을 믿음으로 구원받는다는 의식의 고백을 통해서 시작되지만, 복음의 영향력은 의식의 세계를 훨씬 넘어서고 있다. 인간은 의식으로 보고 느끼고 만지고 경험하는 세계에 매여 살기 때문에 복음의 영역도 그 수준에만 머물고 마는 안타까움이 있다.

하나님께서는 인간을 구원하시기 위해 예수 그리스도의 복음을 주셨다. 그런데 인간의 의식이 인간에게 중요한 부분이기는 하지만, 의식의 삶life of consciousness만을 구원하기 위해 복음을 주신 것은 아니다. 사실

의식은 인격과 마음의 극히 일부분에 지나지 않는다. 의식이 인격의 겉모양 혹은 대표적인 위치를 차지하고 있지만, 결코 그 전부는 아니다. 하나님께서는 인간 인격의 전부를 구원하시기 원하신다.

●

나도 모르는 나의 뜻과 마음

내가 모르는 내가 있다고 해서 그냥 무시하고만은 살 수 없다. 그 나도 자신의 일부고, 어쩌면 더 중요한 중심과 뿌리가 될 수 있기에 무조건 덮어두고는 살 수 없다. 몸의 내부를 보고 느낄 수 없다고 무시할 수 없는 것과 마찬가지이다. 몸속에 중요한 여러 장기가 있으므로 더 중요하게 생각해야 하는 것과 같다. 내가 지금 말씀을 보고 교회에 봉사하고 있지만, 내 속의 것도 나의 겉모양처럼 그렇게 하나님을 사랑하고 바라보고 있는지 우리는 알 수 없다.

> "나더러 '주님, 주님'하는 사람이라고 해서,
> 다 하늘나라에 들어가는 것이 아니다."_마 7:21

라고 예수님도 말씀하신 것처럼, 겉으로는 '하나님 뜻대로' 하면서도 자신도 모르게 속은 내 뜻대로 행하고 있는지 우리는 알 수 없다.

그래서 다윗은

"하나님, 나를 샅샅이 살펴보시고, 내 마음을 알아주십시오.
 나를 철저히 시험해 보시고, 내가 걱정하는 바를 알아주십시오."_시 139:23

라고 고백하였다. 즉 나도 모르는 나의 뜻과 마음이 있어 죄를 범하고 하나님의 뜻을 거역하기에, 이를 발견해 이 세계까지도 복음의 빛과 능력으로 정복하고 하나님 나라로 이루어갈 필요가 있다는 것이다.

예수님이 오셨을 당시 이스라엘 백성들은 메시아와 하나님의 나라를 그 누구보다도 사모하고 기다렸다. 그런데 왜 예수님을 하나님의 아들로 알아보지도 못하고 처참히 처형하고 말았을까? 여러 이유가 있었겠지만, 당시의 백성들은 지나치게 의식적 혹은 외적 차원만의 메시아와 하나님 나라를 갈구했기 때문이다. 예수님은 이러한 외적 요구를 거부하셨다. 물론 그들의 아픔과 배고픔을 아시고 메시아적인 능력으로 병을 고치시고 떡을 공급해주셨지만, 그 이상의 세상 속 나라를 향한 욕구를 물리치시고 스스로 무력한 십자가로 가셨다. 따라서 그들은 고대하던 하나님 나라의 외적인 기대가 허물어졌기에 더욱 분노하여 예수님을 십자가에 못 박으라고 소리친 것이다.

예수님은 이 땅에 오셔서 당시 구약의 전통을 많이 허무셨다. 구약은 많은 부분이 외적이고 의식적이다. 구약의 율법과 전통은 보이지 않는 하나님의 뜻과 마음을 담는 그릇으로 시작하였지만, 그 내용은 사라지고 외적인 형식과 그릇만 남게 되었다. 예수님께서 다시 그 내용을 회복하기 위해서는 겉의 형식을 허물지 않을 수 없었다. 새 술은 새 부대에 담아야 하기 때문이다. 당시 그 누구도 그러한 권위에 도전하기가 어려웠지만, 예수님은 과감하게 전통과 종교적인 율법을 부수고 참 율법과 하나님의 나라를 가르치셨다. 율법의 외적인 차원을 무시한 것은 아니지만, 이를 허물어야만 하나님 나라와 복음의 내적 차원을 볼 수 있으므로 이러한 도전을 하신 것이다.

그리고 예수님의 말씀은 행위적인 율법만 적용하지 않고 내적인 차원으로까지 확장하셨다. 예를 들면 살인과 간음의 행위적 차원을 미움과 음란이라는 내적 차원으로 확장하셨다.

"그러나 나는 너희에게 말한다. 자기 형제나 자매에게 성내는 사람은, 누구나 심판을 받는다. 자기 형제나 자매에게 얼간이라고 말하는 사람은, 누구나 공의회에 불려갈 것이요, 또 바보라고 말하는 사람은 지옥 불 속에 던져질 것이다."_마 5:22

"그러나 나는 너희에게 말한다. 여자를 보고 음욕을 품는 사람은 이미 마음으로 그 여자를 범하였다."_마 5:28

하나님의 나라도 외적으로 볼 수 있게 임하는 것이 아니라 너희 안에 있다고 하시면서 내적 차원을 강조하셨다.

"또 '보아라, 여기에 있다' 또는 '저기에 있다' 하고 말할 수도 없다. 보아라, 하나님의 나라는 너희 가운데에 있다."_눅 17:21

바리새인들은 회칠한 무덤처럼 내적으로는 썩어가고 하나님을 배반

하면서 외적으로만 하나님을 경외하고 거룩해지려는 자들이었다. 그래서 예수님은 그들의 외적인 기준을 허무시고 새로운 내적 가치관을 통해 하나님 나라를 회복하려 하셨다. 이로 인해 당시의 백성들과 종교인들이 많은 혼란을 겪을 수밖에 없었다.

복음의 인식과 인간의 구원이 어쩔 수 없이 의식의 차원에서 시작은 되지만, 그것이 구원의 전부는 아니다. 구원은 외적에서 내적으로, 의식에서 무의식적 인격으로 확장되어야 한다. 하나님의 나라는 "여기 있다, 저기 있다." 하는 외적인 나라로서 확장되는 것이 아니라 먼저 내적으로 확장되어야 한다. 우리는 복음을 의식으로 받아들인 다음 곧장 외적인 하나님의 나라로 나가 그 복음을 전하고 확장하려고 하는데, 그것은 예수님이 말씀한 하나님 나라의 확장 방법이 아니다.

'마라'에서 '엘림'으로의 치유

마태복음 5장 이후의 산상수훈은 곧 하나님 나라에 대한 이러한 예수님의 설명이기도 하다. 우리는 먼저 외적인 선교와 사역으로 들어가려고 하는데, 이러한 외적 사역은 팔복에서 보면 가장 마지막 단계에 나타난다. 팔복의 마지막이 '의'를 위해 받는 핍박이 나오는데, 이는 곧 사역 속에서 받는 핍박이다. 우리는 먼저 이를 행하려고 하지만, 팔복은 먼저 내적인 가난함과 애통함, 그리고 온유함 등의 내적인 하나님 나라를 통해서 준비되면서 이를 점진적으로 이루어가야 한다고 말씀하고 있다.

물론 다 준비되어야 외적 사역을 할 수 있다는 뜻은 아니다. 그러나 외적 사역을 하더라도 항상 이러한 내면적인 차원을 중요하게 생각하라는 뜻으로 받아들여야 한다. 우리는 예수님 당시의 백성들처럼 너무 외적인 하나님 나라에만 몰두하는 경향이 있다. 하나님 나라와 선교를 너무 '외적인 기독교'라는 종교를 전하고 '외적인 교회'를 성장시키는 것을 생각하고 있는 것이다. 우리는 예수 믿으면 곧장 보이는 교회 봉사나 선교 등으로 너무 직선적으로 이어지고 있다.

내적 회복과 내적 선교 없이 외적 선교와 봉사에만 몰두하다 보면, 내적 질서와 평안의 파괴로 외적 활동이 잘못되어질 수 있다. 현재 한국기독교의 문제도 너무 성급하게 보이는 기독교와 교회의 확장에만 집중하다 보니 생기는 문제가 아닌지 진지하게 반성해보아야 한다. 그래서 현재 한국기독교의 문제는 외적 기독교와 내적 기독교의 분리와 갈등에서 온 것으로 볼 수 있을 것이다. 내적 준비와 성숙이 없는 외적 기독교의 확장은 문제를 유발할 수밖에 없다. 현재 한국기독교의 침체를 내적 성숙의 기회로 받아들인다면 반드시 제2의 도약이 가능할 것이다. 그러나 계속 외적 교회의 성장과 확장만을 고집한다면, 이러한 모순으로 인해 더 많은 어려움을 겪을 수밖에 없을 것이다.

내적인 기독교와 신앙을 중시한다고 해서 모든 신앙과 성경을 꼭 그렇게 보자는 뜻은 아니다. 성경은 물론 심리학이나 정신과학에 관한 책이 아니다. 또한, 예수님이 인간의 마음의 문제를 치유하기 위해서만 오신 것도 아니다. 그러나 하나님이 계획하신 구원을 이루기 위해서는 반드시 인간의 내적 문제, 즉 마음을 거쳐야 하므로 내면을 신앙의 중요한 한 면으로 인정해야 한다. 인간은 육과 영으로 구성되어 있다. 마음, 즉 내면은 육과 영을 이어주는 가교이다. 이러한 마음을 성경은 혼soul이라고 한다. 인간은 육으로만 살 수 없고 그렇다고 영으로만 살아서는 안 된다. 성경은 영으로만 구원을 받는 영지주의를 배격한다. 그리고 육을 무시하고 학대하는 금욕주의도 성경적이지 않다. 성경의 구원은 전인적으로서 육을 포함한다.

> "평화의 하나님께서 친히, 여러분을 완전히 거룩하게 해 주시고, 우리 주 예수 그리스도께서 오실 때에 여러분의 영과 혼과 몸을 흠이 없이 완전하게 지켜주시기를 빕니다."_살전 5:23

구원은 영으로 죽고 병든 육을 살리는 것이다. 그러나 영이 직접 육으로 갈 수 없다. 이를 이어주는 마음을 통과해야 하며 마음을 잘 이해하고 알아야 참된 구원이 가능한 것이다. 그래서 예수님은 마음을 강조한 것이다.

우리는 흔히 '내적치유'라 하면 마음의 상처와 어려움이 있는 사람들이 신앙 안에서 치유를 경험하는 임상적인 차원으로 생각한다. 그래서 예수 믿고 마음이 그렇게 괴롭지 않거나 큰 상처도 없다고 생각하는 사람들은 자신과 상관없는 일로 생각한다. 정신과를 가야 할 사람이 정신과를 가지 않고 신앙적으로 치유할 수 있는 것으로 생각한다. 그리고 많은 목회자나 사역자도 사역하면서 내적으로 어려운 사람들이 있는 경우 그들을 돕기 위해 이에 관심을 가질 뿐, 자신은 내적치유와는 별로 상관없는 것으로 생각한다.

그러나 이는 우리가 하나님 앞에 죄인이라는 사실과 아주 유사한 경우이다. 우리가 의식적이거나 외적인 차원에서는 죄인이 아닐 수가 있다. 마치 바리새인처럼 율법이나 국법을 다 준수하면 결코 외적인 죄인이 아닌 것으로 생각하는 것과 마찬가지다. 그러나 예수님은 그 율법을 내적으로 적용하기 시작하시면서 바리새인들의 엄청난 죄를 지적하셨다. 물론 이는 바리새인들이 결코 의도적으로 감추는 죄가 아니다. 그들 자신도 정말 모르며 또 그 누구도 모르는 죄이다. 하나님께서는 중심, 즉 내면을 보시기에 하나님 앞에서는 모두가 죄인이라는 것이다.

이와 같은 논리로 보면 우리는 모두 아픈 사람이다. 외적으로나, 의식적인 증상이 없더라도, 우리는 마음이 아픈 사람이다. 죄가 있다면 그 마음은 반드시 병들게 되어 있다. 인간의 아픔은 바로 원죄에서 나왔기 때문이다. 죄로 인해 생명이 정죄받고 버림받기 때문에 죄가 있는 곳에는 반드시 아픔이 있다. 죄는 바로 아픔을 통해서 느낄 수 있기 때문이다. 그것을 억압하고 있으니 못 느끼고 있을 뿐이다. 그래서 "나는 내적 치유가 필요 없다."라고 말한다면 나는 곧 하나님 앞에 죄인이 아니라는 말과 같은 것이다. 그래서 예수님은 '병든 자와 죄인을 위해 오셨다.'라고 하셨고, 건강한 자와 의인은 나와 관계가 없다고 말씀하셨다.

"예수께서 그 말을 들으시고서 말씀하셨다. '건강한 사람에게는 의사가 필요하지 않으나, 병든 사람에게는 필요하다.' 너희는 가서 '내가 바라는 것은 자비요, 희생제물이 아니다'하신 말씀이 무슨 뜻인지 배워라. 나는 의인을 부르러 온 것이 아니라, 죄인을 부르러 왔다."_마 9:12~13

그리고 예수님 주위에는 늘 죄인과 아픈 자들이 있었고, 그래서 그들을 용서하시고 고치셨다. 그 누가 예수님이 필요하지 않겠는가? 우리는 모두가 내적으로 아픈 사람이다.

물론 나는 예수를 영접하기 전에는 죄와 함께 마음도 아팠으나 예수를 영접하고 거듭난 후에는 다시 죄 가운데 있지 않고 나의 마음을 깨끗하게 치유받았다고 말할 수 있다. 구원받은 자에게 자꾸 죄 문제를 거론하는 것이 불신인 것처럼 구원과 함께 마음의 치유를 받은 자에게 자꾸 치유의 문제를 거론하는 것 역시 쓸데없는 결벽증이나 불신이 아니냐고 반문할지 모른다. 그러나 예수님의 영접으로 인한 구원은 구원의 시작이고 치유의 시작일 뿐 완성은 아니다. 생명의 구원 saved은 이미 이루어졌지만, 하나님의 아들로서 회복된 의미로서의 구원 salvation은 계속 이루어나가야 한다. 칭의적 구원은 얻었지만 성화적 구원을 향해 나가야 하는 것처럼, 치유도 칭의적 치유에서 성화적 치유로 나가야 하는 것이다.

우리는 출애굽과 홍해를 건너는 사건을 흔히 구원과 거듭남의 영적 사건으로 비유한다. 이스라엘 백성들이 홍해를 건넌 직후 마라에서 쓴 물을 경험한다.

"마침내 그들이 마라에 이르렀는데, 그 곳의 물이 써서 마실 수 없었으므로, 그 곳의 이름을 마라라고 하였다."_출 15:23

그 후 백성들이 원망하니,

"너희가, 주 너희 하나님인 나의 말을 잘 듣고, 내가 보기에 옳은 일을 하며, 나의 명령에 순종하고, 나의 규례를 모두 지키면, 내가 이집트 사람에게 내린 어떤 질병도 너희에게는 내리지 않을 것이다. 나는 주 곧 너희를 치유하는 하나님이다."_출 15:26

라고 하시면서 물샘 열둘과 종려 칠십 주가 있는 '엘림'을 허락해주셨다. 출애굽을 통해 구원받은 이스라엘 백성들에게 왜 마라의 쓴물을 허락하셨을까? 이는 구원을 받은 이후에 우리의 내적인 쓴 물이 드러나게 될 것이며, 이를 잘 치료하면 내적인 엘림을 이룰 것이라는 하나님의 치유적 메시지이다.

예수를 영접하고 구원받을 때 물론 우리에게는 놀라운 환희와 평강이 있다. 마치 홍해를 건넌 직후의 이스라엘 백성들이 그랬던 것처럼. 그러나 곧 우리에게는 쓴물 '마라'가 내부에서 솟아 오는 것을 경험하게 된다. 우리는 이럴 때 아주 당황하며 구원받은 성도로서 수치스럽거나 회의를 느끼기도 한다. 그러나 구원 후, 구원이 병든 내부를 향해가기 때문에 그곳에 빛이 비추어지면 그 속의 쓴물이 느껴지는 것이 잘못된 것이 아니다. 이 쓴 부분이 치유되어 그곳이 '엘림'이 되어야 진정한 구원이 이루어지기 때문이다. 내가 느끼지 못한다고 나에게는 마라가 없다고 누가 장담할 것인가? 오히려 나의 마라를 먼저 드러내고 치유받기를 사모하는 것이 겸손이고 지혜가 아닐까?

실낙원으로부터 시작된 상한 원原마음

앞서 죄와 아픔의 관계를 설명하였지만, 이를 실낙원 과정을 통해 다시 더 자세히 설명해보려고 한다. 성경은 심리에 관한 책이 아니다. 단지 사건만 기술되어 있다. 그러나 사건의 기술한 문장 사이를 우리는 얼마든지 유추해볼 수 있다. 이를 행간의 뜻이라 하기도하고, 텍스트text를 넘어선 컨텍스트context로써 이를 상황이라고 부른다. 인간이 원죄를 짓는 과정에서도 그 속에 하나님과 인간의 마음에 관한 기술이 구체적으로는 없지만, 우리가 문장 사이의 뜻을 통해 충분히 짐작은 해볼 수 있다. 아담이 죄를 범하여 에덴동산으로부터 쫓겨나는 과정에서 충분히 그들의 마음을 짐작해볼 수 있다는 것이다. 그리고 이러한 과정에서 하나님의 마음도 이해하고 공감해볼 수 있을 것이다.

죄가 인간의 마음에 들어오면 그 죄가 그대로 있는 것이 아니라 인간의 깨끗하고 순결한 생명과 마음에 상처를 입히게 된다. 마치 하얗고 고운 아이의 피부가 불에 데면, 상처를 입게 되는 것처럼, 박테리아와 같은 균이 들어오면 정상적인 세포조직이 병드는 것처럼, 죄가 들어오면 생명과 마음이 병들게 된다. 죄를 지었을 때 우리의 마음이 어떻게 되었던가를 기억해보면 쉽게 짐작해볼 수 있을 것이다. 죄를 짓고도 마음이 멀쩡하다면 그것은 사람이 아닐 것이다. 이를 양심에 화인火印 맞은 자라고 한다. 죄가 마음을 아프게 하고 또 양심이 아프게 하므로 마음이 당연히 아프게 된다. 마음이 아프기에 가능한 죄를 짓지 않으려고 하는 것이다.

 더 구체적으로 보면 죄를 지으면 마음이 두렵고 아프며 정죄와 자책감의 상처를 남긴다. 그리고 무가치함으로 인해 버림받음과 소외감도 있게 된다. 아담은 죄로 인해, 모든 것을 보장받던 에덴동산과 하나님으로부터 버림받았기에, 특별히 그 상처는 이루 말할 수 없이 클 것이다. 어린아이가 모든 것을 보호해주던 부모로부터 버림받았을 때의 충격과 고통과 같을 것이다. 너무도 크기에 거의 외상trauma 수준이라고 할 수 있을 것이다. 그리고 아픔 자체도 가만히 있지 않고 증식하고, 깊어진다. 상처는 계속해서 굶주림, 열등감, 불안과 불신으로 번지게 된다. 아픈 사람들끼리 아픔을 서로 주고받으며 그 아픔은 다음 세대에까지 이어진다. 그래서 아담과 하와의 아픔은 그의 아들 가인과 아벨로 이어지면서 내적인 상처는 더욱 가중된다. 드디어 그 아픔으로 인해 형제를 최초로 살인하는 죄까지 범하게 된다.

 흔히 원죄만이 유전된다고 하지만, 원죄로 인해 생긴 아픈 마음도 원마음이 되어 인간에게 유전된다. 그래서 상처를 받은 적이 없는 아이들까지도 작은 사건에도 아주 예민하게 반응하는 것을 볼 수 있다. 실낙원은 죄가 인간에게 들어오는 순간 시작되었지만, 여러 과정을 통해 진행된다. 즉 사단이 죄를 인간에게 주고, 죄가 인간의 마음과 영혼에 들어옴으로 상한 마음이 생기게 되어, 이로 인해 가족과 인간관계가 병들게 되고 이 병이 더 확장되어 사회와 자연까지 병들게 하므로 궁극에는 모두 죽고 멸망받게 되는 것이다.

상한 마음 밭에서는 천국이 자라지 못 한다

실낙원이 과정을 통해서 일어나듯 구원도 실낙원의 반대 과정을 밟아 일어난다. 구원의 핵심과 씨앗은 예수 그리스도시다. 그러나 그것은 구원의 씨앗이지 완성은 아니다. 하나님의 나라는 자라난다고 했다. 하나님께서는 예수 그리스도의 죽음과 부활을 통해 먼저 실낙원의 원인이었던 사단과 죄를 멸하셨다. 이것이 복음의 핵심적 내용이요, 구원의 씨이다. 그런데 이 구원의 씨가 어디에 떨어지는가? 인간의 마음에 떨어진다. 예수님께서는 천국 비유에 대해 말씀하시면서 네 가지 마음 밭에 대해 말씀하셨다. 즉 길가 밭·돌짝 밭·가시 밭·옥토 밭이다. 그중 앞의 세 가지 밭은 상한 마음이다. 아무리 좋은 구원의 복음이라도 그 마음 밭이 병들고 상해 있으면 천국이 자라나지 못한다는 것이다. 천국은 이러한 마음 밭에서 시작한다. 그 마음 밭에 염려와 두려움, 불신이 있으면 그 씨가 자라나지 못하는 것이다. 이러한 상황에서는 예수를 믿어도 자신이 변화되지 않고 행함과 열매가 없다. 그리고 그 사람이 사는 가정과 직장, 그 사회도 변화되지 못한다. 또한, 그 사람이 다니는 교회 역시 빛과 소금의 역할을 하지 못하고 문제와 어려움에 빠지게 된다.

실낙원이 이와 같은 과정을 거쳤던 것처럼, 구원도 실낙원의 과정을 하나하나 원인적으로 해결해가면서 회복된다. 하나님께서는 아브라함을 부르시고, 이스라엘 백성을 출애굽 시켜 가나안의 기업을 얻기까지 단번에 한 것이 아니라 많은 과정과 시간을 통해서 하셨다. 그런데 이 과정에서 아주 쉽게 간과하는 부분이 있는데, 바로 복음의 내적 적용 과정, 즉 내적치유이다. 다른 대부분 과정은 외적이다. 예수의 십자가와 부활의 영적 의미는 내적이지만, 우리는 이를 고백하는 것도 의식적이고 외적이다. 그리고 믿음의 적용과 성장 과정도 대부분 의식과 외적 행위로 이해하고 노력한다. 그러나 외적인 이해와 행위로만 구원이 완성될 수 없다. 마음의 내적 적용이 있어야 외적인 신앙과 행위가 바로 잡혀가는 것이다. 식물이 보이지 않는 내적인 뿌리와 땅이 옥토 밭에서처럼 건실해야, 위의 식물이 잘 자라고 건강한 것과 같은 이치이다. 그래서 구원의 과정에서 마음의 적용이 무엇보다 중요한 것이다.

그러나 우리는 이를 자꾸 잊어버리고 외적인 구원에만 몰두한다. 그런데 이를 소홀히 하는 데는 그럴 수밖에 없는 두 가지 중요한 이유가 있다. 그 하나는 내적 세계란 우리가 느낄 수 없는 영역이기 때문이고, 또 다른 하나는 그 내적 세계를 느낄 수 있다 하더라도(사실 하나님께서는 이를 느낄 수 있도록 말씀과 시련을 통해 우리의 내면을 드러내신다) 이 내적인 세계는 상함과 아픔이 있기에 덮어두고 넘어가고 싶기 때문이다. 드러남이 아프기에 여러 외적인 종교 활동을 통해 오히려 이 상함을 감추어보려고 한다. 이것이 곧 바리새인적인 마음이요, 선행을 통해 영생을 얻어 보려고 했던 부자 청년의 마음이기도 하다.

예수님의 복음은 인간의 근원적 문제인 죄로부터의 구원과 함께, 죄로 인해 발생한 상한 마음도 같이 치유한다. 죄로부터의 구원에는 상한 마음의 치유가 필연적으로 수반된다. 내 마음의 아픔이 지금 느껴지든 아니든 간에 그 내적인 치유는 구원받은 백성들에게는 필연적으로 거쳐야 하는 과정이다. 그 상한 마음은 대부분 두려움과 굶주림, 불신 등으로 차 있어 하나님보다 눈앞의 세상을 의지하게 하기에 이러한 상한 마음은 반드시 치유되어야 한다.

특별히 내적치유가 필요한 사람

우리는 이러한 내적인 문제를 보지 못하고 자꾸 성급하게 외적인 사역에 먼저 뛰어든다. 내가 치유되지 않고서는 외적인 하나님의 나라는 결코 확장되지 못한다. 많은 한국 교회가 복음을 받고 이를 내면화하는 과정 없이 즉시 외적 성장과 사역에만 몰두함으로 얼마나 많은 문제를 일으키고 있는가? 그리고 지금의 해외 선교 정책 또한 비슷한 문제의 과정을 밟아가고 있다. 사도 바울도 예수님의 부르심을 받은 다음 안디옥에서 첫 선교지로 부르심을 받기까지 많은 시간의 공백과 기다림이 있었는데, 그동안 하나님께서 그의 상한 내적인 문제를 치유하셨을 것으로 생각된다.

구원받은 성도는 반드시 내적치유를 받아야 한다는 뜻은 모든 성도가 다 내적치유 세미나나 상담을 받아야 한다는 뜻은 아니다. 성령과 말씀으로 얼마든지 스스로 치유가 가능하다. 치유가 있어야만 내적인 변화와 열매가 있다. 내가 그리스도인으로서 변화와 열매가 있다면 나도 모르게 성령에 의해 치유받기 때문이다. 그러나 이 치유는 일회적이지 않고 예수님 오시는 날까지 계속되어야 한다.

특별히 내적치유가 강조되어야 할 사람이 있다. 이런 사람들은 내적치유 세미나나 상담을 받는 것이 바람직하다. 즉, 마음의 상처나 아픔이 많이 느껴지며 일반적인 신앙적 노력으로 해결되기가 어려웠던 사람, 오래 예수를 믿어도 변화되지 않고 좀 더 믿어보려고 애쓰나 잘되지 않는 사람, 사역할 사람, 선교를 지망하는 사람, 상담 사역을 원하는 사람 등은 내적치유가 꼭 필요한 사람들이다. 특히, 사역하거나 준비하는 사람에게는 아주 중요한데, 내가 치유받지 않고 사역을 하면 그 사역 대상에게 상처를 주거나 실족하게 하는 경우가 생기기 때문에 그 준비과정에서 내적치유는 필수적으로 포함되어야 한다.

내적치유는 결코 상담 목회와 같은 목회의 일부 기능만이 아니며, 마음이 아픈 사람만을 위한 것도 아니다. 그리고 새로운 상담과 치유적인 기술도 아니다. 내적치유의 본질은 복음이요, 구원이다. 단지 그 복음과 구원을 외적이나 의식적 세계가 아닌 내적 세계, 즉 깊은 영혼과 무의식, 나의 전인격에 적용하여 그 속이 세상을 좇는 것들을 치유하고 정복하여 내가 알지 못하는 나의 온 영혼이 하나님을 알고 찬양하게 하는 '하나님 나라의 확장 사역'인 것이다.

"내 영혼아, 주님을 찬송하여라.

　마음을 다하여 그 거룩하신 이름을 찬송하여라."_시 103:1

"너희는 가서 '내가 바라는 것은 자비요, 희생제물이 아니라' 하신 말씀이 무슨 뜻

　인지 배워라. 나는 의인을 부르러 온 것이 아니라, 죄인을 부르러 왔다."_마 9:13

성경에
나타난
아픈 마음

2

선악과를 먹으면 죽을 수밖에 없는 이유

성경은 결코 심리학이나 정신의학에 관한 책은 아니지만, 인간을 창조하신 하나님의 말씀이기에 인간의 마음에 대해서도 본질적이고 깊이 있는 내용이 기술되어 있다. 특히 하나님께서는 인간의 마음을 만나길 원하시고 이를 통해 예배받길 원하시기에, 성경 속에는 생각보다 마음의 문제에 대해 매우 깊이 다루고 있다. 그렇다고 성경이 마음의 원리와 그 병에 대해 직접적으로 기술하고 있는 것은 아니다. 다만 외적 사건과 말씀 속에 숨어 있는 마음의 원리들을 발견함으로써 이를 알 수 있다는 것이다.

우리는 지금까지 성경의 외적 현상에만 관심을 가져왔기에 성경 속에 나타난 사건의 내적 적용을 소홀히 해온 경향이 있다. 물론 인간의 마음에 관해 관심을 두지 않은 것은 아니지만, 우리가 쉽게 느끼는 의식의 범위인 사고와 감정의 수준에 머문 상태라고 할 수 있다. 이 때문에 성경을 통해 더 깊은 인간의 마음과 영혼의 세계를 발견하고 찾아가는 자세와 훈련이 필요하다.

인간의 기본적인 마음과 아픔의 시작은 창세기에 나타난 인간 창조와 타락의 과정에 기본적으로 나타나 있다. 그러나 창세기는 결코 하나님께서 인간의 마음을 어떻게 창조하셨으며, 그 마음이 죄로 인해 어떻게 타락되고 병들었는지 구체적으로 기술하고 있는 것은 아니다. 그러나 그 사건과 말씀의 배후에 있는 인간의 내적 세계에 대한 진지한 관심을 가지고 본다면 우리는 그 속에 인간의 마음에 대한 깊은 원리를 발견할 수 있다.

창세기에 인간의 마음을 유추해볼 수 있는 것은 인간의 창조원리와 선악과를 따먹으므로 시작된 원죄의 과정이 모두이다. 이제 이를 통해서 인간의 마음이 어떻게 창조되고 아프게 되었는지를 살펴보려고 한다. 먼저 인간은 흙에 하나님의 생기를 불어넣어 생령living soul이 되므로 창조되었다고 기록하고 있다. 흙은 육이 되고 생기는 영이고 생령은 마음과 인격으로 본다. 흙도 창조된 것이지만, 이미 있던 것이고 영도 하나님에게서 나온 것이지만 이미 존재하던 것이다. 이 둘이 만남으로 새롭게 생성된 것이 생령, 즉 인격이다. 그 인격은 지정의知情意로서 마음을 포함한다.

그런데 성경은 이 인격을 생령, 즉 살아있는 혼living soul이라고 하였다. 이는 생명을 가진 인격과 마음을 의미한다. 생명은 인간의 것이 아니다. 육은 무생물이지만, 하늘의 생기 즉 생명의 근원인 영을 받음으로 육도 생명이 되었다. 육이 영의 생명을 받아 생령이 된 것이다. 그래서 이 생령이 생명으로 살아가기 위해서는 생명의 근원인 영에 뿌리를 내리고 늘 생명을 받아야 한다. 그러나 생령이 보이는 육신으로 세상을 바라보면 죽는다. 인간의 마음은 늘 뿌리를 생명의 근원인 하나님의 영에 두고 생명과 사랑을 빨아올려야 살 수 있다. 이는 식물의 원리와 같다. 모든 식물이 뿌리로 사는 것처럼 생명은 뿌리인 영의 생명으로 살아야 하는 것이다.

이러한 마음의 원리가 곧 선악과로 표현되어 있다. 우리는 선악과를 단순히 하나님의 명령으로만 보아서는 안 된다. 하나님은 자신의 명령을 순종하는지를 단순히 보기 위해 선악과를 주신 것이 아니다. 선악과는 인간의 인격, 즉 마음을 어떻게 해야 생명의 삶을 지속해서 살 수 있는지를 말해주는 창조의 원리로 보아야 한다.

무생물과 생물의 차이가 무엇일까? 무생물은 각각 흩어져 존재한다. 그러나 생명은 그것들이 모여 하나가 되어야 존재할 수 있다. 무생물 즉 보이는 세상은 각자의 가치와 용도로 존재한다. 인간은 필요에 따라 이를 사용한다. 그래서 무생물 즉 세상의 것들은 좋은 것과 나쁜 것으로 나누어진다. 그래서 인간은 자기에게 유익한 것을 좋은 것 즉 선善이라 부르고 해로운 것을 나쁜 것 즉 악惡이라 하여 선악을 구별한다. 여기선 선악이란 윤리와 도덕만을 의미하는 것이 아니라 좋고 나쁜 것을 상징적으로 말하는 것이다.

그러나 생명은 선악이 없다. 모든 것이 생명 안에서 소중하고 하나라도 없으면 안 되는 귀중한 것이다. 모두가 같은 가치이고 좋은 것과 나쁜 것 즉 선악으로 나누어지지 않는다. 만일 생명을 선악으로 나누면 생명은 신음하며 죽는다. 생명이 깨어져 죽게 되는 것이다. 생명은 용서받아 그 속의 모든 것이 의로워야 한다. 생명은 결코 선악으로 나누어져서는 안 된다. 그래서 생명이 세상의 선악을 먹으면 죽을 수밖에 없다. 죽는 이유는 명령을 어긴 불순종으로 형벌을 받아서가 아니라, 선악으로 생명이 자동으로 죽는 것이다. 이는 의학적이고 과학적인 이유이다. 이러한 경고에도 불구하고 인간은 세상의 좋은 것에 마음이 빼앗겨 선악과를 따먹고 말았다. 그래서 죽게 된 것이다.

여기서 중요한 것은 인간의 마음이다. 인간은 자신의 생명을 지키기 위해 생명의 근원인 주님의 영을 바라보고 먹어야 하는데 보이는 좋은 것(먹음직도 하고, 보암직도 하고 지혜롭게 할 만큼 탐스럽기도 하여) 즉 선악과를 따먹고 말았다. 죄가 따로 있는 것이 아니라, 생명의 영을 바라보지 않고 세상의 선악을 바라보고 먹은 것이 죄가 된 것이다. 이는 윤리와 도덕의 법 이전에 생명이 살고 죽는 과학의 법인 것이다. 죄는 하나님이 정하신 것이 아니라 창조의 원리이고 가장 보편적인 우주의 법이기도 하다. 죄는 곧 생명이 죽는 것을 말하는 것이다.

그렇다면 선악을 먹음으로 인간은 어떻게 죽는가? 생명이 선악으로 나누어지므로 깨어지게 되는 것이다. 성경은 이를 상했다broken, 즉 깨어졌다고 말하고 있다. 하나가 되어야 하는 것이 생명인데 각자가 되는 것이다. 선과 악으로 나누어지고 분열하고 갈등하며 싸우게 되면 하나의 생명이 될 수 없다. 하나가 될 수 없으므로 죽은 생명이다. 그러나 생명은 죽지 않는다. 하나님의 생명이기에 영원하다. 그러나 생명으로서 영원한 것이 아니라, 병든 생명 즉 서로 싸우는 고통의 생명으로 영원한 것이다. 성경은 이 생명을 죽은 생명이라고 표현하는 것이다. 이를 반反생명이라고 할 수 있다.

인간의 모든 문제는 죄와 함께 시작된다. 따라서 하나님의 형상으로 창조된 깨끗하고 건강한 인간의 마음도 결국 죄로 인해 병들기 시작한다. 죄는 병균처럼 우리의 마음에 들어오게 되면 건강한 마음이 병들고 파괴된다. 실제 우리가 죄를 범하면 그 첫 번째 반응과 고통은 우리의 마음에서 시작된다. 이제 죄가 인간의 마음을 어떻게 병들게 하였는지 창세기 3, 4장을 통해 살펴보려고 한다.

선악으로 자신의 없는 모습을 보게 되다

죄의 첫 번째 반응은 창세기 3장 7절에 나타나 있다.

"그러자 두 사람의 눈이 밝아져서, 자기들이 벗은 몸인 것을 알고,
무화과나무 잎으로 치마를 엮어서, 몸을 가렸다."_창 3:7

눈이 밝아 자신들을 알아보게 된 것이다. 눈이 밝아졌다는 것은 생명을 선악으로 보게 되었다는 것이다. 하나로 있던 생명이 좋은 것과 나쁜 것으로 나누어지게 되고 자신의 안 좋은 것을 부끄러워하며 이를 가

리기 시작한 것이다. 하나였던 생명이 이처럼 나누어져서 안 좋은 것을 숨기게 된 것이다. 이것이 죄와 죽음의 시작이다. 생명이 깨어지고 나누어지게 된 것이다. 이것이 죽음이고 고통이다. 그리고 자신을 선악으로 보기 시작했다. 그전에는 하나의 생명으로 하나님과 하나 되어 살았다. 그러나 선악이 들어옴으로 자신과 하나님이 분리될 수밖에 없었다. 이것을 별도의 벌이라기보다는 선악의 자동적인 결과로 보아야 한다. 선악이 자초한 스스로의 벌인 것이다. 선악으로 눈이 밝아져 전능하고 거룩한 하나님과 아무것도 없는 피조물이 분리되어 인식되기 시작한 것이다. 이것이 죄이다. 죄는 하나님과 생명으로 하나 되지 못하게 하는 것이다. 선악이 죄가 되어 하나님과 인간을 분리한 것이다. 그 결과 피조물 본래의 유한하고 열등하고 부족한 모습을 그대로 인식하게 되었다. 그동안 하나님과 하나 되므로 자신을 보지 못하다가 선악으로 분리됨으로 이제 자신의 없는 모습을 보기 시작한 것이다. 그래서 당황하게 되고 심히 부끄러워 자신을 가리고 숨게 된 것이다.

　하나님과 인간이 분리됨으로 일어나는 여러 가지 현상이 나타나지만, 가장 두드러진 것이 하나님의 능력으로부터의 분리이다. 이로 인해 감추어졌던 인간의 없음이 드러나게 되었는데 이것이 곧 피조물의 무력함이다. 이것이 곧 인간의 열등감이라는 아픔의 기초가 된다. 우리는 외부적 환경이나 조건들, 예를 들면 신체조건, 가정형편, 학력과 능력 등에 의해 자신이 열등하다고 느끼기에 엄청난 노력을 통해 이를 극복하려고 한다. 그러나 우월감은 잠시일 뿐, 또 다른 것과 비교하여 자신의 열등감을 느끼게 된다. 그래서 인간은 영원히 열등감에서 자유롭기 어렵다. 이는 열등감이 외적인 조건보다 근원적인 피조물의 무력감에서 나오기 때문이다. 잘 할 수도 있고, 못 할 수도 있는데, 인간은 왜 이를 있는 그대로 받아들이지 못하고 비교하며 열등하다고 생각해야 하는지 인간 스스로 만든 고통의 사슬이 아닐 수 없다. 이는 어쩔 수 없는 선악의 결과이다. 자신의 생명을 하나로 인식하지 못하고 능력이라는 차원에서 선악으로 인식하고 판단하기 때문이다. 생명으로서의 자기가 아니라 능력이라는 선악의 기준으로 자기를 보기 때문인 것이다.

하나님과 분리됨으로 그다음 인간이 느끼게 된 것은 자신의 가치에 대한 것이다. 생명은 의롭고 존엄한 가치가 있다. 이는 생명의 근원이신 하나님으로부터 나온 것이다. 그런데 하나님과 분리됨으로 인간의 가치는 본질적으로 무가치해질 수밖에 없다. 이를 죄라고 하는 것이다. 죄는 결국 가치를 의미한다. 죄인은 존재할 가치가 없으므로 분리하고 격리한다. 그리고 형벌을 받아야 하며 그 형벌에는 인격적으로 무시하고 멸시하고 학대를 받는 것까지 포함된다. 예수님이 십자가에서 받으셨던 그 조롱과 멸시가 바로 죄인의 무가치함으로 받았던 형벌이었다. 인간은 여러 가지 선함과 고상함으로 자신의 가치를 높이려고 하지만, 근원적인 죄의식과 무가치함에서 벗어날 수가 없다. 이는 인간이 본질적으로 무가치한 죄인이기 때문이다. 하나님의 의를 떠나서도 그렇지만, 생명을 가치라는 선악의 기준으로 나누었기 때문이다. 인간은 하나의 생명으로 귀하고 의로워야 하는데 항상 의의 가치 기준으로 자신을 판단하며 의와 죄로 자신을 나누기 때문이다. 인간이 물건에 대해 항상 가격을 매기며 살 듯, 인간에게도 그러한 가치 즉 가격을 매기며 산다고 보면 된다.

●
버림받은 마음으로부터 생긴 아픔과 불신

죄로 인한 두 번째 반응은 창세기 3장 14~24절에 나타나 있는 사건을 통해 알 수 있다. 이 사건을 우리는 외적인 사건으로만 이해해서는 안 된다. 이는 단순한 외적인 사건으로 끝나지 않는다. 이를 경험한 아담과 하와의 내적인 마음은 엄청난 충격을 받게 된다. 죄를 범하기 전에는 하나님께서 모든 것을 주시고 보호해주셨지만, 선악과 이후로는 인간은 스스로 험한 세상에서 살아야 했다. 모든 것을 보장받던 에덴동산에서 쫓겨난 것이다.

"그래서 주 하나님은 그를 에덴 동산에서 내쫓으시고, 그가 흙에서 나왔으므로, 흙을 갈게 하셨다. 그를 쫓아내신 다음에, 에덴 동산의 동쪽에 그룹들을 세우시고, 빙빙 도는 불칼을 두서서, 생명나무에 이르는 길을 지키게 하셨다."
_창 3:23~24

우리는 이 사건을 경험한 아담과 하와의 마음이 어떠했을까 짐작함으로써 인간의 근원적인 마음의 원리를 깊이 이해할 수 있을 것이다. 이들의 마음은 모든 것을 보호받던 부모로부터 버림받은 갓난아이와 같앉을 것이다. 비록 몸은 성인이었지만 하나님 앞에서는 그들은 간난아이와 다를 바 없었다. 그들이 받았을 내적인 충격은 이루 말할 수 없이 컸을 것이다. 버림받고 거절당해본 경험이 있는 사람은 그것이 얼마나 큰 아픔이었는지 알 수 있을 것이다. 특히 어렸을 때 버림받은 상처와 충격은 비록 뚜렷이 의식하지는 못할지라도 나중에 성인이 되었을 때 엄청난 영향을 미친다.

버림받음은 인간의 마음에 어떠한 상처를 남기게 될까? 첫째로 아픔이다. 버림받음으로 사랑을 상실할 때 우리의 마음은 끊어질 듯 심한 고통을 겪는다. 그리고 혼자됨으로 생긴 두려움과 불안이 있다. 또 무서운 세상에 대한 두려움으로 이러한 감정은 더욱 심화된다. 그 속에서 인간은 더욱 소외와 고독감을 느끼고 자신의 무가치함과 무력감, 열등감에 빠지게 된다. 그리고 원망과 분노의 감정도 올라오게 된다.

이러한 상처 중에 가장 무섭고 심각한 것은 불신이다. 한번 믿었던 사람으로부터 버림받을 때 우리는 다시 사람을 믿지 못하게 된다. 믿고 싶어도 다시 버림받고 거절받는 것이 두려워 아무에게도 다가서지 못하는 것이다. 하나님이 인간을 구원하실 때도 가장 방해되는 것이 근원적인 불신이다. 따라서 하나님이 믿음을 통해 우리를 구원하시려는 것도 이러한 본질적인 치유의 뜻이 있을 것으로 생각된다.

인간은 태어나기 이전부터 이러한 '버림받음의 상처'가 누구에게나 다 있다. 그래서 인간에게 가장 힘들고 고통스러운 마음이 있다면 그것은 버림받음일 것이다. 욥의 고통과 예수님의 십자가의 고통 가운데 가장 견디기 어려웠던 고통은 바로 아버지 하나님으로부터 버림받는 고통이었다. 갓난아이가 언제 배운 적도 없는데 어쩌면 그렇게 어머니에게 매달리고 버림받는 것에 예민할까? 인간은 왜 그렇게 남을 의식하고 그 사람이 나를 싫어하거나 비난하지 않을까 염려하고 긴장할까? 얼마나 많은 사람이 이별과 버림받는 경험을 두려워하며 이에 시달리고 있는가? 이는 아담으로부터 시작된 인간의 가장 근원적인 아픈 마음이 아니고서야 도저히 이렇게까지 예민하게 아플 수가 없을 것이다.

사랑의 굶주림이 낳은
극심한 경쟁 사회

죄로 인한 세 번째 반응은 창세기 4장 1절에서 5절에 나타나 있다.

> "아담이 자기 아내 하와와 동침하니, 아내가 임신하여, 가인을 낳았다. 하와가 말하였다. "주님의 도우심으로, 내가 남자 아이를 얻었다." 하와는 또 가인의 아우 아벨을 낳았다. 아벨은 양을 치는 목자가 되고, 가인은 밭을 가는 농부가 되었다. 세월이 지난 뒤에, 가인은 땅에서 거둔 곡식을 주님께 제물로 바치고, 아벨은 양 떼 가운데서 맏배의 기름기를 바쳤다. 주님께서 아벨과 그가 바친 제물은 반기셨으나, 가인과 그가 바친 제물은 반기지 않으셨다. 그래서 가인은 몹시 화가 나서, 얼굴빛이 달라졌다."_창 4:1~5

하나님이 지으신 인간의 속성 가운데 죄로 인해 거룩성이 깨어지자 하나님은 더 이상 우리 속에 내재할 수 없었다. 따라서 우리 마음을 채워주었던 하나님의 사랑도 자동으로 철수될 수밖에 없었다. 사랑은 사랑으로만 채워져야 하는데 하나님의 사랑이 내재하지 못함으로 인간은 사랑에 굶주린 마음을 갖게 된다. 그래서 인간은 그 후 하나님의 사랑과 인간의 사랑을 갈망하며 굶주린 마음을 채워보려고 한다. 이처럼 가인과 아벨도 하나님의 인정과 사랑을 받기 위해 제물을 드렸으나, 가인은 그 사랑과 인정을 받지 못함으로 아벨을 시기하고 미워하게 되었다.

우리는 얼마나 사람들의 인정과 사랑을 받기 위해 노력하고 경쟁하며 살아가고 있는가? 왜 그토록 공부를 잘하려 하고 좋은 대학에 들어가서 많은 돈을 벌고 지위를 얻으려고 하는가? 여인들은 왜 그토록 아름다워지려고 할까? 어떤 이는 그것 자체가 목표라고 할지 모르지만, 결국은 그것을 통해 누군가의 인정과 사랑, 혹은 스스로 인정과 사랑을 받기 위해 애쓰고 있음을 그 누구도 부인할 수 없을 것이다. 이 극심한 경쟁 사회는 결국 무엇을 의미하는가? 결국, 그 근원적 사랑의 굶주림 때문이다. 사랑이 없는 사회일수록 더욱 이기적이고 경쟁적인 것도 바로 이러한 이유에서 그런 것이다. 이 굶주림 자체가 죄는 아니지만, 이것이 욕심으로 발전되고, 이 욕심이 자라 죄를 낳게 되는 것이다. 그래서 이 굶주림 때문에 결국 가인이 죄를 범하게 된 것이다. 사람을 죽이기까지 죄를 범하게 하였던 것은 바로 인간의 굶주림이 얼마나 크고 깊은지를 역설적으로 말하고 있다.

한恨으로 유전되는 분노

네 번째 반응은 창세기 4장 5~15절 말씀에 있는 대로 분노의 마음이다.

"가인과 그가 바친 제물은 반기지 않으셨다. 그래서 가인은 몹시 화가 나서, 얼굴빛이 달라졌다. 주님께서 가인에게 말씀하셨다. "어찌하여 네가 화를 내느냐? 얼굴빛이 달라지는 까닭이 무엇이냐? 네가 올바른 일을 하였다면, 어찌하여 얼굴빛이 달라지느냐? 네가 올바르지 못한 일을 하였으니, 죄가 너의 문에 도사리고 앉아서, 너를 지배하려고 한다. 너는 그 죄를 잘 다스려야 한다." 가인이 아우 아벨에게 말하였다. "우리, 들로 나가자." 그들이 들에 있을 때에, 가인이 그의 아우 아벨을 쳐죽였다. 주님께서 가인에게 물으셨다. "너의 아우 아벨이 어디에 있느냐?" 그가 대답하였다. "모릅니다. 제가 아우를 지키는 사람입니까?" 주님께서 말씀하셨다. "네가 무슨 일을 저질렀느냐? 너의 아우의 피가 땅에서 나에게 울부짖는다. 이제 네가 땅에서 저주를 받을 것이다. 땅이 그 입을 벌려서, 너의 아우의 피를 너의 손에서 받아 마셨다. 네가 밭을 갈아도, 땅이 이제는 너에게 효력을 더나타내지 않을 것이다. 너는 이 땅 위에서 쉬지도 못하고, 떠돌아다니게 될 것이다." 가인이 주님께 말씀드렸다. "이 형벌은, 제가 짊어지기에 너무 무겁습니다. 오늘 이 땅에서 저를 쫓아내시니, 하나님을 뵙지도 못하고, 이 땅 위에서 쉬지도 못하고, 떠돌아다니게 될 것입니다. 그렇게 되면, 저를 만나는 사람마다 저를 죽이려고 할 것입니다." 주님께서 그에게 말씀하셨다. "그렇지 않다. 가인을 죽이는 자는 일곱 갑절로 벌을 받을 것이다." 주님께서는 가인에게 표를 찍어 주셔서,

어느 누가 그를 만나더라도, 그를 죽이지 못하게 하셨다."_창 4:5~15

인간의 분노는 여러 원인이 있지만 가장 근원적이고 흔한 것은 바로 사랑의 좌절에서 생기는 분노이다. 즉 가인이 하나님의 사랑을 받고 싶었지만, 그것이 좌절되었을 때 심한 분노가 일어났다고 성경은 기록하고 있다. 흔히 사랑과 증오는 같은 것이라고 한다. 사실 우리는 사랑과 관심을 받고 싶은 사람에게 실망했을 때 미움과 분노가 생긴다. 그러나 별로 관심 없는 사람이라면 깊은 분노는 생기지 않는다. 특히 부모로부터 받아야 할 사랑이 좌절될 때, 아내와 남편으로부터 받아야 할 사랑이 채워지지 않을 때 우리는 아주 깊이 미워하게 되고 분노를 품는다.

우리의 깊은 마음속에는 조상들로부터 내려오는 분노로 가득 차 있다. 우리는 자식들에게 사랑과 함께 분노도 내려주고 있다. 특히 해결될 수도, 터트릴 수도, 표현될 수도 없는 분노는 한恨이라는 마음의 응어리로 남는다. 이 한도 자손들에게 유전된다. 우리 민족 속에 있는 한은 바로 이 억압된 분노의 응어리이다.

이러한 분노와 미움은 우리의 대인관계를 불편하게 만든다. 특히 하나님으로부터 버림받음으로 인해 생긴 억압된 분노와 원망이 우리 모든 인간에게는 잠재되어 있다. 감히 하나님이기에 표현될 수 없을 뿐이다. 따라서 이러한 마음이 치유되지 않는 한 우리는 하나님과의 만남이 제한된다. 그러므로 분노를 치유하는 것은 하나님과 깊이 만나는 데 필연적으로 필요하다.

원마음을 해결해보려고 생긴 이차적인 병든 마음

이상의 네 가지 마음이 인간의 죄로 인해 생긴 원마음이다. 인간에게 원죄가 있어 유전되듯이 원죄로 인한 원마음도 인간 대대로 유전되고 있다. 원죄를 이해 못 하고는 인간의 본성을 모르듯 이 원마음을 모르고 인간의 마음을 바로 진단할 수 없다. 그러나 인간의 마음의 병은 이 원마음으로 끝나지 않는다. 원마음이 죄의 일차적 결과로 주어진 병든 마음이라면, 살아가면서 이 병든 마음에서 파생된 이차적인 병든 마음이 있다. 이는 곧 세상과 사람들 속에서 원마음을 가지고 살아가면서 원마음을 해결해보려고 애쓰다가 서로 간에 상처를 주면서 생긴 또 다른 아픈 마음이다.

이 아픈 마음에 대해서는 이사야 61장 1절에 잘 나타나 있다.

> "주님께서 나에게 기름을 부으시니, 주 하나님의 영이 나에게 임하셨다. 주님께서 나를 보내셔서, 가난한 사람들에게 기쁜 소식을 전하고, 상한 마음을 싸매어주고, 포로에게 자유를 선포하고, 갇힌 사람에게 석방을 선언하고," _사 61:1

이 말씀은 예수님이 오셔서 하실 일에 대한 기록이다. 즉 죄와 원마음으로 인해 병들어 죽어가는 인간들을 구원하시고 치유하기 위해 오신 예수님의 사역을 기록한 것이다. 이 말씀 속에서 인간의 상태를 네 가지로 표현하고 있는데 곧 가난한 자, 상한 자, 포로 된 자, 갇힌 자이다. 이 상태 역시 외적인 상태가 아닌 내적 세계로 적용한다면 바로 인간의 마음이 이렇다는 것을 알 수 있을 것이다. 먼저 가난한 마음이 있는데, 이에 대해서는 다음 장에서 자세하게 다룰 것이므로 생략하고 그 이후의 상한 마음과 포로 된 마음, 갇힌 마음에 관해 설명해보려고 한다.

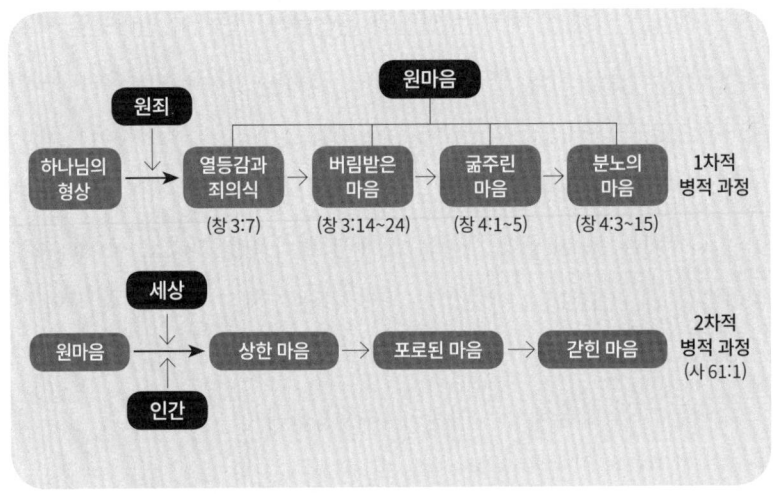

| 성경에 나타난 인간 마음의 병적 과정 |

첫 번째로 상한 마음인데, 이 '상했다는 것'은 내용상으로 멍들고 상했다기보다는 '깨어졌다'라는 것이 더 정확한 표현이다. 그래서 영어 성경에는 'broken'이라고 표현하고 있다. 깨어짐에 대해서는 앞서 설명한 바 있다. 하나의 생명에 선악이라는 이분법이 오게 되니 생명의 마음이 깨어질 수밖에 없다. 하나의 마음과 생명이 아니라 옳고 그른 것으로

한없이 나누게 되고 좋은 것은 이상화하고 싫은 것은 무시하고 학대하게 되니 서로 갈등하고 깨어질 수밖에 없는 것이다.

이로 인해 기본적으로 금이 가서 깨어진 마음이 다시 더 강하게 깨어지게 된 것이다. 원마음에서 가장 강하게 작용하는 두 마음이 있다면, 그것은 굶주린 마음과 버림받은 마음일 것이다. 그런데 이 마음은 상호 반대기능이 있어서 같이 있을 수 없다. 굶주린 마음 때문에 우리는 다른 대상에게 열심히 다가가고 싶어 한다. 이것은 우리 마음의 원심력遠心力으로 작용한다. 그러나 한편 '버림받은 마음'은 그 반대로 다시 버림받을 것에 대한 두려움과 불신 때문에 대상으로 나아가지 못하게 하며 오히려 속으로 움츠러들게 하는 구심력求心力적 힘을 가하게 된다. 그래서 이 두 힘이 서로 타협하지 못하고 계속 싸우게 되면 결국 우리의 마음은 더욱 깨어지고 만다.

이상적이고 안전한 사랑을 찾는 이유

인간은 사랑 없이는 살 수 없을 만큼 좋은 것이면서도 왜 그토록 고통스럽고 어려울까? 이것은 우리의 마음이 깨어지고 분열된 상한 마음이기 때문으로 생각해 볼 수 있다. 인간은 그 어느 하나의 사랑에 정착하지 못한다. 인생의 사랑은 마치 나그네처럼 이곳저곳 순례하며 방황한다. 결혼이란 외적인 굴레로 그 사랑을 묶어둔다 해도 내적인 사랑은 그 누구도 묶어둘 수 없다. 이처럼 우리가 세례를 통해 예수님과 결혼예식을 올리고 사랑하기로 한 후에도 우리의 내적인 마음은 무수히 과거의 세상으로 방황하고 날아다닌다. 하나님을 사랑하고 경배하기 위해 몸은 성전에 왔지만, 우리의 마음은 다른 곳에 가 있는 경우가 허다하다. 사랑의 방황과 갈등은 구체적으로 이상적인 사랑과 안전한 사랑을 동시에 찾는 데서 시작된다. 우리의 굶주린 마음은 이를 채워줄 수 있는 이상적이며 환상적인 사랑을 갈구하나, 버림받는 마음으로 인해 두려움과 불신을 갖게 되어 이 사랑에 계속 머무르지 못한다. 그래서 다시 버림받을 위험이 없는 안전한 사랑을 찾아 나선다. 자기보다 훨씬 못한 사람을 택하여 안전한 사랑을 해보지만, 그 사람으로는 자기의 깊은 굶주림이 채워지지 않는다는 것을 알고는 또다시 이상적인 사랑을 찾아 나선다. 이렇게 하여 인간은 사랑의 순례를 끊임없이 계속하는 것이다.

　이 깨어진 상한 마음이 치유되지 않는 한 우리는 하나님을 사랑하기로 한 다음에도 계속 세상의 안전한 사랑을 찾아 나선다. 마치 고멜처럼 수없이 간음과 용서함을 반복하며 사는 것이 바로 우리의 상한 마음이다. 그래서 예수님은 이 깨어진 마음을 회복시키려고 오셨다. 이 상한 마음이 하나로 붙지 않는 한 우리가 하나님의 사랑을 담을 수 없기에 그 구원을 이루기 위해서는 치유가 필연적으로 필요하다.

●

'중독'은 포로 된 마음에서 생긴다

그러나 상한 마음을 치유하지 않고 계속 두게 되면 다음의 병적 과정으로 가게 되는데 그것이 곧 포로 된 마음이다. 이 포로 된 마음은 깨어진 마음에서 시작된다. 포로란 일종의 중독 상태와 같다. 마치 술과 약물에 중독되면 우리가 그것에 종살이하게 되는 것과 같은 것이다. 하나님으로부터 버림받은 후, 우리는 하나님으로부터 보호받고 사랑받는 대신 세상의 것, 즉 세상의 재력과 조직, 힘과 사랑 등에 의지하고 살게 된다. 이것은 하나님 없이 스스로 살아보려는 인간의 노력이기도 하다. 그러나 문제는 세상의 것이 우리와 대등한 위치에서 서로 도와주는 관계로 끝나는 것이 아니라 결국엔 우리가 세상과 사람의 종살이를 하게 되고 포로가 된다는 것이다. 처음에는 생존하기 위해 돈이 필요하지만, 나중에는 자신의 열등감, 욕심, 경쟁심 등을 채우는 데 필요 이상의 돈을 소유하고 결국 그 돈의 노예가 되고 만다. 또 정치 권력도, 일도, 건강도, 정욕도 마찬가지이다. 세상의 것은 중독되지 않는 것이 없다. 특히 사단은 이를 이용하여 우리를 더욱 세상에 매여 살도록 하는 것이다.

나만은 세상 것에 중독되거나 포로 되지 않고 오히려 그것을 지배하고 협력하면서 산다고 큰소리칠지 모르지만, 중독성은 그것이 있을 때는 아무 문제가 없다가 그것이 끊어질 때 심한 금단withdrawal 증상을 보이는 것을 보아서 알 수 있다. 내가 아끼는 세상 것들과 사람이 없어질 때 그 누가 금단 증상을 안 보이고 초연할 수 있을까? 중독성의 또 다른 특징은 내성tolerance이다. 만족이 없고 자꾸 그 강도나 양이 늘어나게 된다. 그래서 그것을 더욱 찾지 않으면 안 되는 의존성에 빠지게 되는 것이다. 이것은 바로 상한 마음이 있기 때문이다. 세상이 달콤하여 우리의 굶주림을 채워줄 것 같고 돈과 권력이면 무엇이든 될 것 같은 안전함이 있기에 우리가 세상에 중독되는 면도 있지만, 우리의 깨어진 마음이 세상을 더욱더 요구하기 때문에 더욱 깊은 종살이에 빠지게 되는 것이다. 즉 깨어진 마음에는 만족이나 감사가 없다. 밑 빠진 독처럼 그 허기짐을 채울 수가 없다. 사랑을 주어도 버림받은 마음의 불신과 두려움 때문에 그 사랑은 우리의 굶주림을 채우지 못하고 깨어진 곳으로 모두 새어버린다. 그래서 또 굶주리고 더 두려워하게 되고 믿지 못한다. 이것이 포로 된 마음의 원리이다.

 예수님은 이 포로 된 마음에 자유를 주기 위해 오셨다. 이 세상에 포로 된 마음은 곧 예수님의 십자가와 보혈 그리고 성경의 권능으로만 끊어질 수 있고 자유로워질 수 있다. 이 포로 된 마음의 치유가 없이 우리는 하나님의 사랑을 전적으로 받아들일 수 없다. 포로 된 마음이 곧 우상이기 때문이다. 출애굽을 통해 외적으로는 자유인이 된 이스라엘 백성들이 그 마음의 포로 되므로 자유롭지 못해 광야 생활에서 이집트의 우상숭배를 한 것처럼 우리가 구원받은 후에도 우리의 마음은 세상 것에 아직 종살이하고 있어 하나님의 축복을 입지 못하고 있다.

갇힌 마음의 외적 증거 '완벽주의'

이 포로 된 마음이 치료되지 못하면 다시 더 심한 병적 상태로 빠지게 된다. 포로는 자유가 제한되었지만 그래도 어느 정도 자기 생활과 자유가 있다. 더 심한 상태는 완전히 갇히는 것으로, 마음의 병의 최종적인 상태는 갇힌 마음이 되는 것이다. 물론 이 갇힌 마음은 마지막 결과로서 올 뿐만 아니라 원마음에서부터 조금씩 시작되어 마침내 갇혀버린 마음이 된다. 즉 하나님이 창조하시고 구원하시기 원하시는 우리의 영혼과 영적 자아가 갇히는 것이다. 갇힘은 억눌림과 자기학대를 통해 이루어지는데, 이는 원마음의 일차적인 병적 과정에서부터 시작된다. 즉 열등감은 자기 수치감과 함께 자기학대를 갖게 하며 죄의식은 더욱더 이를 심화시킨다. 그 후 버려진 마음에서도 버림받을 수밖에 없는 자기 모습에 대한 무가치함, 사랑받을 수 없는 자기 모습에 대한 열등감 등이 작용하여 더욱더 자기를 억누르고 학대한다. 그래서 굶주린 마음으로 이러한 억압된 영혼과 자아를 채우려고 하지만, 두려움과 불신으로 이를 채우지 못하고 결국 좌절될 때 다시 분노의 마음이 일게 되고 이 분노가 밖으로 분출되지 못할 때 그 분노는 안으로 꺾어져 오히려 그 미움과 분노가 자기에게로 향한다.

그 이후 계속되는 상한 마음과 포로 된 마음의 형성을 통해 자기 영혼의 억눌림과 학대는 더욱 심화하고 가중 된다. 자신을 용서해주지 못하고 미워하고 매일 자신에게 채찍질과 칼질을 하며 살게 되는 것이다. 나는 믿음 안에서 자유로운 데 설마 내 마음이 이 정도밖에 안 될까? 도저히 상상이 안 될 수도 있다. 그러나 단적인 예를 들자면, 이 갇힌 마음의 외적 증거의 하나가 완벽주의이다. 겉으로 보면 그들은 훌륭하고 자유로워 보이지만 그들의 속마음은 그 완벽한 기준 때문에 늘 핍박과 채찍질을 받으며 살아야 한다. 곧 그들의 영혼은 심한 학대 속에 갇히고 용서받지 못하는 죄수와 같은 것이다.

갇힌 영혼과 자아는 마치 애굽에서 노예 생활을 하던 이스라엘 백성들처럼 매일 고통 속에 신음하며 추위와 어둠 속에 떨고 있지만, 그들의 의식은 이 소리를 듣지 못하고 더욱 가혹한 학대를 가한다. 그리고 이 영혼을 풀어 놓기 위해 오신 예수님께로 나아가지 못하도록 문을 더욱 굳게 잠가놓은 것이다. 나의 의식은 예수님을 만나 맘껏 즐기고 있지만, 나의 깊은 곳의 영혼과 그 자아는 이처럼 갇힌 어두운 감방에서 신음하고 있다.

내적치유는 바로 이러한 갇힌 영혼을 해방하여 하나님의 천국 잔치에 초대하는 것이며, 아울러 그 깊은 곳까지 예수님의 빛과 사랑으로 채워지도록 하는 것이다. 하나님께서는 나의 의식과 행위만이 아닌 바로 이 깊은 곳에 갇힌 영혼으로부터 부르는 찬양과 경배를 받으시기를 원하시는 것이다.

내적 세계를
향한
하나님의
계획

3

인간의 아픈 마음에 대한 하나님의 치유와 그 계획은, 하나님께서 다른 육신의 병을 고치는 것과 같은 자비심만으로 이해할 수 있는 것이 아니다. 인간의 아픈 마음은 단지 고통을 주는 것으로만 끝나지 않고, 예수님의 보혈과 용서를 믿고 하나님을 만나는 구원의 사건에 직접 영향을 준다. 그뿐만 아니라 아픈 마음은 구원의 직접적인 대상이기 때문에 이에 대한 하나님의 관심과 계획은 아주 치밀하고 깊다. 곧 하나님의 인간에 관한 관심과 계획 중 내적치유는 아주 본질적이고 필연적이다. 그래서 내적치유는 하나님께서 인간을 구원하시려는 큰 계획 가운데 아주 핵심적인 내용을 차지한다.

하나님의 구원 계획은 인간의 타락 직후부터 나타난다.

"여자의 자손은 너의 머리를 상하게 하고, 너는 여자 자손의 발꿈치를 상하게 할

것이다."_창 3:15

"주 하나님이 가죽옷을 만들어서, 아담과 그의 아내에게 입혀 주셨다."_창 3:21

라는 말씀에서부터 예수 그리스도를 통한 하나님의 원대한 구속사가 시작된다. 그런데 하나님께서는 이 구속사를 왜 그토록 많은 과정과 시간을 소요하며 진행하실까? 왜 예수님과 성령님을 진작 보내셔서 인간을 고통으로부터 구원하지 않으셨을까? 예수님의 모형을 수천 년 동안 반복해 보여주신 이유는 무엇일까?

물론 이는 하나님의 주권에 속하는 것으로 우리가 감히 따져볼 수 있는 것은 아니다. 그러나 확실한 것은, 이러한 사실이 하나님 스스로의 의도라기보다는 인간에게 내재한 어떤 특성과 문제에서 기인한 것이 아닌가 생각된다. 이는 하나님께서 인간의 고통을 방관하시거나 이에 대해 덜 급하셔서가 아니다. 하나님께서도 속히 예수 그리스도와 보혜사를 보내셔서 우리를 돕고 구원하기를 원하셨지만, 우리의 어떤 문제 때문에 어쩔 수 없이 기다리시고 이를 점진적으로 진행할 수밖에 없는 필연성이 있을 것으로 생각된다. 우리는 아브라함이 이삭을 얻는 약속을 이루기까지 25년간 기다린 것으로 생각하기 쉽지만, 사실은 하나님께서 아브라함의 준비됨을 기다리신 것이다.

그렇다면 인간의 그 문제란 무엇이었을까? 물론 여러 필연적인 문제가 많았겠지만, 인간이 가진 내적 세계의 존재와 그 특수성도 그중의 한 중요한 요인이 되지 않을까 생각된다.

덮어둠의 자비와 치료의 공의

인간이 죄로 인해 얼마나 큰, 마음의 상처와 아픔을 겪게 되었는지에 대해 이미 앞 장에서 상세하게 설명한 바 있다. 이 상처와 아픔을 직면하며 산다는 것은 연약하고 어린 인간에게는 너무나 고통스럽고 견디기 어려운 것이다. 그 수치심과 아픔 때문에 우리는 이를 본능적으로 감추며 살 수밖에 없었다. 그래서 아담과 하와는 죄를 범한 후 무화과 나뭇잎을 엮어 치마를 만들어 입고 동산 나무 사이에 숨었다. 이 사건은 죄로 인해 생긴 아픈 마음을 숨기고 감추는 인간들의 본능적인 노력을 의미한다.

원마음(열등함, 죄의식, 버림받았을 때의 아프고 외로운 마음, 사랑받지 못해 굶주린 마음과 분노하는 마음 등)은 얼마나 아픈 마음이고 수치스러운 마음인가? 그 누가 이것을 자신 있게 내보이며 살 수 있겠는가? 조금이라도 이를 느끼면 우리는 엄청난 고통에 빠진다. 우리는 자신이 열등하거나 깨끗하지 않다는 것을 인정하지 않고 숨기려 얼마나 애쓰며, 누군가 이를 지적할 때 얼마나 놀라며 당황하는가?

정신장애란 결국 무엇인가? 이를 느끼며 드러내는 것이다. 불안, 좌절, 무력감, 공포, 두려움, 외로움, 죄의식 등을 조금이라도 느껴본 사람은 이것이 얼마나 아프고 무서운 고통이라는 것을 잘 안다. 우리는 환자가 아니라서 이러한 아픈 마음이 없을까? 아니다. 사실 우리는 이를 의식하면 너무 고통스러울 것 같아 꼭꼭 눌러두고 숨겨두며 살고 있어서 겉으로 멀쩡해 보일 뿐이다. 그래서 환자와 정상인의 차이는 증상의 유무라기보다는 아픔을 누르고 방어할 수 있는가 없는가에 따라 결정된다. 환자란 무슨 이유에서인가 이를 누르고 감출 힘이 약해서 발병하게 된 것이다. 이는 감옥에 가는 죄인과 정상인과의 구별에서도 비슷하게 적용된다. 흔히 말해서 들킨 죄인과 안 들킨 죄인이라고도 한다. 그리고 구원받은 신앙인을 용서받은 죄인이라고 한다. 인간은 모두 죄인이고 아픈데 이를 어떻게 처리하는가에 차이가 있다고 보아야 한다.

하나님께서도 우리들의 어쩔 수 없는 연약함과 고통을 아신다. 그러나 하나님께서는 이를 우리처럼 덮어둘 수만 없다. 마치 이가 아픈 아이가 병원에 가서 주사 맞고 치료하는 것이 무서워 안 아픈 척 숨기는 것과 같기에, 이를 아는 부모라면 방치할 수만은 없는 것이다. 대부분 부모는 아이를 무조건 강제로 끌고 가서 억지로라도 썩은 이를 뽑게 할 것이다. 그래서 아이는 비명을 지르고 몸부림을 칠 것이다. 물론 이빨을 뽑을 수는 있겠지만, 이로써 부모에 대한 반감과 원망은 대단할 것이다. 그리고 앞으로 이빨이 아플 때는 더 거짓말을 하고 숨길 수 있다.

하나님께서도 우리들의 상한 마음을 이렇게 치료하실까? 하나님은 결코 우리가 너무 힘들고 고통스러워하는 방법으로 하나님의 공의만을 위해 우리를 무자비하게 다루시지는 않는다. 그렇다고 우리의 죄와 병든 마음을 그대로 내버려 둘 수도 없는 것이 하나님의 괴로운 심정일 것이다.

그러나 하나님께서는 인간의 구원 문제에 있어 공의와 사랑이 서로 만날 수 없는 이중적 모순을 죄 없으신 예수님의 십자가를 통해 해결하신 것처럼, 이러한 덮어둠의 자비와 치료의 공의를 동시에 해결할 방법을 계획하시고 이를 진행하신다. 이것이 곧 성경에 나타난 하나님의 구속사이다.

망각과 무의식의 세계

하나님의 첫 번째 계획은 창세기 3장 21절의 말씀 속에 나타난다.

> "주 하나님이 가죽옷을 만들어서, 아담과 그의 아내에게 입혀 주셨다."_창 3:21

가죽옷은 물론 그리스도의 십자가와 구속을 의미한다. 그리고 또 다른 내적 의미로는 죄로 인한 인간의 수치와 고통을 덮으셨다는 뜻도 있다.

이것이 내적 세계에 있어서 망각과 무의식의 등장이다. 과거의 수치스럽고 고통스러운 죄와 아픈 마음을 더 이상 의식의 세계에 머물지 못하게 망각과 무의식이란 세계를 만들어 이곳에 보내므로 느끼지 못하게 하신 것이다. 이것이 바로 가죽옷의 덮음 기능이다. 과거의 것이라도 꼭 필요한 것은 기억을 통해 회상할 수 있지만, 그때의 고통스러운 감정은 방어기제 defense mechanism 를 통해 통제되고 객관적 사실만 기억되도록 하는 것이 하나님께서 허락하신 마음의 원리이다.

인간에게 죄와 아픈 마음이 있으므로 무의식과 망각이 있다. 우리의 죄와 상처가 다 깨끗해지고 치유되는 하늘나라에서는 아마 무의식과 망각이 더 이상 필요하지 않을지 모른다. 아마 그때는 의식과 무의식의 경계도 허물어지고 모든 것을 동시에 기억할 수 있을지 모른다. 이처럼 하나님께서는 우리의 아픔과 연약함을 아시고 이를 감싸주시고 덮어주셨다.

이제 우리는 고통이 덜한 의식意識을 통해 하나님을 만나게 되었다. 우리의 죄와 아픔을 다 느끼면 그 누구도 하나님을 바로 만날 수 없을 것이다. 두려워 숨고 말 것이다. 그 아픔과 수치스러운 것은 무의식으로 덮어버린 채 덜 고통스러운 의식으로만 하나님을 만날 수 있게 해주신 것이다. 그렇다고 우리의 죄와 아픔이 없어진 것은 아니다. 하나님께서는 그 자비하심 때문에 인간의 의식을 통해 만나시지만, 사실 하나님의 관심은 무의식 속에 망각 된 인간의 죄와 아픔이며, 이를 구원하고 치료하고자 하시는 것이 하나님의 계획과 뜻이다.

하나님께서는 구약의 여러 사건을 통해 그다음 단계의 치유와 구원의 계획을 진행하셨다. 또한 인간의 의식을 통해 하나님의 구원에 대해 가르치셨다. 말씀과 율법으로, 또는 삶의 사건과 이스라엘 국가와 역사를 통해 하나님께서 인간을 어떻게 구원하실 것에 대해 직접 알고 그 원리를 경험하도록 하셨다.

아브라함을 부르시고 그의 삶을 통해서 보이셨다. 그리고 이삭, 야곱, 요셉, 출애굽, 홍해, 광야 생활, 성막, 율법, 유월절, 할례, 요단강, 여리고 성 등 수많은 사건과 경험을 중심으로 인간들이 어떻게 하면 구원을 얻을 수 있는지에 대해 직접 체험하고 알도록 해주셨다. 이는 대부분 외적인 사건과 말씀을 통해서였다. 결국 그 경험의 내용은 거의 유사하며 반복적이고 발전적이다. 즉 인간은 하나님의 부르심을 받아 세상을 떠나고, 언약과 말씀을 받아 지키며 단을 쌓아 제물을 통해 피 흘림의 예배를 하나님께 바로 드리면 하나님의 구원과 축복을 받는다는 그러한 내용이다. 이것이 곧 예수 그리스도께서 오셔서 이루실 구원의 내용이다.

아픈 곳을 드러내라

이처럼 구약에는 예수님의 모형들이 무수히 반복된다. 특히 하나님께서는 율법을 통해 제사와 예배법 그리고 성전에 대해 아주 자세히 명령하셨고, 이를 그대로 지키는 자만이 구원받는다고 하셨다. 또한 그 외의 많은 율법을 통해 어떻게 살아가야 할지에 대해, 여러 가지 외적인 행위에 관해 규정하셨다. 이 대부분이 의식과 행위로서 알고 지킬 수 있는 외적 세계에 관한 것이다.

그러나 사실 하나님의 관심은 외적 세계에 관한 것이 아니었다. 진정한 관심은 인간 내면의 죄와 아픈 마음 즉 갇히고 포로 된 영을 치유하고 구원하시려는 데 있다. 그러나 어쩔 수 없이 하나님께서는 구약을 통해 먼저 외적 세계에 대해 아주 철저하게 말씀하시고 가르치셨다. 그 이유는 앞으로 내적 세계를 치유하고 구원할 그 방법과 원리에 대해 미리 외적으로 설명하고 경험하도록 하기 위해서였다.

인간은 여러 가지 면에서 아주 어린 상태이다. 따라서 하나님의 큰 구속의 계획을 다 이해할 수 없다. 이러한 인간에게 하나님께서 그의 구원의 계획을 어떻게 계시하며 전달할 수 있을까? 이를 어른들의 방법과 언어로는 전달할 수 없으므로 아이들의 언어와 경험의 세계를 통해 전달할 수 있는 길을 찾아야 하는 것이다. 아이들은 사랑이라는 추상개념을 모른다. 우리가 하나님의 사랑을 잘 모르는 것처럼, 이럴 때 선생님들은 아이들이 쉽게 알 수 있는 동화를 들려주거나 그림과 연극 등을 보여줌으로, 때로는 아이들과 같이 놀아주면서 그 놀이와 사건을 통해 간접적으로 경험하게 할 수 있도록 하는 것이다. 아이들은 이를 '사랑'이라고 개념으로는 이해하지 못하지만 "아, 이런 것이 있구나. 참 좋구나" 하는 경험은 할 수 있을 것이다. 이런 경험이 쌓여야 나중에 사랑이라는 개념으로 발전할 수 있다. 이것이 하나님께서 인간을 가르치고 인도하시는 방법이라고 볼 수 있다.

하나님께서도 우리에게 구원과 치유를 가르치실 때 바로 이와 같은 방법을 사용하신다. 즉 구약 속의 많은 사건과 경험은 바로 이러한 이유에서 주어지는 것이다. 그러므로 외적인 사건과 행위는 외적 세계만을 위해 주신 것이 아니라 그 속에 담겨 있는 내적 메시지를 경험하고 가르치기 위해 주신 것이다. 그리고 구원과 치유는 앞으로 예수를 통해 너희를 수술하고 치료하더라도 두려워 말며 너희 아픈 곳을 드러내어 치유를 받으라는 격려와 무수한 설명이 그 속에 들어있다. 마치 병원에 가지 않으려는 아이에게 수없이 반복적으로 그것이 아프지 않고 좋은 것이라는 것을 설명하고 경험하도록 하는 인내심 많은 부모와 같은 마음으로 말이다.

덜 아픈 외적 사건과 모형을 통한 치유

하나님께서는 우리의 내적 아픔과 연약함 때문에 이를 직접 드러내고 치유하시는 것은 아니지만, 덜 아픈 외적 사건과 모형을 통해 이를 반복적으로 학습하고 경험하게 함으로 내적 세계를 스스로 조금씩 드러내고 구원과 치유를 믿음으로 받으라는 것이 그의 뜻이고 계획이다. 그러나 인간의 어쩔 수 없는 망각의 세계 때문에 우리는 하나님의 선한 구원의 학습까지도 망각한다. 그래서 하나님께서는 이를 무수하게 반복하셔야만 했다. "나는 아브라함의 하나님이요, 너희를 애굽 땅에서 건져낸 하나님, 여리고 성을 무너뜨린 하나님, 다윗의 하나님이다. 너희는 이를 기억하라"라고 무수하게 반복하셨다. 우리를 치유하기 위해 만드신 망각의 기능 때문에 하나님께서는 무던히도 인내하시며, 이를 반복하여 기억하게 하도록 하신 것이다.

하나님께서는 구약을 통해 율법과 외적 형식을 많이 강조하시고 이에 대해 아주 엄격하셨지만, 사실 더 깊이 원하신 것은 인간의 마음과 그 중심이었음을 구약성경을 통해 우리는 쉽게 알 수 있다. 곧 인간 내면의 상한 깊은 영을 만나기를 원하신 것이지, 제물과 겉으로만 갖추어진 예배와 율법을 원하신 것은 아니다.

하나님은 구약의 여러 곳에서 인간의 중심인 '마음'과 '영혼'을 만나기 원하시면서 그 마음과 영혼의 모든 것과 모든 힘과 뜻을 다해 사랑하고 찬송하길 원하신다고 하셨다.

"당신들은 마음을 다하고 뜻을 다하고 힘을 다하여,
당신들의 하나님을 사랑하십시오." _신 6:5

"내 영혼아, 주님을 찬송하여라, 마음을 다하여 그 거룩하신 이름을 찬송하여라."
_시 103:1

또 제사보다는 '순종'하는 마음을 원하신다고 하셨다.

"사무엘이 나무랐다. "주님께서 어느 것을 더 좋아하시겠습니까? 주님의 말씀에
순종하는 것이겠습니까? 아니면, 번제나 화목제를 드리는 것이겠습니까? 잘 들
으십시오. 순종이 제사보다 낫고, 말씀을 따르는 것이 숫양의 기름보다 낫습니
다."" _삼상 15:22

그리고 진정한 '감사'가 있는 제사를 원하신다고 했다.

"감사 제사를 하나님께 드리며, 너희의 서원한 것을 가장 높으신 분에게 갚아라."
_시 50:14

그리고 제사보다 사랑을 알기를 원하신다고 하셨다.

"내가 바라는 것은 변함없는 사랑이지, 제사가 아니다.
불살라 바치는 제사보다는 너희가 나 하나님을 알기를 더 바란다." _호 6:6

그리고 금식이라는 보이는 행위보다 고통받는 자를 긍휼히 여겨 그들을 풀어주는 것을 기뻐하셨다.

"내가 기뻐하는 금식은, 부당한 결박을 풀어주는 것, 멍에의 줄을 끌러 주는 것, 압제받는 사람을 놓아 주는 것, 모든 멍에를 꺾어 버리는 것, 바로 이런 것들이 아니냐?"_사 58:6~7

그리고 예수님은 희생제물이 아니라 자비를 원하신다고 했다.

"너희는 가서 '내가 바라는 것은 자비요, 희생제물이 아니라'하신 말씀이 무슨 뜻인지 배워라, 나는 의인을 부르러 온 것이 아니라, 죄인을 부르러 왔다."_마 9:13

하나님께서 원하시는 제물은 보이는 것이 아니라 상한(찢겨진) 영이라고 했다.

"마음 속의 진실을 기뻐하시는 주님, 제 마음 깊은 곳에 주님의 지혜를 가르쳐 주셨습니다. 하나님께서 원하시는 제물을 찢겨진 심령입니다." "오, 하나님, 주님은 찢겨지고 짓밟힌 마음을 멸시하지 않으십니다."_시 51:6, 17

그리고 하나님께서는 번제 때문에 탓하지 않는다고 하셨다.

"내가 너희가 바친 제물을 두고 너희를 탓하지는 않는다.

너희는 한 번도 거르지 않고 나에게 늘 번제를 바쳤다."_시 50:8

이사야 1장 11~13절에서 마음은 없으면서 바치는 인간의 제물과 초하루와 안식일 등이 전혀 기쁘지 않다고 말씀하셨다.

"무엇하러 나에게 이 많은 제물을 바치느냐? 나는 이제 숫양의 번제물과 살진 짐승의 기름기가 지겹고, 나는 이제 수송아지와 어린 양과 숫염소의 피도 싫다. 너희가 나의 앞에 보이러 오지만, 누가 너희에게 그것을 요구하였느냐? 나의 뜰만 밟을 뿐이다. 다시는 헛된 제물을 가져오지 말아라, 다 쓸모 없는 것들이다. 분향하는 것도 나에게는 역겹고, 초하루와 안식일과 대회로 모이는 것도 참을 수 없으며, 거룩한 집회를 열어놓고 못된 짓도 함께 하는 것을, 내가 더 이상 견딜 수 없다."_사 1:11~13

왜 인간들은 하나님이 이처럼 그 중심과 내적 세계가 중요하다고 말씀하셨는데도 불구하고 계속 외적 세계의 조건과 행위에만 몰두하게 되었을까? 이는 하나님의 자비하심으로 아픈 내부에서부터 수술을 시작하지 않고 외적 세계에서부터 조금씩 그 구원과 치유를 진행하시려는 하나님의 선한 계획을 오히려 인간의 내적 상함과 죄악으로 더욱 철저하게 감추는 데 이용하였기 때문이다. 예를 들면 하나님이 주신 외적 율법은 사실 인간의 내면의 죄와 아픔을 깨닫고 드러내도록 주셨는데, 인간은 오히려 이를 통해 내면을 감추는 데 이용한 것이다. 즉 '내가 율법을 완벽하게 지키고 형식적인 예배를 온전히 드리면 나는 더 이상 죄인이 아닐 뿐 아니라 건강하고 축복받은 사람이다'라는 착각과 스스로 속임수에 빠지게 된 것이다.

하나님은 이러한 율법주의자를 제일 미워하신다. 예수님은 이를 회칠한 무덤과도 같은 것이라고 했다. 겉으로는 의로워 보이지만 그 내면은 죄와 상함으로 죽어있다는 뜻이다. 이처럼 인간은 원래 하나님께서 계획하신 방향과는 정반대로 가고 만 것이다. 내적 세계를 향한 하나님의 계획을 거역하고 내적 세계를 더 굳세게 닫고 외적 세계를 향해서만 달려간 어리석은 인간이었다.

의식과 무의식의 가로막힌 담을 허무신 예수님

하나님께서는 이처럼 교묘한 인간의 악함과 어리석음을 아시면서도 이를 또 참으시며 하나님의 또 다른 계획을 준비하시고 추진하셨다. 그다음의 계획이 바로 예수 그리스도의 오심이었다. 예수님이 오셔서 하신 일은 십자가의 구속 사역이었다. 이와 동시에 이 구속 사역이 진정으로 인간을 구속하는 사건이 되기 위해서 반드시 하셔야 하는 일이 있었다. 당시 인간의 상황으로는 이러한 예수님의 구속 사역을 이해할 수도 받아들일 수도 없었다. 마치 낡은 부대로 새 술을 담을 수 없는 것과 같았다. 먼저 낡은 부대를 찢고 부수는 작업이 필요했다. 그래야 복음의 새 술을 담을 수 있는 새 부대가 만들어질 수 있기 때문이다.

낡은 부대를 없애고 새 부대를 만드는 일이 무엇이었을까? 그것은 당시에 굳어져 있던 외적 세계와 가치관 즉 율법주의를 허무는 것이었다. 마치 무덤처럼 죽어가는 내적 세계를 모르고 외적으로만 회칠하여 구원과 의를 이루려는 모든 외적 가치관을 도전하고 허무신 것이다. 즉 내적 세계를 향해 가도록 주셨던 외적 율법과 가치관으로 오히려 내적 세계의 문을 굳게 닫아버렸기 때문에 그 외적 세계를 예수님께서 허무신 것이다. 그래야 예수의 구속과 치유의 복음이 내적 세계의 죄와 상함을 향해 달려갈 수 있기 때문이다.

첫째로 예수님은 외적 율법을 파기하시고 더욱 깊고 완전한 내적 율법을 세우셨다. 더러운 것과 거룩한 것에 대한 외적 기준을 파하시고 불결한 죄인들과 어울리셨으며, 안식일에도 일하셨다. 또한 간음과 살인의 외적 기준을 허무시고, '미움과 음욕'의 내적인 기준으로 이를 확장하셨다. 율법의 완전주의적인 의인보다는 죄인과 병자, 그리고 어린아이들과 같이 연약한 자, 소외된 자들을 가까이하셨다. 그뿐만 아니라 당시 최고로 신성시한 성전을 모독하셨다.

"이 성전을 허물어라. 그러면 내가 사흘 만에 다시 세우겠다."_요 2:19

라고 말씀하셨다. 예수님이 곧 성전이라는 것이었다. 엄청난 파문이 일었다. 예배에 대해서도 마찬가지였다. 당시 예배는 예루살렘 성전에서 반드시 드려야 했는데, 어디서나 심지어 사마리아와 같은 더러운 곳에서도 신령과 진정으로 드리기만 하면 된다고 하셨다. 예배의 외적 기준을 허무시고 내적 기준으로 예배를 평가하신 것이다. 그리고 하나님에 대해서도 감히 "나와 하나님은 동등하며, 또 나를 영접하면 너희들 속에도 하나님이 계신다"라고 하면서 그 당시로는 가히 폭탄적인 선언을 계속하셨다.

어떻게 그처럼 거룩한 하나님이 우리와 같은 더러운 죄인들 속에 거하실 수 있을까? 그리고 하나님의 나라와 구원과 메시아에 대해서도 당시 외적 세계를 회복할 것으로 기대했던 가치관을 완전히 허무시고, 십자가를 통해 우리 속에 그 나라를 세우므로 새롭게 정립하셨다. 또한 예수님은 지혜자보다 무식한 자, 종교인보다 비종교인, 얻은 자나 부자보다는 잃은 자와 가난한 자, 건강한 자보다는 아픈 자를 택하셨다. 너무나 당연시되었던 당시의 외적 세계의 질서와 가치관을 정면으로 도전하시고 허무신 것이다. 이것이 바로 그가 십자가에서 처형되지 않으면 안 될 이유가 되었다.

그래서 십자가는 새 술을 만드는 것임과 동시에 낡은 부대를 찢어 버리는 사건이었다. 구약시대의 외적 세계가 십자가로 찢어지고 만 것이다. 그리고 그 찢어진 막을 통해 예수님은 우리의 상한 내적 세계로 다가오셨다. 즉 하나님께서는 의식과 무의식을 가로막은 담을 십자가로 허무시고, 우리의 깊은 무의식의 세계를 구원하시며 치유하시기 위해 달려오신 것이다. 그러므로 복음은 반드시 내적 세계를 향해 나아가야 한다. 그러나 예수님이 내적 세계의 문을 열기는 하셨지만, 그의 복음을 우리 내면의 세계로 더욱 깊이 스며들게 하시는 데는 한계가 있었다. 예수님도 인간과 같은 외적 세계를 가지셨기 때문에 인간의 내적 세계로 깊이 내려가는 데는 한계가 있는 것이다. 그래서 하나님은 그다음 계획을 우리에게 주셨다.

●

하나님은 우리의 상한 영을 만나기 원하신다

곧 보혜사 성령을 보내시는 계획이었다.

> "내가 떠나지 않으면, 보혜사가 너희에게 오시지 않을 것이다.
> 그러나 내가 가면, 보혜사를 너희에게 보내주겠다."_요 16:7

보혜사 성령은 의식으로는 인식하기 어려운 무의식의 내적 현상이다. 물론 인간이 외적 세계에 어쩔 수 없이 살아야 하므로 우리를 돕기 위해 여러 은사를 통해 보혜사 성령이 외적 세계에도 드러나지만, 그 본래의 사역은 내면 즉 영과 혼과 같은 무의식의 세계를 대상으로 하신다. 즉 망각과 무의식의 세계에서 활동하시는 것이다. 보혜사 성령은 본질적으로 예수님의 복음을 우리의 내적 세계에 더욱 깊이 내리며 이를 확실히 다지는 데 그 기본적인 사역이 있다.

보혜사 성령은 의식과 언어의 말씀을 '레마'로 더 깊은 곳에서 강하게 역사하도록 한다. 우리의 내면에서 끊지 못하는 것들을 십자가 보혈의 사건으로 끊는 수술을 단행하신다. 그리고 죽음과 함께 생명을 잉태

시켜 내적인 생명현상을 강하게 일으킨다. 그리고 보혜사 성령은 성전이 우리의 내면에 세워지게 하며 외적 성전에서 드려지는 예배가 나의 깊은 내면의 세계에서 영으로 드려지도록 도우신다. 이처럼 거룩한 성전과 높은 하늘에 계시던 하나님이 보혜사 성령으로 인해 나의 내면에 임재하신다. 또 하나님의 나라와 구원이 나의 깊은 영혼 속에서 성령을 통해 세워지고 이루어진다.

이처럼 보혜사 성령은 하나님께서 구약을 통해 보여주셨던 구원과 치유의 내용과 그 후 예수님이 오셔서 행하신 복음의 내용을 깊은 내면의 세계에서 이루신다. 그래서 죄와 상함이 있었던 내적 세계를 회복하여 하나님께서 원래 의도하신 뜻을 이루시는 것이다.

그러나 구속사는 내면의 구원과 치유로 끝나는 것은 아니다. 종말에 예수 그리스도께서 재림하심으로 외적인 하나님의 나라가 도래하게 되고, 이 천상의 외적 세계와 보혜사 성령으로 회복된 내적 세계가 하나로 만나면서 하나님의 구원 계획은 완성되는 것이다.

하나님의 구속사는 삼위일체 하나님께서 외적 세계에서 내적 세계를 향해 달려가시며 역사하는 것으로 이해할 수 있다. 지금도 하나님께서는 예수님과 보혜사 성령을 통해 우리의 내적 세계를 구원하시고 치유하시기 위해 내면을 향해 달려가시고 계신다. 하나님은 내면 깊은 곳에 있는 우리의 상한 영과 갇힌 영을 만나기 원하신다. 그러므로 우리는 잘 알지 못하고 아프다고 해서 내적 세계를 더 이상 닫아 두어서는 안 된다. 우리 대부분은 예수를 믿은 다음, 아직 외적 세계의 구원에 머무는 경향이 있다. 또한 성령이 우리의 내면세계를 강하게 두드리지만,

우리는 아직 은사와 같은 성령의 외적 현상에만 머물고 있다.

　치유와 구원은 결코 두렵거나 아프지 않다. 예수께서 우리 대신 아픔을 당하시고 모두 이루셨기 때문이다. 이제 우리는 아픔과 죄로 가득 찬 우리의 내적 세계를 그 보혈과 성령에 열고 맡기면 되는 것이다. 그래서 성령을 통해 그 좋으시고 풍성하신 하나님께서 우리의 내적 세계에 임재하여 죄와 상처로 병들었던 우리의 영혼이 새 힘을 얻고 그 하나님을 맘껏 찬양하고 즐거워하게 하도록 하는 것이 우리를 향한 하나님의 계획과 뜻인 것이다.

가난한
마음

4

의사란 무척 묘한 직업이다. 언뜻 생각해서는 의사가 아픈 사람을 치료해주고 때로는 죽어가는 사람도 살려주니 무척 존경스럽고 누구에게나 사랑을 받을 것같이 생각된다. 그러나 이것은 일반적인 통념일 뿐 실제 아픈 당사자들에게 반드시 그렇지만은 않은 것 같다. 인제 그만 괜찮다고 해주었으면 좋겠는데 자꾸 아픈 것을 들추어내고 치료받으라 하니 괜히 미워질 때가 있다. 자신에게 심각한 병일수록 이러한 마음은 더하다.

병원은 정말 필요하고 고마운 곳인 줄 알지만, 누구나 자신의 병으로 인해 가고 싶은 곳이 아닌 것만은 틀림없다. 정말 힘들고 아파서 어쩔 수 없이 가는 곳이지 누구나 제 발로 쉽게 가고 싶은 곳은 아니다.

마음의 병에 대해서는 더하다. 죄로 인해 상한 마음이 생겼으니 마땅히 치료받아야 한다는 말에는 전적으로 수긍하지만 바로 자신이 그런 사람이라고 한다면 생각이 달라진다. 대개 아픈 것을 스스로 인정하지 않으려 하며 비록 나의 마음이 어쩔 수 없이 아프더라도 이를 환경과 다른 어떤 사건 때문이라 생각하지, 나로부터 비롯된 문제라고 인정하기는 쉽지 않다. 이처럼 인간은 자신이 아프다는 것을 인정하지 않으려 하며 그 원인이 자신에게 있다는 것을 본능적으로 거부하는 욕구가 있다. 이는 아담과 이브가 원죄를 범하고 난 뒤 이를 감추려는 한 원초적인 마음에서 기인한다.

　자신의 죄와 열등하고 아픈 마음을 직접 보고 느끼는 것은 얼마나 큰 고통인가? 이러한 수치심과 고통이 너무 심하기에 하나님께서 이를 숨기고 피할 수 있는 은혜의 방법을 주셨다. 그것이 무의식과 여러 심리적 방어기제defense mechanism들이다. 물론 하나님께서도 우리의 죄와 상황을 영구적으로 덮어주시려고 이를 허락한 것은 아니다. 그러나 인간은 이를 임시적 방편으로만 사용하지 않고 영구적 방어와 도피처로 삼으려고 하였다. 여기에 인간의 문제가 있는 것이다.

채워도, 채워도 다시 찾아오는 불안감

치료받기 위해서는 정확한 진단을 받아야 한다. 그러나 우리는 아픔을 숨기려 하는 본능적 욕구가 있고 마음은 대부분 의식할 수 없는 무의식과 망각의 세계로 되어 있기에 정확하게 진단하기가 쉽지 않다. 그래서 마음을 바로 진단하기 위해서는 우선 내적인 문제를 어떻게 감추고 방어하는지를 잘 알아야 한다.

　에덴동산에서는 인간의 부족한 모든 것을 하나님께서 채워주시고 보장해주셨다. 그러나 죄를 범한 후 인간들은 세상 속에서 자기 능력과 힘으로 살아야만 했다. 인간의 유한함과 상한 마음을 세상과 인간들 속에서 채우고 해결해야만 한 것이다. 이처럼 하나님께서 인간에게 세상의 많은 것을 허락하셨지만, 그곳에 뿌리를 내리고 영구히 살도록 하신 것은 아니다.

인간은 단지 세상에서 나그네일 뿐, 세상의 것은 나그네로서 생존해 나가는 데 필요한 일용할 것만을 허락하셨다. 예수님께서도 일용할 양식을 주기도문에서 가르치셨고, 하나님께서도 광야 생활의 이스라엘 백성들에게 일용할 '만나'만을 허락하셨다. 하나님께서 가장 싫어하시는 것 중의 하나가 세상 것을 쌓아두는 것이다. 그러나 인간은 일용할 이상의 것을 쌓아두고 마치 그것이 영구히 썩지 않을 것처럼 믿으려는 어리석은 부자와 같다.

"그러나 하나님께서 말씀하셨다. '어리석은 사람아, 오늘 밤에 네 영혼을 네게서 도로 찾을 것이다. 그러면 네가 장만한 것들이 누구의 것이 되겠느냐?'"_눅 12:20

왜 우리는 하나님께서 쌓아두지 말라는 세상 것을 이처럼 쌓아두려고 할까? 그것은 인간의 아픈 마음 때문이다. 사실 죽을 때 가져가지 못할 것도 알고 매일 일용할 이상의 것이 필요하지 않다는 것도 알면서 그토록 집착하는 것은 불안한 마음 때문이다. 내 통장에 돈이 없거나 내가 마음 놓고 쉴 집이 없으면 우리는 무척 불안해한다.

돈이 있어야 맘이 든든하다. 급할 때면 돈이 우리를 지켜주고 보호해줄 것 같기 때문이다. 또 돈이 있으면 사람대접을 받고, 갖고 싶은 것도 늘 소유할 수 있다. 돈이 있으면 언제나 사람들이 몰려온다. 다른 것이 부족해도 돈이 있으면 사람의 친절과 관심을 끌 수 있을 뿐 아니라, 뭔가 우월감도 느낀다. 교회에서조차 그렇다. 돈은 안 될 것도 되게 하는 힘도 있다.

이렇게 좋은 돈이 왜 필요치 않겠는가? 인간은 하나님께서 사랑과 능력이 풍성한 줄 알지만, 뭔가 확실하지 않고 많은 절차가 필요할 것 같아서 급하면 확실한 돈을 먼저 의지하게 된다. 그 이면에는 보이지 않는 하나님에 대한 불신이 있다. 그리고 불안과 두려움, 열등감 등의 아픈 마음이 있다.

우리는 재물이 없을 때 이러한 마음이 너무도 쉽게 드러남을 볼 수 있다. 재물이 없어지면 우리는 얼마나 불안해하고 두려워하는가? 그리고 얼마나 열등감을 느끼는가? 뭔가 있어 보이는 사람 앞에 얼마나 비굴함을 느끼며 사는가? 우리는 바로 이러한 아픈 마음을 감추어보려고 그토록 재물에 열을 올리는 것이다. 썩어질 재물인 줄 알면서도 당장 나를 채워주고 감춰주니 집착하지 않을 수 없다. 일용할 양식만으로 만족하지 못한다.

성경은 가난한 자가 되라고 하는데도 우리는 부자가 되고 싶어 한다. 세상 것을 쌓아두며 급할 때는 하나님 대신 의지하려고 한다. 결국 이러한 사람은 세상과 재물의 노예가 되고 만다. 그 뒤에선 세상의 주인인 사단이 끈을 잡고 있기 때문이다.

자꾸만 일과 사람 뒤로 숨는 이유

그다음으로 세상에서 우리를 숨기는 방법이 있는데 그것은 '일'work이라는 것이다. 일은 신성한 것으로, 하나님께서도 일하시고 예수님께서도 일하신다고 말씀하셨다. 그래서 인간도 성실히 일해야 한다. 일하지 않는 자는 먹지도 말라고 사도 바울은 경고한다. 그런데 이 일이 어떻게 우리의 아픈 마음을 숨기는 도구로 사용될 수 있을까?

일은 일 자체보다 일하는 동기가 더 중요하다. 우리는 일 자체에 대한 의미와 보람으로 일을 하기도 하지만 대부분 일을 통해 학력, 재물과 더 높은 지위와 힘 등을 얻기 위해서 하는 경우가 많다. 그래서 일도 결국 대부분 세상 것을 얻고 쌓아두기 위해 하는 것이 되므로 앞서 말한 재물의 목적과 거의 같다고 볼 수 있다. 그러나 이러한 세상 것에 대한 목적이 없는 경우에도 우리가 유의해야 할 점이 있다. 일 자체가 주는 함정이 있기 때문이다.

어떤 사람은 평생 열심히 일하여 세상의 많은 것을 얻어, 이제는 더 이상 없어도 만족한다고 하면서도 일을 그만두지 못한다. 또 다른 일을 찾는다. 은퇴하거나 쉬지 못한다. 마치 일을 하지 않으면 뭔가 자신이 없어지는 것 같아 계속 일을 해야만 하는 것이다. 이를 일 중독workholic이라고 한다.

우리는 종종 일을 안 하고 있을 때 비록 몸은 편할지 모르지만, 마음은 무척 불편함을 느끼게 된다. 또 일을 안 하고 게으르게 있으면 뭔가 나쁜 사람으로 스스로 자책하기도 한다. 일해야 인정받을 수 있고 일을 안 하면 스스로 비난받는 그런 사람이 되는 것이다. 또한 우리는 내면의 불안감과 외로움을 감추어보려고 뭔가에 계속 집중하기 위해 일을 하기도 한다. 컴퓨터 게임에 몰두하는 사람의 심리도 여기에서 찾아볼 수 있다. 또한 일을 통해 얻는 성취감과 공격적 경쟁 심리로 열등감을 보상하고 감추기도 한다. 이처럼 인간들은 세상 속의 일에서 내면의 상한 마음을 감추고 극복해보려고 애쓰는 것이다.

세 번째로 인간의 상한 마음을 감춰주는 방법은 사람과의 관계이다. 인간은 혼자 살 수 없다. 태어나서부터 부모의 양육이 필요하고 형제와 스승, 친구와 동료, 배우자와 자녀, 직장 상사와 부하 그리고 어려움이 생길 때마다 전문적으로 도와줄 수 있는 여러 전문인이 필요하다. 하나님께서도 인간들끼리 서로 필요한 부분을 도우면서 살도록 하셨다. 그러나 문제는 필요 이상으로 그 대상을 절대화하는 것이다. 부모와 자녀, 남편과 아내가 서로 필요하지만, 우리는 이 대상을 통해, 하나님 없이 살려는 데서 오는 불안감과 굶주림을 더욱 채우고 감춰보려고 한다.

왜 우리는 사람들 간에 그토록 많은 문제를 겪으면서 살까? 사람과 헤어짐의 고통, 충성, 배신, 분노 등 사람들 사이에서 주고받는 수많은 문제를 경험하면서 살아간다. 이 대부분 문제는 인간의 상한 마음을 그 대상을 통해 감추고 채워보려는 데서 발생하는 것이다. 우리가 함께 살아갈 때는 그 대상에 대한 우리의 마음이 얼마나 집착되고 있는지 잘 모른다. 그러나 그 대상이 우리를 떠날 때 그로부터 감추어졌던 우리의 속마음이 드러남을 보면, 우리는 얼마나 깊이 상한 마음을 그 대상을 통해 감추고 해결해보려고 했던가를 알 수 있다. 특히 부모 자식과 부부관계에서 이러한 문제는 아주 깊숙이 숨어 있다. 그러기에 하나님과의 참만남을 위해서는 부모와 자식 등 가족을 떠나야 한다고 말씀하시는 것이다.

문제를 감추려는 무의식과 방어기제

그 밖에 사람들은 자신의 기질과 환경에 따라 세상의 다양한 것들을 의지하며 산다. 어떤 사람은 권력과 명예를 지향하며 그 속에서 자신의 상한 마음을 감추어보려고도 한다. 또한 다른 대상보다는 자기 자신을 하나의 대상으로 의지하고 사랑하며 살아가는 사람도 있다. 그리고 학문과 아름다움을 찾고 종교의 고차원적 믿음의 세계나 자신의 어떤 철학이나 이데올로기, 신념 등을 추구하며 사는 사람도 있다. 이러한 모든 것들이 인간에게 필요한 것은 사실이지만, 필요 이상으로 그것에 집착하고 자신의 모든 상한 문제를 그 속에서 해결하고 감추려는 데서 문제가 생기는 것이다.

마지막으로 인간들이 가장 보편적으로 자기 내면의 문제를 감추는 방법이 있는데 그것은 인간의 무의식과 심리적인 방어기제이다. 특히 신앙 세계 안에서도 이러한 방어기제는 많이 사용되고 있다.

예수님은 오셔서 바리새인들 속에 만연된 방어기제를 지적하시며 그 방어 속에 숨어 있는 상한 마음을 날카롭게 지적하셨다. 가장 많은 것이 투사projection이다. 즉 자기 내면의 문제를 다른 사람 속에서 발견하고 불평하는 것이다. 다른 사람을 비판하고 판단하며 미워하고 원망하는 이런 마음의 이면에는 바로 그보다 더 큰 우리 자신의 문제가 숨겨져 있다.

그 밖에 율법과 종교적인 것으로 억압repression하는가 하면 자신의 문제를 감추기 위해 예수님의 능력을 동일시identification하거나, 내적 추함과 악함을 감추고 보상하기 위해 더욱 봉사하고 희생하고 거룩한 것을 추구하려는 반동 형성reaction formation 그리고 보상과 취소undoing 등이 종교인이 흔히 사용하는 방어기제들이다.

우리는 하나님 앞에 의식으로는 죄인이라고 고백하지만, 우리의 무의식과 속마음은 얼마나 철저하게 우리의 문제를 방어하고 감추며 사는지 알 수 없다. 하나님은 우리의 의식도 만나기를 원하시지만, 더욱 큰 관심은 우리의 무의식 속에 있는 죄와 상한 마음과 그 속에 신음하는 우리의 생명과 영이다. 그런데 우리는 이러한 내면의 문제를 의식하지 못한다. 여러 핑계로 교묘하게 위장하며 하나님께 나아가는 것이다. 하나님은 우리의 솔직한 마음과 중심을 원하신다. 바로 그 속을 구원하시고 치유하기를 원하시기 때문이다. 겉으로는 거룩한 척하며 속으로는 온갖 죄와 상함이 가득 차 있는 그러한 만남을 원하시지 않는 것이다.

우리는 우리의 무의식을 모르지만, 하나님은 영이시기에 우리 속에 무엇이 있는지 다 아신다. 왜 우리는 하나님을 속이려고 할까? 하나님은 거짓을 가장 싫어하신다. 우리의 무의식이 바로 이런 거짓을 범하고 있는 것이다. 죄가 있으면서도 없는 척, 아프면서도 아프지 않은 척, 부족하고 두려우면서도 완전하고 자신만만한 것처럼 하나님 앞에 나아간다.

●

치료받으려면 증상을 말하라

그런데 문제는 우리가 이토록 하나님을 기만하고 있다는 것을 모르는데 더 심각한 위기가 있다. 우리는 하나님이 완전하시고 거룩하시기에 더욱 완전하고 거룩한 자를 원하시는 것으로 생각한다. 그러나 사실 하나님은 그러한 자를 원하시는 것이 아니다. 물론 하나님은 완전하시고 거룩하시기에 하나님을 만나기 위해서는 완전하고 거룩해야 한다. 그러나 타락한 인간 중 그 누가 하나님의 의와 완전성을 만족시킬 수 있겠는가?

하나님이 우리를 만나시는 목적은 하나님의 기준을 만족시키는 자를 찾는 것이 아니라 구원과 치유를 위해서이다. 즉 죄인이며 병든 우리를 구원하고 치유의 은혜와 사랑을 베푸시기 위한 것이다. 그런데 우리가 의식과 행위로 하나님 앞에 의인인 척, 건강한 척하며 나간다는 것은 오히려 하나님의 은혜와 사랑을 모독하는 것이다. 예수님도 분명히

"건강한 자에게는 의원이 쓸데없다. 너희는 가서 '내가 바라는 것은 자비요, 희생제물이 아니다'하신 말씀이 무슨 뜻인지 배워라. 나는 의인을 부르러 온 것이 아니라, 죄인을 부르러 왔다."_마 9:12~13

라고 말씀하셨다. '자칭 의인에게는 자신이 아무런 필요가 없다'라고 하신 것이다. 예수님은 인간을 구원하고 치유하러 오셨기에 자신이 죄인이며 아픈 사람이란 것을 드러내고 인정하는 자를 찾으시고 만나신다. 그 어떠한 인간이 하나님의 구원과 치유가 필요치 않겠는가?

하나님께서는

"주님은, 마음 상한 사람에게 가까이 계시고, 낙심한 사람을 구원해 주신다."
 _시 34:18

라고 하셨으며,

"하나님께서 원하시는 제물은 찢겨진 심령입니다. 오, 하나님, 주님은 찢겨지고 짓밟힌 마음을 멸시하지 않으십니다."_시 51:17

라고 말씀하신다. 그러나 얼마나 많은 사람이 의식으로는 자신이 아프고 죄인이라 하면서도, 무의식으로는 이를 감추기 위해 또 얼마나 많은 세상의 것을 지니고 하나님 앞에 나가는지 알 수가 없다.

예수님께서는 세상 것이 많은 부자는 하늘나라에 들어가기 어렵다고 말씀하시며,

"예수께서 제자들에게 말씀하셨다. 내가 진정으로 너희에게 말한다. 부자는 하늘나라에 들어가기가 어렵다. 내가 다시 너희에게 말한다. 부자가 하나님 나라에

들어가는 것보다 낙타가 바늘귀로 지나가는 것이 더 쉽다."_마 19:23~24

오히려

"마음이 가난한 사람은 복이 있다. 하늘나라가 그들의 것이다."_마 5:3

라고 말씀하셨다. 예수님의 아름다운 복음의 소식이 전해질 사람은 부유한 자가 아니라 가난한 자라고 말씀하고 있다.

"주님께서 나에게 기름을 부으시니, 주 하나님의 영이 나에게 임하셨다. 주님께서 나를 보내셔서, 가난한 사람들에게 기쁜 소식을 전하고, 상한 마음을 싸매어주고, 포로에게 자유를 선포하고, 갇힌 사람에게 석방을 선언하고,"_사 61:1

세상의 물질, 권력, 사랑, 일과 종교 등으로 자신의 죄와 상한 마음을 숨기고 거짓말하는 사람에게는 예수님의 복음이 결코 좋은 소식이 될 수가 없다. 아픈 곳을 드러내지 않고 건강한 척하는 자에게는 아무리 좋은 의사와 치료도 아무 소용이 없다. 우리는 병원에 가서도 실상 무서운 병은 숨기고 감기 같은 가벼운 병만 치료하려고 한다. 우리의 마음 가운데 문둥병이나 혈루병과 같은 수치스러운 병은 세상과 종교의 여러 가지로 깊이 감춘 채 예수님을 만나려고 하기에 우리의 깊은 병은 신앙 안에서도 계속되고 있다. 우리는 얼마나 우리의 아픈 마음과 죄를 무의식으로 숨기며 드러내지 않고 있을까? 우리 스스로 도저히 드러내지 못하기에 예수님은 이 드러내는 것부터 시작하신다. 사실 예수님의 그 놀라운 구원과 치유의 복음도 바리새인과 같이 드러내지 않는 자에게는 아무런 효험이 없다. 그래서 예수님은 가장 먼저 하시는 일이 바로 이 드러냄이었다.

아픈 내면을 드러내시는 예수님의 방법들

첫째, 예수님은 빛으로 우리를 드러내신다. 예수님은 세상을 비추는 빛이며, 빛은 어둡고 악한 것을 드러내신다고 했다.

"참 빛이 있었다. 그 빛이 세상에 와서 모든 사람을 비추고 있다."_요 1:9

"악한 일을 저지르는 사람은, 누구나 빛을 미워하며, 빛으로 나아오지 않는다. 그것은 자기 행위가 드러날까 보아 두려워하기 때문이다."_요 3:20

그리고 어두움에 감춰진 것들을 드러내고 마음의 뜻을 나타내신다고 하셨다.

"그러므로 여러분은 주님께서 오실 때까지는, 아무것도 미리 심판하지 마십시오. 주님께서는 어둠 속에 감추인 것들을 환히 나타내시며, 마음 속의 생각을 드러내실 것입니다. 그 때에 사람마다 하나님으로부터 칭찬을 받을 것입니다."_고전 4:5

아무리 거짓으로 우리의 아픈 곳과 죄를 무의식의 어두움 가운데 숨기더라도 빛 되신 예수님께서 모두 드러내신다. 그런데 우리는 빛으로 우리의 어두운 부분이 드러나서 창피하고 아플까 봐 무의식의 문을 깊이 잠그고, 빛이 의식 이상을 통과하지 못하도록 막고 있다.

두 번째, 예수님은 말씀으로 우리의 깊이 숨어 있는 것을 드러내신다.

"하나님의 말씀은 살아 있고 힘이 있어서, 어떤 양날칼보다도 더 날카롭습니다. 그래서, 사람 속을 꿰뚫어 혼과 영을 갈라내고, 관절과 골수를 갈라놓기까지 하며, 마음에 품은 생각과 의도를 밝혀냅니다. 하나님 앞에는 아무 피조물도 숨겨진 것이 없고, 모든 것이 그의 눈앞에 벌거숭이로 드러나 있습니다. 우리는 그의 앞에 모든 것을 드러내 놓아야 합니다."_히 4:12~13

라고 말씀하셨다. 또한 율법은 우리 깊은 곳의 욕심과 죄가 무엇인지 알게 한다.

"그러면 우리가 무엇이라고 말을 하겠습니까? 율법이 죄입니까? 그럴 수 없습니다. 그러나 율법에 비추어 보지 않았다면, 나는 죄가 무엇인지 알지 못하였을 것입니다. 율법에 "탐내지 말아라"하지 않았다면, 나는 탐심이 무엇인지를 알지 못하였을 것입니다."_롬 7:7

"그러니 그 선한 것이 나에게 죽음을 안겨 주었다는 말입니까? 그럴 수 없습니다. 그러나 죄를 죄로 드러나게 하려고, 죄가 그 선한 것을 방편으로 하여 나에게 죽음을 일으켰습니다. 그것은 계명을 방편으로 하여 죄를 극도로 죄답게 되게 하려는 것이었습니다."_롬 7:13

말씀의 일차적인 기능은 우리의 무의식의 깊은 곳에 숨은 죄와 거짓 그리고 상한 것들을 깨우쳐 알게 하고 드러내기 위함이다. 그래서 그 드러난 것으로 성소에 들어가 피 흘림으로 죄 사함을 입게 하려는 것이다.

그러나 바리새인들은 이 말씀으로 그들의 속을 드러내기보다는 더 감싸도록 했다. 즉 기록된 말씀을 문자적으로 다 지키면 결코 죄인이거나 상한 마음을 가진 사람이 아닌 척, 오히려 말씀으로 더러운 속을 포장하고 있다. 인간의 양심이 우리 속에 있는 죄와 병을 느끼게 하는 증상과 같은 것이라면 말씀은 병원에서 시행하는 여러 정밀검사고 율법은 엑스레이 기계와도 비유할 수 있을 것이다. 따라서 양심의 증상으로는 잘 모르는 깊은 병을 율법으로 끄집어내게 할 수 있다. 그런데 바리새인은 바로 이 엑스레이 기계 앞에 납덩어리를 매고 서서 아무것도 나오지 않으니 병이 없다고 기뻐하는 사람과 똑같은 것이다. 율법에 치료적 기능도 있지만, 우선적인 기능은 진단임을 잊어서는 안 된다.

세 번째로 예수님은 십자가의 사건을 통해서 우리의 속에 있는 죄와 상한 것을 드러내신다. 십자가는 상한 마음을 숨겨준 세상과의 관계를 끊는 것이기에 십자가를 만나면 세상으로 인해 감춰졌던 모든 것이 드러나고 만다. 예수님이 오셨을 당시 십자가 앞에서는 거룩하였던 바리새인들의 미움과 살의가 그대로 드러났고, 예수님을 따르며 희생하겠다고 하였던 제자들의 원래 마음인 두려움과 자기 욕심이 모두 드러나고 말았다. 또한 며칠 전까지 "호산나!"라고 외치던 백성들도 십자가 앞에서 그 숨은 욕심과 배신감을 드러내고 말았다. 십자가는 우리의 모든 껍질을 벗겨 가장 가난하고 솔직하게 해준다. 죽음 앞에서 그 누가 거짓과 자신을 감추는 위선이 있을 수 있겠는가?

네 번째로 예수님은 보혜사 성령으로 오셔서 드러내신다. 예수님은 보혜사 성령이 대신 오셔서 하실 일을 말씀하시면서, 그가 와서 죄에 대하여, 의에 대하여, 세상의 잘못을 깨우치실 것이라고 하시면서 보혜사 성령의 드러냄의 역할을 강조하셨다.

"그러나, 내가 너희에게 진실을 말하는데, 내가 떠나가는 것이 너희에게 유익하다. 내가 떠나가지 않으면, 보혜사가 너희에게 오시지 않을 것이다. 그러나 내가 가면, 보혜사를 너희에게 보내주겠다. 그가 오시면, 죄와 의와 심판에 대하여 세상의 잘못을 깨우치실 것이다."_요 16:7~8

또한 앞서 말한 빛과 말씀, 십자가의 모든 드러남의 역할 역시 내면적으로는 보혜사 성령이 돕고 계신다.

아프지 않게 치유하시는
명의 예수님

이렇듯 삼위일체 하나님께서는 우리가 우리의 바른 모습으로 드러나고 가난해지기를 참으로 원하신다. 그러나 우리가 이 험악한 세상에서 살아가다 보니 얼마 가지 못해 또다시 우리를 감추며 살려고 하는 자신을 보게 된다. 처음 예수를 만났을 때는 빛과 말씀 그리고 십자가와 성령의 역사로 우리의 상하고 악한 모습이 그대로 드러나 크게 뉘우치며 울었던 기억들이 있다. 그러나 신앙생활을 해가며 그 속에서 얻어지는 여러 가지로 우리는 다시 우리의 죄와 상한 것을 감추기 시작한다. 하나님께서는 이럴 때 다시 시련을 통해 우리의 원래 모습을 기억하게 하시고 드러내신다.

다윗은 시편 139편 23절에서

"하나님, 나를 샅샅이 살펴보시고, 내 마음을 알아주십시오. 나를 철저히 시험해 보시고, 내가 걱정하는 바를 알아주십시오."

라고 기도하고 있다.

"믿음의 시련이 인내를 낳고, 여러분은 인내력을 충분히 발휘하여, 조금도 부족함이 없이 완전하고 성숙한 사람이 되십시오."_약 1:3~4

우리는 시련을 고통스럽게 여기며 왜 꼭 있어야 하는지 때로는 원망도 하지만, 시련을 통해서 하나님 앞에서의 우리의 바른 모습을 발견하고 십자가에 나아가 더욱 완전하고 성숙한 사람이 될 수 있다. 물론 우리가 매일 삶 속에서 말씀과 십자가 앞에 늘 가난한 모습으로 드러나게 된다면 하나님께서도 힘든 시련을 절대 주시지 않을 것이다.

우리가 참모습으로 드러나야 한다는 것을 알면서도 실제로 그렇게 드러나기란 쉽지 않다. 나 자신의 아프고 추한 모습을 그대로 보고 느낀다는 것은 너무도 고통스럽기 때문이다. 그리고 이를 내보이면 하나님께서도 버리실 것 같아 우리는 또 감추고 숨긴다. 우리 인간의 이러한 연약한 모습을 아시고 하나님께서는 무의식이란 가죽옷을 입혀 주셨다. 하나님께서는 우리의 모습을 드러내시며 치료하시고자 할 때도 무조건 벗기시는 것은 결코 아니다.

"여러분은 사람이 흔히 겪는 시련 밖에 다른 시련을 당한 적이 없습니다. 하나님은 신실하십니다. 여러분이 감당할 수 있는 능력 이상으로 시련을 겪는 것을 하나님은 허락하지 않으십니다. 하나님께서는 시련과 함께 그것을 벗어날 길도 마련해 주셔서, 여러분이 그 시련을 견디어 낼 수 있게 해주십니다."_고전 10:13

이 말씀처럼 하나님은 자비를 베푸시며 기다리신다.

수가성 여인의 아픔을 아시면서도 결코 처음부터 그것을 드러내시지 않으셨다. 아프지 않은 가운데 그 여인이 스스로 드러내도록 하신 예수님의 상담과 치유 방법을 보게 된다. 이러한 하나님의 자비하심을 믿을 때 우리는 두려움 없이 우리의 문제를 하나님께 맡길 수 있을 것이다. 우리는 지금까지 세상의 많은 것으로 우리의 아픔과 연약함을 감추며 살아왔다. 조금이라도 자신의 약점과 아픈 곳을 보이지 않기 위해 얼마나 완벽하게 애써왔던가. 이제 우리가 예수님 앞에서 치유받기 위해서는 이 모든 무거운 짐을 내려놓고 우리 원래의 모습대로 나아가야 한다. 이 세상의 어떤 것도 나의 문제를 감추고 해결해줄 수 없기에 이를 내려놓고 가난한 마음으로 하나님께 나아가야 한다. 가난하게 되면 아프고 두려운 마음과 함께 외로움, 슬픔과 분노를 느끼게 된다. 우리는 흔히 가난해져서 이렇게 된 것으로 생각하지만, 사실 이는 이미 우리 속에 감추어져 있던 것이 가난함으로 인해 드러난 것이다. 그러므로 우리는 실제적으로 가난해지기 전에 늘 가난한 심령이 되어 이러한 아픈 마음으로 하나님께 나아가야 한다. 이 마음을 내보여야 우리는 그 마음을 치유 받을 수 있으며, 따라서 그 가난한 마음이 진정한 천국으로 변화된다.

"하나님께서 원하시는 제물은 찢겨진 심령입니다. 오, 하나님, 주님은 찢겨지고 짓밟힌 마음을 멸시하지 않으십니다."_시 51:17

십자가의
치유

5

내적치유는 전혀 새로운 치료 방법이 아니다. 새로운 정신의학이나 심리학적 치료기법을 도입하는 것도 아니고, 성경에서 지금까지 발견하지 못했던 방법을 새로이 이용하여 치유하는 것도 아니다. 하나님께서 인간을 구원하기 위해 주셨던 방법, 즉 예수 그리스도의 복음을 단지 나의 내적 세계에 도입하고 적용하는 것일 뿐이다. 그러므로 치유의 방법과 내용은 우리가 너무도 많이 들어온 복음의 내용 바로 그것이다. 복음의 핵심인 십자가가 치유의 핵심이다.

하나님께서는 이처럼 이미 놀라운 치유 방법을 주시고 의사를 주셨는데도 우리는 그걸 모르고 여전히 상한 가운데 있다니 정말 안타까울 뿐이다. 그래서 하나님께서는 이렇게 말씀하신다.

"나의 백성, 나의 딸이, 채찍을 맞아 상하였기 때문에, 내 마음도 상처를 입는구나. 슬픔과 공포가 나를 사로잡는구나. 길르앗에는 유향이 떨어졌느냐? 그곳에는 의사가 하나도 없느냐? 어찌하여 나의 백성, 나의 딸의 병이 낫지 않는 것일까?"

_렘 8:21~22

    치유의 유향과 의사는 무엇인가? 바로 십자가의 예수 그리스도이시다. 예수 그리스도의 십자가가 우리의 모든 상함을 치유한다는 것이다. 이는 상징이 아니다. 그저 모든 것이 예수이고 십자가라고 하니 치유도 십자가이겠지 하는 연역적인 가정이나 추론도 아니다. 실제로 예수 그리스도의 십자가는 우리의 내면 세계에서 엄청나고 완전한 치유를 이룬다. 이 완벽한 치유 방법이 있기에 우리는 우리의 상함을 두려움 없이 드러낼 수 있다.

    사실 치유 방법이 없다면 병을 모르고 사는 편이 나을지도 모른다. 미리 알아서 더 고통스러운 것보다는 어차피 죽을병이라면 사는 동안만이라도 모르고 즐겁게 사는 것이 나을 수도 있다. 그러나 치료 방법이 있다면, 적극적으로 병을 드러내는 것이 좋다. 우리의 내적 문제도 확실한 치료 방법이 있다면 주저함 없이 문제를 드러내고 치유받아 빨리 자유함을 누리고 사는 것이 나을 것이다.

잘못된 치료 방법을 중단하라

    그렇다면 이 십자가가 우리에게 어떻게 치유함을 주는가? 첫째로 떠남과 드러남을 통해서이다. 앞장의 글을 통해 인간의 마음이 어떻게 해서 병들고 그 병든 마음이 세상과 사람들 속에서 어떻게 살아가는지를 설명한 바 있다. 즉 우리는 상한 마음을 세상의 여러 가지에 의지하며 이를 숨기고 보상하려고 한다. 하나님께서도 인간들이 세상에서 생존해 나가는 데 필요한 일용할 양식과 세상의 것을 허락하셨지만, 그 속에 뿌리를 내리고 영구히 의존하며 살도록 허락하신 것은 아니다. 우리들의 생존이나 고통을 임시로 피하게 하려고 주신 것이다.

우리 인간은 결코 세상 것으로 우리의 본질적인 문제를 해결할 수 없다. 인간은 하나님의 형상으로 지음을 받았기에 하나님이 아니시면 우리의 본질적 갈증을 채울 수 없으며, 또한 상한 마음이 고쳐지지 않고는 그 어떠한 것으로 채워도 문제는 해결되지 않는다. 그럼에도 우리는 상함과 굶주림 때문에 어쩔 수 없이 세상에 중독되고 포로 되어 살아가고 있다.

이를 치료하기 위해 먼저 필요한 것이 있다면 잘못된 치료 방법을 중단하는 것이다. 우리는 세상이 우리의 상처를 싸매어 주고 치유해줄 수 있다고 믿고 열심히 의지하며 살지만, 결코 그곳에 치유가 없음을 알아야 한다. 그래서 그곳을 떠나 바른 치료자에게로 가는 것이 중요한 것이다.

"에브라임이 자기의 중병을 깨닫고 앗시리아로 가고, 유다는 제 몸에 난 상처를 보고 그 나라의 대왕에게 특사를 보냈다. 그러나 그 대왕이 너희의 중병을 고치지 못하고, 그가 너희의 상처를 치료하지 못한다."_호 5:13

"이제 주님께로 돌아가자. 주님께서 우리를 찢으셨으나 다시 싸매어 주시고, 우리에게 상처를 내셨으나 다시 아물게 하신다. 이틀 뒤에 우리를 다시 살려 주시고, 사흘만에 우리를 다시 일으켜 세우실 것이니, 우리가 주님 앞에서 살 것이다."
_호 6:1~2

그러므로 우리는 먼저 세상을 떠나야 한다. 이 떠남은 구약의 가장 중요한 주제 중의 하나이다. 하나님께서는 아브라함을 통해 구원의 계획을 시작하실 때 가장 먼저 요구하신 것이 바로 떠남이었다.

"너는, 네가 살고 있는 땅과, 네가 난 곳과, 너의 아버지의 집을 떠나서, 내가 보여 주는 땅으로 가거라."_창 12:1

일단 떠나라

떠나지 않고는 구원과 치유가 없다. 잘못된 치료 방법을 계속하면서 새 치료가 효력 있기를 기대할 수는 없을 것이다. 물론 떠나라는 사실이 모든 세상을 떠나 산속으로 들어가라거나 현대의학을 의지하지 말고 기도원에 가서 기도만 하라는 뜻은 결코 아니다. 근본적인 우리의 태도와 영의 상태에 관한 말씀이다. 아브라함이 떠나야 할 것은 그가 의지하고 종살이하며 살고 있는 땅, 난 곳, 아버지의 집이라고 말씀하셨다.

살고 있는 땅은 세상의 모든 재물을 말한다. 우리가 우리의 상함을 숨기기 위해 하나님 대신 의지하고 살던 재물과 세상의 근거를 떠나야만 한다. 난 곳이란 내가 그동안 사랑하고 의지하는 사람을 의미한다. 나의 굶주림과 두려움을 채워주고 보호해주는 모든 것과 사람이다.

또한, 아버지의 집이란 나의 부모이다. 부모 자체와 부모가 남긴 모든 외적, 내적 유산을 떠나야 한다는 것이다. 예수님께서

"사람의 원수가 자기 집안 식구일 것이다."_마 10:36

말씀하신 것은 우리가 하나님 앞에 가기 위해 떠나야 할 것에 대한 말씀이다. 그러나 떠나지 못하게 가장 강하게 붙잡는 것은 가까운 가족이다. 이는 단순히 교회 못 나가게 가족이 핍박한다는 뜻이 아니라 우리는 하나님 대신 부모를 이처럼 의지하고 살고 있으며, 의지하지 않는다고 하더라도 어려서 받은 부모의 영향에 아주 깊이 의존하고 있다는 뜻이다. 그래서 부모가 남긴 긍정적, 부정적 영향력을 떠나지 않으면 하나님을 진정으로 만날 수 없다.

부모에 대해 분노하는 사람은 하나님에 대해서도 분노하는 마음이 있다. 비록 드러나지는 않더라도, 부모에 대해 무서워하거나 분노하는 만큼 하나님에 대해서도 그러한 마음을 갖을 수 있다. 하나님께 더 열리기 위해서는 부모와의 관계가 더 열려야 한다. 그래서 하나님께서는 부모를 공경하는 것을 중요하게 여기신다. 이는 윤리적인 차원에서만 그런 것은 아니다. 하나님과의 관계를 형성하는 데 중요하기 때문이다. 부모에 대한 태도는 곧 하나님에 대한 태도로 이어진다. 하나님을 경외

한다고 하면서 육신의 부모를 소홀히 대한다면, 그것은 하나님에 대해서도 진정한 경외라고 볼 수 없다. 하나님을 경외하는 것은 겉으로일 뿐, 속으로는 육신의 부모를 홀대하는 것처럼 진심으로 경외한다고 볼 수 없는 것이다.

하나님께서는 아브라함의 떠남의 사건을 이스라엘 민족의 구원에도 적용하신다. 즉 출애굽이 바로 그 떠남이다. 세상에 종살이하고 있던 이스라엘 백성을 구원하시려는 하나님의 첫 계획이 바로 이 떠남을 통해 시작되는 것이다. 또한 희년禧年, year of jubilee사상은 곧 그리스도의 복음의 핵심이라고 하는데, 이 희년에서도 노예와 포로 상태로부터 떠나는 것이 희년 선포의 시발점이 되고 있다.

떠남은 곧 치유의 시작

이처럼 하나님의 구원과 치유의 시작은 이 떠남을 통해서 이루어지는데, 이 떠남이 곧 십자가이다. 아브라함의 떠남과 출애굽은 곧 예수님의 십자가의 떠남을 미리 보여준 것이다. 예수님의 오심이 하늘나라의 떠남에서부터 시작되었고 공생애가 세상을 떠나 광야의 생활과 금식에서 비롯되었다. 예수님은 당시 백성들과 제자들이 '호산나' 하며 세상의 왕으로 오실 것에 대한 기대를 떠나심으로 물리치셨다.

십자가의 죽음 앞에서는 그 어떠한 것도 계속될 수 없다. 모든 것이 끊어지고 사라진다. 세상의 모든 것을 떠나게 되는 것이다. 그래서 우리는 죽는 것을 일컬어 세상을 떠난다고 한다. 살아서는 스스로 세상을 도저히 떠날 수 없지만, 우리가 예수님의 십자가를 믿으면 살아서도 이렇게 떠날 수 있다. 특별히 중독되었던 세상은 더욱 떠나기 어렵다. 그러나 십자가를 믿으면 아무리 중독되고 포로 된 것이라 할지라도 예수님과 함께 떠날 수 있다.

떠남이 치유의 시작이라고 한 것은 또 다른 의미가 있다. 떠남이 있어야 숨겨진 병이 드러나 자신을 바로 진단하고 치료할 수 있다. 이를테면 술이 들어가는 동안은 얼얼하고 기분이 좋아 자신이 술로 인해 얼마나 병들어 있는지를 모를 수 있는데, 술을 끊게 되면 금단 중상으로 인해 자신이 술에 얼마나 의존되고 병들었는지를 바로 볼 수 있기 때문에 술을 끊는 치료에 들어갈 수 있다.

이처럼 십자가는 떠남을 통해 그것에 감추어져 있던 상함을 드러나게 하므로 치료받아야 할 문제를 더 확실하게 볼 수 있게 해준다. 아무리 좋은 치료가 있어도 정확한 진단이 없으면 의미가 없는데 십자가는 치료와 함께 정확한 진단도 하게 해주는 것이다.

십자가 앞에서는 그토록 깊이 감추고 살았던 바리새인과 제사장들의 욕심과 미움, 제자들의 욕심과 두려움 등이 여지없이 드러나고 말았다. 특히 큰소리를 치던 베드로의 불신과 두려움도 십자가 앞에서 드러나 예수님을 배신하고 말았다. 그래서 예수님께서 이를 용서해주시며 치료해주셨다.

십자가는 떠남과 드러남을 시작으로 해서 더 본질적인 치료를 할 수 있게 해준다. 그것은 곧 끊음과 해방이다. 떠남 속에 끊음과 해방이 이미 포함되어 있다. 출애굽과 희년 속에 있는 복음의 핵심은 해방과 자유이다. 이처럼 떠남과 끊음은 같은 개념이기는 하나 단번에 이루어지지 않기 때문에 조금 더 분리해서 생각해볼 수 있다. 물론 예수님께서 십자가에서 이 모든 것을 동시에 이루셨고, 이를 믿을 때 이 모든 사건이 우리에게 동시에 적용되는 것은 사실이나 문제는 우리의 연약한 믿음으로 인해 이 떠남과 끊음이 여러 과정을 거쳐 일어난다는 것이다.

치유의 핵심은 '끊음과 죽음'

아브라함의 떠남도 25년간의 긴 세월과 과정을 통해 이루어졌으며 결국 이삭의 죽음을 통해 모든 것을 끊는 지점까지 이르게 된 것이다. 우리도 믿음을 가질 때 세상을 떠나지만, 아브라함처럼 세상을 왔다 갔다 하면서 많은 과정을 통해 자유와 해방을 누리게 된다. 그것은 우리의 상함과 연약함을 아시는 하나님의 오래 참음과 자비하심 때문이다.

십자가의 끊음은 더욱 본질적인 치유이다. 그 끊음을 통해 원인적인 치유를 시작하게 된다. 인간이 육체의 질병을 앓을 때도 그 병의 과정이 있다. 먼저 균이 있고 그 균이 우리 몸에 들어오고 이로 인해 몸의 세포와 장기가 파괴되고 병이 든다. 그런데 원인적인 치료를 처음부터 하지 못하고 우선 증상만을 가라앉히기 위해 잘못된 치료를 할 수 있다. 이렇게 되면 병이 더 만성화되고 더 악화될 수 있다. 이런 경우에는 잘못된 치료를 끊고 원인적인 치료에 들어가야 한다. 이러한 신체적인 치료를 영이 병든 내적 상태에도 똑같이 적용해볼 수 있다. 먼저 정확한 진단이 필요하며 잘못된 치료를 하고 있다면 이를 끊어야 한다. 그리고 치료에서 가장 중요한 것은 원인균과 같은 원인을 찾아 소멸하는 것이다.

인간 마음의 병의 원인은 죄이며, 이 죄를 묶고 있는 힘은 사단이다. 이 원인균들을 먼저 죽이고 끊지 않고서는 바른 치료를 할 수 없는 것이다. 그래서 예수님께서 십자가를 통해 가장 먼저 죽이고 끊은 것이 죄와 사단이다.

"죄를 짓는 사람은 악마에게 속해 있습니다. 악마는 처음부터 죄를 짓는 자이기 때문입니다. 하나님의 아들이 나타나신 목적은 악마의 일을 멸하시려는 것입니다."_요일 3:8

"그리고 모든 통치자들과 권력자들의 무장을 해제시키시고, 그들을 그리스도의 개선 행진에 포로로 내세우셔서, 뭇 사람의 구경거리로 삼으셨습니다."_골 2:15

그리고 그다음이 죄에 대해서이다.

"이와 같이 여러분도, 죄에 대해서는 죽은 사람이요, 하나님을 위해서는 그리스도 예수 안에서 살고 있는 사람이라는 것을 알아야 합니다."_롬 6:11

십자가로 인해 인간의 병을 준 원인균으로부터 자유롭게 된 것이다.

그리고 이 죄가 심어준 파괴된 조직, 즉 생명의 파괴인 죽음으로부터 끊음을 주셨다.

> "썩을 이 몸이 썩지 않을 것을 입고, 죽을 이 몸이 죽지 않을 것을 입을 그 때에, 이렇게 기록한 성경 말씀이 이루어질 것입니다. 죽음을 삼키고서, 승리를 얻었다. 죽음아, 너의 승리가 어디에 있느냐? 죽음아, 너의 독침이 어디에 있느냐? 죽음의 독침은 죄요, 죄의 권세는 율법입니다. 그러나 우리 주 예수 그리스도를 통하여 우리에게 승리를 주시는 하나님께 우리는 감사를 드립니다."_고전 15:54~57

우리의 가장 무서운 적은 죽음이다. 인간의 상한 마음 중 가장 두려워하고 무서워하는 것이 이 죽음인데 십자가는 곧 이 죽음으로부터 인간의 마음을 자유롭게 한다. 그리고 다시는 잘못된 치료 방법에 의존하지 못하도록 세상과 욕심으로부터 끊음과 해방을 준다.

> "하나님에게서 태어난 사람은 다 세상을 이기기 때문입니다. 세상을 이긴 승리는 이것이니, 곧 우리의 믿음입니다. 세상을 이기는 사람은 누구입니까? 예수가 하나님의 아들이심을 아는 사람이 아니고 누구겠습니까?"_요일 5:4~5

하나님의 십자가를 통한 치유는 아주 철저하고 완벽하다. 원인이 되는 모든 것을 죽이고 끊었지만 상하고 연약한 마음이 그대로면 또 속임수에 빠지고 만다. 그래서 상함의 주체인 나 자신까지도 완전히 죽여 버린다.

무서운 병에 걸리고 흉악한 죄를 짓고, 아무리 많은 빚을 진 사람도 죽어버리면 그만이다. 술을 끊는 가장 완전한 방법은 술 먹는 사람이 죽는 것이다. 암을 완치하는 가장 확실한 길도 암에 걸린 사람이 죽는 것이다. 사람이 죽으면 암도 죽는다. 코로나 감염도 마찬가지이다. 숙주가 죽으면 아무리 강력한 균도 살길이 없다. 그 이상의 완전한 방법이 없다. 아무리 상처가 많고 상함이 많아도 죽고 나면 그 병과 상처로부터 완전한 자유를 이룬다. 이처럼 상한 내가 십자가를 통해 죽는 것이다.

"나는 그리스도와 함께 십자가에 못 박혔습니다. 이제 살고 있는 것은 내가 아닙니다. 그리스도께서 내 안에서 살고 계십니다. 내가 지금 육신 안에서 살고 있는 삶은, 나를 사랑하셔서 나를 위하여 자기 몸을 내어주신 하나님의 아들을 믿는 믿음 안에서 살아가는 것입니다."_갈 2:20

"세례를 받아 그리스도 예수와 하나가 된 우리는 모두 세례를 받을 때에 그와 함께 죽었다는 것을 여러분은 알지 못합니까? 그러므로 우리는 세례를 통하여 그의 죽으심과 연합함으로써 그와 함께 묻혔던 것입니다. 그것은, 그리스도께서 아버지의 영광으로 말미암아 죽은 사람들 가운데서 살아나신 것과 같이, 우리도 또한 새 생명 안에서 살아가기 위함입니다. 우리가 그의 죽으심과 같은 죽음을 죽어서 그와 연합하는 사람이 되었으면, 우리는 부활에 있어서도 또한 그와 연합하는 사람이 될 것입니다."_롬 6:3~5

이 '끊음과 죽음'이 곧 치유의 핵심이다. 이 사실은 결코 새로운 것이 아니다. 십자가가 끊음과 죽음이라는 것은 예수를 믿는 사람이라면 가장 기본적으로 알고 있는 사실이다. 그런데도 왜 나에게는 아직 내적인 치유가 일어나지 않고 있는가? 십자가의 능력에 대한 많은 설교를 들으면서도 그 능력이 왜 내게는 미치지 않고 있는 것인가?

몇 가지 문제점들을 생각해볼 수 있다. 십자가를 적용하는 과정에서 생기는 오류가 있을 수 있다. 우리는 이 십자가를 알고 적용해나가려고 할 때

> "누구든지 나를 따라오려거든, 자기를 부인하고, 제 십자가를 지고,
> 나를 따라 오너라."_마 16:24

라는 말씀에 의해 적용하는 습관이 있다. 예수께서 십자가를 지셨으니 나도 예수의 제자로서 십자가를 지고 따르자는 것이다. 우리는 사실 이 말씀에 상당한 부담을 느낀다. 그래서 자기도 모르게 십자가를 지는 부담 때문에 복음을 기쁜 소식으로 누리지 못하는 경향이 있다.

복음의 본질은 결코 내가 하는 것이 아니다. 내가 해야 할 모든 것을 예수님께서 하셨고 이것을 믿으면 곧 내가 한 것과 같다는 것이 복음의 내용이다. 내가 해서 얻는 것은 대가일 뿐 복음이 아니다. 십자가도 결코 나 스스로 지지 못한다. 예수님과 같이 생활했던 제자들도 같이 죽겠다던 수제자 베드로도 다 도망가지 않았던가? 우리는 다시 베드로의 실수를 반복해서는 안 된다. 먼저 나는 십자가를 스스로 질 수 없는 상

하고 연약한 사람이라는 것을 고백해야 한다. 그리고 철저히 주님이 하신 것을 믿고 주님과 함께 할 수 없는 나를 드리고 주님과 연합하여 죽어야 한다. 이것이 십자가를 지는 원리인 것이다.

그래서 갈라디아서 2장 20절에 분명히 "나는 그리스도와 함께 십자가에 못 박혔습니다."라고 말씀하시고, 로마서 6장 5절에도 "우리가 그의 죽으심과 같은 죽음을 죽어서 그와 연합하는 사람이 되었으면"이라고 강조하고 있다.

예수님과 연합함이 없는 그 어떠한 십자가도 아무런 능력이 없다. 오히려 더 많은 억압과 학대와 마음의 질병을 가져온다. 예수의 십자가가 능력의 십자가가 되기 위해서는 내가 지거나 내가 스스로 죽어서는 안 되고 내가 할 수 없음을 드러내며 예수님이 이미 지신 십자가에 믿음으로 연합하여 죽는 것이 중요한 것이다. 내 속에 아직도 십자가의 능력과 치유, 떠남과 끊음의 해방이 없다면 내가 스스로 십자가를 지고 있는 것이 아닌지 묵상해볼 필요가 있다.

자기를 부인하고 자기 십자가를 지라는 것도, 자기를 학대하며 죽이라는 것이 아니라, 도망가려는 거짓된 자기를 부인하고 죽어야 할 존재를 인정하고 주님이 지신 십자가의 고통을 조금 아는 것 정도이다. 주님의 십자가의 고통을 조금이라도 맛보아야 그 죄의 대가가 얼마나 크고 십자가의 사랑과 대신함의 은혜가 얼마나 큰 것을 알 수 있기 때문이다. 그래서 자기 부인과 십자가가 필요한 것이다. 자기 십자가를 통해 자기의 죄와 아픔을 조금이라도 대신할 수 없다는 것을 반드시 기억해야 한다. 우리의 죄와 아픔은 오직 주님의 대신하심으로만 해결된다는 것을 꼭 알아야 한다. 주님이 대신하셨지만 이를 나에게서 이루기 위해서는 자기 십자가를 피해서는 안 된다. 바른 자기 부인과 십자가가 있어야 주님의 십자가와 연합할 수 있기 때문이다.

2천 년 전 십자가, 영원한 테마

십자가의 사건이 내적치유에 실제로 적용되기 위해서 또 생각해보아야 할 문제가 있다면 십자가에 대한 믿음에 대한 것이다. 2천 년 전에 죽으신 예수의 십자가가 지금 나의 문제에 어떻게 효력을 발휘한다는 것인가? 처음 예수를 영접하고 구원을 확인할 때 가장 받아들이기 어려운 부분 중의 하나이다. 성령님의 도우심으로 나의 죄 문제가 십자가를 통해 해결 받았음을 믿음으로 받아들이지만, 십자가는 예수를 처음 영접할 때나 중요한 것이지 그 이후는 우리에게 심각한 주제가 되지 못한다.

물론 앞서 기술한 대로 구원받은 후, 내가 자기 십자가를 져야 한다는 것 정도로 십자가를 생각할 뿐이지, 매일의 삶 속에서 나의 신앙과 내적인 문제에 어떻게 적용할 것인지에 대한 구체적인 이해와 믿음이 부족하다. 구원받았지만, 아직 우리는 매일매일 하늘의 양식을 먹어야 하고 하나님의 치료를 받아야 한다. 그 치료는 매일 내가 십자가 앞에 나가 그 능력을 믿음으로 받아들이므로 가능하다. 매일 큐티 말씀을 통해 드러난 자신의 문제를 어떻게 치유할 것인가? 그냥 알고 막연히 치유하고 해결해 달라고만 기도하고 끝날 것인가?

우리는 치유의 십자가에 매일 나아가 철저한 치유를 받아야 한다. 매일 매일의 떠남과 끊음과 죽음이 있어야 치유가 일어난다. 이러한 십자가에 대한 구체적이고 실제적인 믿음이 있어야 한다. 병원에서 약을 처방받은 다음 그 약을 먹으면 내 병이 치유된다는 믿음과 소망을 갖듯 십자가를 나의 치료 약으로 생각하고 매일 믿음으로 먹어야 한다. 십자가를 어떠한 상징이나 신비로운 것으로만 생각하거나 죄에서 구원받을 때만 필요한 것으로 여겨서는 안 된다. 십자가의 구체적인 치유 능력을 믿어야 한다.

십자가를 자신 속에서 치유의 능력으로 경험해본 사람은 문제가 있을 때마다 십자가에 나가지 않을 수 없게 된다. 그래서 예수님에게는 고통과 모욕의 십자가였지만 나에게는 기쁨과 은혜의 십자가가 된다. 십자가는 아픈 사람의 유일한 희망이고 그것이 있기에 내가 매일매일 살아갈 수 있다는 것을 생각하면 너무도 감사하고 기쁘지 않을 수 없다.

지금까지 기술한 내용이 십자가의 본질적인 치유 내용과 능력이다. 그 외도 많은 치유적 내용이 포함되어 있다. 그 하나가 십자가 속에 포함된 예수 그리스도의 섬김과 사랑이다. 내 죄로 인해 내가 당해야 할 모든 고통과 죽음을 예수님이 대신하심으로 나음을 입은 것을 경험한 사람은 예수님의 사랑에 감사하지 않을 수 없다.

병든 마음은 죄로 인해 버림받게 되므로 생긴 것이라고 했는데, 누군가가 나를 위해 이처럼 섬기고 사랑해주고 있다는 것을 경험하는 것은 버림받은 마음을 치료해주기에 충분하다. 외롭고 소외된 나를 위해 누군가 자신의 귀한 생명을 버리면서까지 섬기고 사랑한다는 것을 경험할 수 있다면 그 어떠한 마음의 상처도 치유되지 않을 수 없을 것이다. 하나님께서 나를 이처럼 대접하며 사랑하고 계신다는 것을 안다면, 우리에게 대접받지 못하고 인간 취급받지 못한 어떤 깊은 상처가 있더라도 능히 치유될 수 있을 것이다.

"그러나 우리가 아직 죄인이었을 때에, 그리스도께서 우리를 위하여 죽으셨습니다. 이리하여 하나님께서는 우리들에 대한 자기의 사랑을 실증하셨습니다." _롬 5:8

십자가는 용서와 새생명을 통해 치유를 완성한다

마지막으로 십자가는 우리에게 용서와 새생명을 통해 치유를 완성한다. 십자가를 통해 죄의 담이 허물어짐으로 하나님과의 교제가 열리게 된다. 이를 통해 하나님의 사랑과 하늘의 모든 축복과 능력이 우리에게 열리게 된다. 그래서 우리는 더 이상 버림받거나 굶주리지 않는다. 그리고 열등감과 두려움의 할 수 없는 존재에서 주님의 능력과 지혜로 할 수 있는 존재가 된다. 이 모든 치유와 축복은 하나님이 나를 용서하시고 받아주셨기 때문이다. 세상과 사단의 종살이 하며 사랑받을 수 없던 내가 이제 나의 영의 아버지였던 하나님을 다시 아버지로 부르며 자유로운 하나님의 아들로서 사랑과 인정을 다시 받을 수 있게 된 것이다. 이것이 우리에게 엄청난 치유를 가져다준다. 이것은 십자가의 화목하게 하심을 통해 우리에게 주어진 선물이다. 그러나 많은 사람이 십자가의 끊음과 죽음은 알면서도 그 이후에 오는 놀라운 축복과 은혜를 경험하지 못하고 사는 경우가 많다.

예수가 부활하신 후 뿔뿔이 흩어진 제자들처럼 제자들에게는 예수의 죽음만이 있었지, 십자가 이후의 사건, 즉 부활로 이어지지 못했다. 예수의 부활을 알고는 있었고 호기심은 있었지만, 그 누구도 예수님 앞에 당당하게 나타날 수 없었다. 부끄러움과 죄의식 때문이었다. 그러나 예수님은 디베랴 바닷가의 베드로와 다른 제자들에게 나타나셔서 용서를 통해 부활의 새생명의 감격을 안겨주셨다. 그 이후 제자들은 성령 체험과 사도행전의 역사로 발전되어 갔다.

용서를 통해 부활의 새생명으로 이어지지 않는 십자가는 큰 의미가 없다. 내가 비록 십자가를 통해 수치스러운 부분이 드러났다 할지라도 이미 대신 죽으신 예수님을 믿음으로 자신 있게 그 용서와 새생명의 은혜에 참여해야만 한다. 이것이 십자가 사역과 치유의 완성이다.

"그러므로 우리는 담대하게 은혜의 보좌로 나아갑시다. 그리하여 우리가 자비를 받고 은혜를 입어서, 제때에 주시는 도움을 받도록 합시다."_히 4:16

용서를 통한 내적 성장

6

하나님의 나라는 우리가 복음을 받아들이는 순간 단번에 완성되는 것이 아니다. 겨자씨처럼 그 복음은 우리의 마음속에 떨어져서 점점 자라나야 한다. 출애굽 한 이스라엘 백성들은 하나님이 약속하신 가나안 땅에 단번에 들어가 그 기업을 얻은 것은 아니다. 오랫동안 광야 생활과 가나안에서의 싸움을 통해서였다. 그것은 바로 구원받은 성도가 하나님의 기업을 얻기 위해서 거쳐야 하는 과정, 즉 양육과 성장의 단계를 의미한다. 이처럼 양육과 성장은 구원받은 성도의 아주 중요한 영적 원리이다.

  내적치유는 구원의 과정 가운데 필연적으로 일어나는 것으로서 죄로 인해 병든 마음을 드러내고 예수 그리스도의 십자가로 치유받는 것이라고 밝힌 바 있다. 치유는 병든 내가 변화되는 것이 아니고 병든 나는 십자가에서 완전히 죽고 새로운 예수 그리스도의 생명이 내 속에 태어남으로써 가능하다. 즉 치유는 근본적으로 구원의 거듭남 속에서 가능한 것이다. 그러나 거듭남이 치유의 전부는 결코 아니다. 치유의 시작일 뿐이다.

구원의 확신으로 인해 나는 과거의 모든 상처와 아픔으로부터 치유받고 자유로워졌다고 그 누구도 말할 수 없다. 구원의 씨인 예수 그리스도의 생명이 잉태되었을 뿐, 그 치유는 결코 완성된 것이 아니다.

그러므로 치유에서도 아주 중요한 과정이 바로 이 새생명의 양육과 성장에 따른 치유적인 성장인 것이다. 이 과정이 없이는 결코 치유는 계속되지 않는다. 많은 성도가 구원받은 순간 치유를 깊이 경험하지만, 그 이후 치유나 변화가 멈추어진 것을 볼 수 있는데, 이는 이 새생명의 치유적 성장이 정체되었기 때문이다.

무조건적 은혜와 용서

물론 성도들이 구원받은 후 자신의 신앙 성장을 위해 노력하지 않는 것은 아니다. 교회마다 새신자 양육이나 좋은 성경 공부 프로그램 등이 많이 있고 또 이를 열심히 받음으로 자신의 신앙을 성장시켜가려고 적지 않은 노력을 한다. 또한 각종 집회와 활동을 통해서도 좋은 성도가 되기 위해 열심히 참여하고 봉사한다. 이처럼 외적으로는 많은 노력을 기울이지만, 이에 맞는 내적인 변화가 수반되지 않는 것이 문제이다.

성경 지식을 비롯해 교회 생활의 적응과 문화에는 익숙해 가지만, 진정한 내적 성장과 변화는 그만큼 따라가지 못한다. 나름대로 열심히 자신의 변화와 성장을 위해 노력했는데도 왜 내적 성장은 그대로일까? 물론 구원의 확신은 여전하고 적지 않은 성령 체험과 뜨거움도 있다. 남들이 보면 많이 성장하고 변화되었다고 말할지도 모르지만, 진정 자기의 내면을 볼 때 그 속의 쓴 물은 그대로 있는 경우가 적지 않다.

우리는 여기에서 하나님 나라는 세상에서 성장하고 발전해나가는 방식과 다르다는 것을 알아야 한다. 예수 안에서 얻은 새생명은 결코 세상의 성장방법과 다르다. 거듭난 새생명을 과거에 세상에서 자신이 성장한 방식으로 양육하고 성장시켜 나가려고 한다면 여러 문제에 봉착하지 않을 수 없다. 내가 과거에 세상에서 성장하였던 열심과 노력으로 영적 세계에 도전했다가는 헛수고만 하는 경우가 적지 않은 것이다. 그렇다면 두 세계의 성장 방법이 어떻게 다른가? 치유적 새생명은 은혜와 용서를 먹고 자란다. 각종 양육 프로그램이나 교육 또는 성경 공부나 열심을 통해서 성장하는 것이 아니라 은혜와 용서를 통해서 자라난다는 것이다. 양육의 의미는 은혜와 용서이다. 배 속의 아이나 갓난아이는 아무것도 하지 않지만, 모든 것이 조건 없이 채워진다. 그 누가 이 아이를 게으르다고 밥을 주지 않고 야단칠 수가 있겠는가? 생명체이기에 아무것도 하지 않아도 무조건 받아주며 그 생명을 키워나간다. 이것이 곧 은혜와 용서이다.

진정한 양육 프로그램은 은혜와 용서가 포함된 것이어야 하며 양육을 위한 성경 공부도 하나님의 은혜와 용서를 경험하게 하는 내용이어야 한다. 그래야 그 속에 진정한 영적 성장이 있다. 그러나 아무리 좋은 프로그램이라 할지라도 그 속에 조건과 율법만 있다면, 겉으로는 이를 통해 그럴듯하게 성장해나가는 것처럼 보일지 모르나, 겉과 속이 다른 병적 성장이 될 수 있다.

'은혜와 용서'란 말이 너무나 익숙한 말인 것 같지만, 사실 과거에 전혀 경험해보지 못한 새로운 세계이다. 우리는 과거에 모든 것을 조건 속에서 계약하며 살아왔기에 조건이 없는 은혜와 용서는 정말 이해하고 받아들이기 힘들다. 물론 의식으로는 무슨 뜻인 줄도 알고 이를 받아들인다고 할지라도 나의 무의식은 전혀 준비되어 있지 않을 수 있는 것이다.

우리가 사는 세상은 모든 것이 조건부이다. 가장 조건이 없다고 하는 부모와 부부의 사랑도 결국 조건에서 벗어나기 어렵다. 아무리 자식을 사랑하는 부모도, 모든 것을 끝까지 다 사랑하겠다고 맹세하면서 결혼한 부부도 사람이기 때문에 결국 조건으로 갈 수밖에 없다. 어느 정도까지는 무조건이 있지만, 결국은 조건이 충족되어야 계속 사랑이 가능한 것이다. 일반적으로 우리가 사랑과 인정을 받으려면 세 가지 조건이 만족되어야 한다. 가장 중요한 것인 공부와 능력이다. 이것이 안 되면 성실하든지 착해야 한다. 이것도 안 되면 건강하고 잘생겨야 한다. 이 세 가지가 다 만족되면 그야말로 '엄친아'이다. 그중에 어느 하나라도 있어야 한다. 이것마저 없으면 우리는 환영받지 못한다. 버림받고 무시당하게 되는 것이다. 우리는 어려서부터 이러한 조건적인 관계와 사랑을 받는데 너무도 익숙해져 왔기 때문에 무조건적 용서와 사랑은 본능적으로 불편하고 이를 진심으로 받아들이는 것은 거의 불가능하다. 그래서 사람들은 구원받을 때나 무조건적인 은혜와 용서를 조금 받아들일 뿐, 그다음은 다시 하나님과 조건부적 관계로 들어갈 수밖에 없다.

목회자와 성도 그리고 교회도 양육하고 성장한다고 하면서 거의 조건적인 관계 속에서 가르치며 훈련하고 있다. 특히 사역자를 교육하는 신학교와 선교단체는 이러한 경향이 더욱 심하다. 은혜를 크게 입어 헌신하고 싶어 신학교나 선교단체에 들어갔는데, 거기서 심한 조건적인 스파르타 교육을 받고 난 후 겉은 그럴듯해졌지만, 처음 은혜와 사랑을 다 까먹고 이상한 사역자로 파송받는 경우가 많다. 이런 사역자는 겉으로는 열심히 하지만, 진정한 하늘나라의 열매와 평화를 이룰 수 없다. 복음의 핵심인 사랑과 용서가 없기 때문이다. 결국 자신도 성도들에게 이런 훈련과 교육을 시킨다. 결국 복음과 하나님 나라의 핵심인 용서와 은혜를 다 잊어버리고 겉은 하나님을 내세우나 속은 세상의 집단과 사람과 별다르지 않게 된다. 이것이 현재 한국교회의 문제이기도 하다.

내적 성장과 외적 성장의 갈등

구원은 분명히 은혜와 용서를 통해 이루어졌지만, 그다음의 성장은 은혜와 용서 보다 행함과 조건을 통해 이루어 나가려는 데서 신앙의 정체와 딜레마가 있는 것이다.

행함이 없는 믿음은 거짓 믿음이요 열매가 없는 구원은 잘못된 것이라는 성경 말씀을 기초로 구원받은 성도는 열심히 행함과 열매를 맺으려고 노력한다. 그러나 노력한 만큼 겉으로 성장할지는 모르나 내면의 성장과 변화는 뒤따르지 않는다. 많은 성도의 신앙적 갈등이 여기서 출발한다. 외적 성장과 내적 성장이 일치되지 않는 데서 문제가 생기는 것이다. 이는 외적 성장의 원리를 내면세계에 그대로 적용했기 때문에 생기는 현상이다.

그런데 이 두 세계의 갈등은 단지 성장의 불균형으로 인한 것이라기보다는 두 세계의 성장원리가 서로 싸우는 데서 생긴다. 즉 외적 세계의 성장원리는 내적 세계의 성장을 막고 억압하기 때문에 서로 갈등하게 된다. 이를 이삭과 이스마엘의 싸움에서 볼 수 있다.

"그런데 사라가 보니, 이집트 여인 하갈과 아브라함 사이에서 태어난 아들이 이삭을 놀리고 있었다."_창 21:9

"아브라함에게 두 아들이 있었는데, 한 사람은 여종에게서 태어나고 한 사람은 종이 아닌 본처에게서 태어났다고 기록되어 있습니다. 여종에게서 난 아들은 육신을 따라 태어나고, 본처에게서 난 아들은 약속을 따라 태어났습니다. 이것은 비유로 표현한 것입니다. 그 두 여자는 두 가지 언약을 가리킵니다. 한 사람은 시내산에서 나서 종이 될 사람을 낳은 하갈입니다. '하갈'이라 하는 것은 아라비아에 있는 시내산을 뜻하는데, 지금의 예루살렘에 해당합니다. 지금의 예루살렘은 그 주민과 함께 종노릇을 하고 있습니다. 그러나 하늘에 있는 예루살렘은 종이 아닌 여자이며, 우리의 어머니입니다. 성경에 기록하기를, "아이를 낳지 못하는 여자여, 즐거워하여라. 해산의 고통을 모르는 여자여, 소리를 높여서 외쳐라. 홀로 사는 여자의 자녀가 남편을 둔여자의 자녀보다 더 많을 것이다" 하였습니다. 형제자매 여러분, 여러분은 이삭과 같이 약속의 자녀들입니다. 그러나 그 때에 육신을 따라 난 사람이 성령을 따라 난 사람을 박해한 것과 같이, 지금도 그러합니다. 그런데 성경은 무엇이라고 말합니까. "여종과 그 아들을 내쫓아라. 여종의 아들은 절대로, 종이 아닌 본처의 아들과 함께 유업을 받지 못할 것이다" 하였습니다. 그러므로 형제자매 여러분, 우리는 여종의 자녀가 아니라, 자유를 가진 여자의 자녀입니다."_갈 4:22~31

이삭은 하나님의 약속의 생명이다. 오로지 하나님의 약속과 은혜로서 주어진 새생명이다. 그러나 이스마엘은 아브라함의 노력으로 하나님의 약속을 이루려는 인간의 생명이다. 즉 행함과 율법으로 하나님의 의와 기업을 얻으려는 인간의 외적 성장의 방법인 것이다.

그런데 이 외적 세계는 이대로 성장하고 내적 생명은 은혜로 따로 성장할 수 있으면 좋을 텐데, 반드시 갈등과 싸움이 있다. 이삭과 이스마엘의 싸움처럼 두 아들은 싸우게 되는데, 먼저 성장한 이스마엘은 힘이 강하여 대개는 이삭이 심한 학대를 받게 된다. 이처럼 외적 세계의 성장원리에 내면세계가 막혀서 새생명은 자라지 못하고 신음하게 되는 것이다.

과거 외적 세계의 조건적 성장원리는 내면세계의 어린 새생명을 마구 구박한다. "어떻게 이토록 나약하고 부족한 모습인가? 이렇게 해서 어찌 하나님을 기쁘시게 하겠는가? 나처럼 열심히 노력해서 하나님을 기쁘시게 할 조건을 갖추어야지 너는 아무것도 못 하면서 은혜만 바라보다니 한심하구나"라고 하면서 말이다. 또한 "은혜로 너 같은 죄인을 구원해주고 새생명을 주었을 뿐만 아니라 지금까지 못난 너를 그만큼 용서해주었으면 됐지, 넌 도대체 얼마큼 용서하고 은혜를 내려주어야 하니, 넌 염치도 없니. 아마 하나님도 이제는 지쳤을 거야. 그렇게 많은 은혜의 기회를 주었는데도 이 꼴이니 이젠 그만두는 게 낫겠다"하고 이스마엘은 이삭을 마구 구박하는 것이다.

아브라함은 이러한 이스마엘을 과감히 쫓아내었다.

> "다음날 아침에 일찍, 아브라함은 먹거리 얼마와 물 한 가죽부대를 가져다가, 하갈에게 주었다. 그는 먹거리와 마실 물을 하갈의 어깨에 메워 주고서, 그를 아이와 함께 내보냈다. 하갈은 길을 나서서, 브엘세바 빈들에서 정처없이 헤매고 다녔다."_창 21:14

그래도 자신의 자식이었고 한때는 자신의 기업으로 생각하고 하나님께 이를 허락해 달라고 요청하기도 한 정든 자식이었지만 아무런 유산도 주지 않고 떡과 물 한 가죽 부대만 주며 쫓아내었다. 이처럼 우리도 내적 새생명을 성장시키기 위해서는 과거의 외적 세계의 조건적 성장원리를 과감히 추방해야 한다.

진정한 믿음만이
행함의 열매를 거둘 수 있다

하나님의 나라는 끝까지 은혜이고 용서이다. 사도바울은

> "하나님의 의가 복음 속에 나타납니다. 이 일은 오로지 믿음에 근거하여 일어납니다. 이것은 성경에 기록한 바 "의인은 믿음으로 살 것이다"한 것과 같습니다."
> _롬 1:17

라고 말하였다. 이 믿음은 바로 복음에 대한 믿음이며 은혜와 용서를 통해서 얻는 하나님의 의에 대한 믿음이다. 자신의 의가 아니라 하나님의 의는 반드시 이 믿음을 통해서만 얻어진다고 말한 것이다. 어디에 어디까지는 은혜이고 그 이후부터는 조건과 행함이라고 되어 있는가? 베드로는 하나님께서 일곱 번 정도 용서해주실 줄 알고 다른 형제에게는 그 정도 하면 많이 하는 것이고 그다음은 무조건적 용서보다는 조건적 용서를 해야 할 것이라고 예상했었다. 그러나 예수님의 답은 무한정한 용서와 은혜였다.

> "그 때에 베드로가 예수께 다가와서 말하였다. "주님, 내 형제가 나에게 자꾸 죄를 지으면, 내가 몇 번이나 용서하여 주어야 합니까? 일곱 번까지 하여야합니까?" 예수께서 대답하셨다. "일곱 번만이 아니라, 일흔 번을 일곱 번이라도 하여야 한

다."_마 18:21~22

이처럼 예수님께서는 상상할 수 없을 정도의 무한대 은혜와 용서를 강조하셨다. 그렇다면 예수님을 믿고는 아무런 책임과 조건도, 행함과 열매가 없어도 된다는 말인가? 이는 결코 성경적이지 않다. 행함과 열매가 없는 믿음은 참믿음이 아니기에 우리는 또다시 여기에서 혼돈되기 쉽다. 무조건적 은혜와 용서는 곧 행함과 열매가 없어도 가능하기 때문이다.

그러나 여기에서 다시 이스마엘이 이삭을 학대할 구실을 얻을 수 있게 된다. 쫓겨나갔던 이스마엘이 다시 어린 이삭을 대신하여 하나님의 기업을 얻으려고 슬그머니 발을 들여놓는 것이다. 이러한 유혹에 결코 빠져서는 안 된다. 이스마엘을 결코 다시 들여보내서는 안 된다. 이스마엘은 종의 자식이다.

> "그런데 사라가 보니, 이집트 여인 하갈과 아브라함 사이에서 태어난 아들이 이삭을 놀리고 있었다."_창 21:9

"아브라함에게 두 아들이 있었는데, 한 사람은 여종에게서 태어나고 한 사람은 종이 아닌 본처에게서 태어났다고 기록되어 있습니다. 여종에게서 난 아들은 육신을 따라 태어나고, 본처에게서 난 아들은 약속을 따라 태어났습니다. 이것은 비유로 표현한 것입니다. 그 두 여자는 두 가지 언약을 가리킵니다. 한 사람은 시내 산에서 나서 종이 될 사람을 낳은 하갈입니다. '하갈'이라 하는 것은 아라비아에 있는 시내산을 뜻하는데, 지금의 예루살렘에 해당합니다. 지금의 예루살렘은 그 주민과 함께 종노릇을 하고 있습니다. 그러나 하늘에 있는 예루살렘은 종이 아닌 여자이며, 우리의 어머니입니다. 성경에 기록하기를, "아이를 낳지 못하는 여자여, 즐거워하여라. 해산의 고통을 모르는 여자여, 소리를 높여서 외쳐라. 홀로 사는 여자의 자녀가 남편을 둔여자의 자녀보다 더 많을 것이다" 하였습니다. 형제자매 여러분, 여러분은 이삭과 같이 약속의 자녀들입니다. 그러나 그 때에 육신을 따라 난 사람이 성령을 따라 난 사람을 박해한 것과 같이, 지금도 그러합니다. 그런데 성경은 무엇이라고 말합니까. "여종과 그 아들을 내쫓아라. 여종의 아들은 절대로, 종이 아닌 본처의 아들과 함께 유업을 받지 못할 것이다" 하였습니다. 그러므로 형제자매 여러분, 우리는 여종의 자녀가 아니라, 자유를 가진 여자의 자녀입니다."_갈 4:22~31

예수님은 이 노비문서를 완전히 소각하였다.

"하나님께서는 우리에게 불리한 조문들이 들어 있는 빚문서를 지워 버리시고, 그 것을 십자가에 못박으셔서, 우리 가운데서 제거해버리셨습니다."_골 2:14

이스마엘은 결코 다시는 우리에게 상속자로 들어와서는 안 된다. 그렇다면 행함과 열매가 없어도 된다는 말인가? 결코 이러한 뜻은 아니다. 진정한 믿음은 반드시 행함과 열매가 있다. 만일 행함과 열매가 없다면 그것은 진정한 믿음이 아니라는 뜻으로 그 믿음을 바로 함으로써 진정한 열매를 맺도록 해야 한다. 그러나 열매를 가지고 씨앗인 믿음을 바로 할 수는 없다. 바른 열매가 바른 씨앗에서 나올 뿐 바른 씨앗이 바른 열매에서 나올 수 없는 것이다.

이와 같은 원리로 볼 때 바른 은혜와 용서를 체험하면 바른 외적 성장인 행함의 열매가 반드시 생긴다. 만일 그렇지 않다면 그 사람은 아직도 진정한 은혜와 용서를 체험하지 못하고 있을 뿐이므로 그 은혜와 용서를 포기하고 행함을 이루라는 뜻은 결코 아니다. 그럴수록 더욱 은혜와 용서로 들어가야 한다. 그만큼 은혜와 용서가 쉽지 않다는 것이다. 즉 행함은 우리에게 익숙한 것이지만, 은혜는 우리가 경험해보지 못한 세계이기 때문에 속으로 받아들이기가 어렵다는 것이다. 만일 내게 열매가 없다면 은혜를 포기하고 열매 맺도록 노력하는 것이 아니라 더욱더 철저한 은혜와 용서를 경험하도록 해야 한다. 진정한 열매는 진정한 은혜와 용서를 통해 맺어짐을 잊어서는 안 된다. 따라서 이스라엘 백성의 가나안에서의 싸움과 기업은 온전한 은혜와 용서를 통해서 얻은 것임을 알아야 한다.

●

용서의 메시지를 먼저 들어야 할 것은 우리의 깊은 영혼

은혜와 용서는 결코 새롭게 듣는 이야기는 아니다. 복음이 곧 은혜와 용서라는 것을 모르는 기독교인이 없다. 은혜와 용서가 복음의 핵심이라는 것을 알면서도 이를 바로 받아들이고 체험하는 것은 왜 그렇게 어려울까? 그것은 은혜와 용서를 내적 세계에 적용할 때, 내적 세계의 원리를 잘 이해하지 못하는 데서 비롯된다. 우리는 은혜와 용서를 의식의 개념으로서는 잘 알고 받아들이지만, 이것이 진정으로 적용되어야 할 세계는 자신도 모르는 더 깊은 내적 세계이다. 그런데 우리는 이 세계를 잘 알지 못하기 때문에 진정한 은혜와 용서가 어려운 것이다.

하나님께서는 우리가 예수님의 십자가를 믿을 때 우리의 모든 죄와 인격을 용서해주시고 받아주신다는 것이 복음의 핵심이다. 또 이를 받아들임으로써 구원이 이루어진다. 이 사실은 영구불변한 진리임이 틀림없다. 그러나 이 사실이 하나님께서 주신 용서의 완료는 아니다. 그 용서는 더 깊고 넓게 적용돼야 한다.

그런데 내면세계는 대부분 우리가 의식하지 못하는 세계이고 아픈 곳이기에 우리는 쉽게 용서의 메시지를 전달하지 못한다. 이 용서와 해방의 메시지를 들어야 하는 것은 사실 우리 의식의 인격이라기보다 깊은 곳에 숨겨진 우리들의 영혼인데, 그 영혼은 포로 되고 갇혀 있기에 복음을 쉽게 접할 수 없다. 나의 영이 갇힌 감방을 감시하는 문지기가 있기 때문이다. 그 문지기의 허락 없이는 어떠한 것도 나의 그 깊은 감방으로 들어갈 수가 없다.

예수님은 1만 달란트 빚진 자와 1백 데나리온 빚진 동관의 비유를 통해 이에 대해 말씀하셨다.

"그러므로, 하늘나라는 마치 자기 종들과 셈을 가리려고 하는 어떤 왕과 같다. 왕이 셈을 가리기 시작하니, 만 달란트 빚진 종 하나가 왕 앞에 끌려왔다. 그런데 그는 빚을 갚을 돈이 없으므로, 주인은 그 종에게, 자신과 그 아내와 자녀들과 그 밖에 그가 가진 것을 모두 팔아서 갚으라고 명령하였다. 그랬더니 종이 그 앞에 무릎을 꿇고, '참아주십시오. 다 갚겠습니다.'하고 애원하였다. 주인은 그 종을 가엾게 여겨서, 그를 놓아주고, 빚을 없애 주었다. 그러나 그 종은 나가서, 자기에게 백 데나리온 빚진 동료 하나를 만나자, 붙들어서 멱살을 잡고 말하기를 '내게 빚진 것을 갚아라' 하였다. 그 동료는 엎드려 간청하였다. '참아 주게. 내가 갚겠네.' 그러나 그는 들어주려 하지 않고, 가서 그 동료를 감옥에 집어넣고, 빚진 돈을 갚은 때까지 갇혀 있게 하였다. 다른 종들이 이 광경을 보고, 매우 딱하게 여겨서, 가서 주인에게 그 일을 다 일렀다. 그러자 주인이 그 종을 불러다 놓고 말하였다. '이 악한 종아, 네가 애원하기에, 나는 너에게 그 빚을 다 없애 주었다. 내가 너를 불쌍히 여긴 것처럼, 너도 네 동료를 불쌍히 여겼어야 할 것이 아니냐?' 주인이 노하여, 그를 형무소 관리에게 넘겨주고, 빚진 것을 다 갚을 때까지 가두어 두게 하였다. 너희가 각각 진심으로 자기 형제자매를 용서해 주지 않으면, 나의 하늘 아버지께서도 너희에게 그와 같이 하실 것이다."_마 18:23~35

일만 달란트 빚진 자가 왕에게 탕감받은 후 일백 데나리온 빚진 자를 용서해주지 않고 옥에 가두어놓은 사실을 비유로 가르쳐 너희가 각각 중심으로 형제를 용서하지 아니하면 내 천부께서도 너희에게 이와 같이 하시리라고 말씀하셨다.

이를 다른 사람을 용서해주는 데 적용하기 전에 먼저 자신의 갇힌 영에 적용해볼 수 있다. 즉 나의 의식은 하나님의 용서를 받았으면서 이 의식은 나의 내면의 영을 용서해주지 못하고 가두어놓는다는 것이다.

그럴 수가 있을까 하고 남의 얘기로 돌릴 수도 있지만 사실 구원받은 모든 성도에게 적용되는 말이다.

　우리는 구원받은 후 우리의 상함과 죄가 숨어 있는 깊은 내면의 그 상한 영을 용서하지 않고 마음을 닫아버린다. 하나님께서는 우리의 심한 열등감과 죄를 용서해주셨는데도 우리는 이러한 자신을 용서해주지 못한다. 계속 너는 일을 하고 어떤 조건이 만족되어야 용서할 수 있다고 자신을 계속해서 학대하는 것이다. 의식까지는 은혜와 용서가 미치지만, 그 이상은 다시 과거와 같은 조건과 행함으로 자신을 평가하고 기준에 미달할 때는 무섭게 자신을 가두고 학대하는 것이다. 이는 대부분 무의식의 과정이므로 내가 나를 얼마나 억압하고 가두어놓고 사는지 잘 모른다.

●

용서받은 만큼 용서한다

그래서 예수님은 내가 나의 영을 어떻게 대하고 있는지 알아볼 수 있는 한 가지 방법을 주셨다. 그것은 내가 다른 사람을 어떻게 대해주느냐를 보면 내가 나의 무의식의 영을 어떻게 대하는지 알 수 있다는 것이다. 주기도문에

　"우리가 우리에게 죄 지은 사람을 용서하여 준 것 같이 우리의 죄를 용서하여 주시고,"_마 6:12

라는 말씀이 있다.

이는 앞서 인용한 마태복음 18장 35절과 같은 내용의 말씀이다. 복음의 용서는 무조건적인데, 이 말씀에서는 조건을 다셨다. 예수님의 십자가만 믿으면 어떤 죄도 용서받는다고 하셨는데, 여기서는 남을 용서하는 행위가 있어야 용서를 받는다고 하니 모순된 것 같다.

그러나 용서의 본질을 이해하게 되면 결코 이 말씀이 어떤 조건을 통해 하나님이 용서해주시는 것이 아니라는 것을 알게 된다. 용서는 이미 하나님께서 예수님의 십자가를 통해 모든 사람에게 무조건적으로 해주셨다. 그러나 그 무조건적인 용서를 받아들이지 않는 사람에게는 하나님의 무조건적 용서가 소용없다는 얘기다. 즉 하나님께서 아무리 용서해주셔도 내가 그 용서를 받아들이지 않으면 그 용서는 내게 임하지 않는다.

그렇다면 그 누가 이 용서를 받아들이지 않는 어리석음을 범할까? 나는 나 자신을 지금 용서하고 하나님의 용서를 받아들였는데 나에게도 이 말씀이 해당할까? 그럴지도 모른다. 만일 내가 이웃을 용서하지 않는다면 이 말씀이 나에게도 해당한다. 내가 나를 용서하고 있는지 알 수 있는 것은 의식의 범위이다. 즉 내가 나의 내면 깊은 곳에 있는 상하고 갇힌 영혼까지도 용서하는지는 무의식과 영의 세계이므로 잘 모른다. 그것은 바로 내가 남을 용서해주는지 아닌지를 보면 알 수 있다.

곧 투사projection라는 심리적 방법을 통해 내가 나에게 행하는 대로 남에게 행한다는 것이다. 그래서 아무리 하나님이 나를 용서해주시더라도, 내가 남을 용서하지 못한다면 그것은 곧 내가 나를 용서하지 않는 것이 되기 때문에 결국 하나님으로부터 용서받지 못하는 것과 같은 것이다. 내가 아직도 이웃을 용서하지 못하고 있는 것은 얼마나 하나님의 용서를 깊이 받아들이지 못하고 있는지 알 수 있는 증거이다. 그래서 이웃의 용서는 자신의 용서의 거울이다.

내가 알고 있는 나의 세계에는 하나님의 용서가 임하여 기쁘지만 내가 알지 못하는 나의 상한 내면에는 아직도 갇혀 신음하는 나의 영, 곧 용서받지 못해 하나님의 빛과 생명을 접하지 못한 곳이 있다는 것을 알아야 한다. 그래서 나에게 아직도 진정한 변화와 성장이 없으며, 이웃 사랑과 용서가 없는 것도 결국 나의 내면이 용서받지 못하고 상한 그대로 갇혀 있기 때문인 것이다.

용서는 십자가의 복음으로만 극복되는 영적 사건

그러므로 우리는 이웃을 용서하지 못할 때 그 현상만 보고 이를 극복하려고 해서는 안 된다. 즉 이웃을 용서하라고 하니 무조건 용서하려는 노력만으로 결코 용서되는 것은 아니다. 용서하려는 노력은 분노의 억압을 통해 미움과 그 내용을 망각할 수 있지만, 미움은 잠시 숨겨지고 잊혔을 뿐 언젠가는 폭발되거나 다른 유사한 상황에서 터져 나오고 만다. 내가 남편을 용서했다고 하면서 나도 모르게 남편을 닮은 아이를 더 미워하거나 그 아이에게 필요 이상으로 화를 내는 경우와 같은 것이다.

나의 의지로는 결코 용서할 수 없음을 알아야 한다. 용서한 척할 수는 있지만, 서로를 속이는 것이다. 미움을 누르고 의지적으로 용서했다고 믿을 뿐이다. 더 깊은 곳에서는 용서가 일어나지 않고 있다. 물론 용서의 과정에서 때로 이러한 의지적인 용서도 필요하지만, 진정한 용서가 아니라는 것을 알아야 한다. 그래서 진정한 용서를 이루기 위해서는 먼저 내가 용서를 받아야 한다. 남을 용서하지 못하는 것은 내가 용서받지 못했기 때문이므로 내가 나를 용서하고 진정 용서를 받으면 다른 사람을 자연히 그리고 진정으로 용서하게 된다.

분노와 미움은 내가 굶주렸다는 또 다른 증거이다. 즉 내가 사랑과 관심에 굶주렸고 이를 채우고 싶었는데 그것이 좌절될 때 발생하는 마음이다. 그러므로 내가 진정으로 채워지면 분노와 미움은 사라지게 된다. 우리는 분노와 미움을 억압하고 용서해주려고 노력해도 되지 않는 것은 내가 여전히 배고프고 굶주려 있기 때문이다. 배고프면 좌절되고 또 미워하게 된다. 그 악순환에서 벗어나는 길은 나의 굶주림을 먼저 채우는 일이다. 그런데 나의 굶주림 또한 하나님이 나를 용서해주시고 용납하시는 그 복음을 깊이 받아드림으로써 해결될 수 있다. 우리의 굶주림은 나의 영적 아버지인 하나님으로만 채워질 수 있는데, 이 채움이 나의 용서를 통해 가능한 것이다.

또한 분노는 인간의 분노만으로 끝나지 않는다. 반드시 사단은 인간의 분노 속에 집을 짓고 그 분노를 통해 하나님과의 관계를 차단할 뿐 아니라, 인간과의 관계를 파괴하려고 한다는 사단의 전략을 우리는 또한 잘 알아야 한다. 분노를 품게 되면 마귀가 틈을 탄다고 했다.

"화를 내더라도, 죄를 짓는 데까지 이르지 않도록 하십시오. 해가 지도록 노여움을 품고 있지 마십시오. 악마에게 틈을 주지 마십시오."_엡 4:26~27

그러므로 오래 품어진 분노가 잘 용서되지 않는 것은 그 속에 사단이 분노를 묶어두고 있기 때문임을 알고 그 묶인 사단의 사슬을 끊는 영적 사건이 반드시 따라야 한다. 용서는 나의 윤리적 행위나 심리적인 노력으로 절대 이루어지지 않는다. 용서는 십자가의 복음을 통하지 않고는 결코 극복될 수 없는 영적인 사건이다. 매일의 삶을 통해 십자가의 용서를 깊이 체험할 때만이 우리는 계속 영적으로 성장할 수 있음을 알아야 할 것이다.

희년의 치유적 의미

7

치유의 주체는 하나님이시다. 즉, 구원과 치유를 계획하시고 주관하시는 분은 하나님이시다. 하나님의 자비하신 치유의 계획과 뜻이 없었더라면, 우리는 사망과 질병의 고통 가운데 영원히 버림받을 수밖에 없었을 것이다. 그러나 이 계획과 뜻이 실제로 이루어질 수 있도록 실행하셨던 분은 예수님이시다. 예수님의 오심과 이 땅에서의 모든 사역, 그리고 십자가와 부활은 바로 그 치유의 실제적인 내용이요, 능력이다. 이러한 예수님의 사역은 구약 속에서 반복적이고도 발전적으로 여러 번 소개되고 있다. 그중에서도 구약에서의 희년은 예수님이 하신 일을 가장 핵심적이고도 포괄적으로 잘 설명해준다.

희년 사역은 분명히 외적 세계에 관한 내용이다. 즉, 노예를 해방하고 부채를 탕감받고 토지를 반환받는 것이 중심적인 내용이다. 이 내용이 예수님의 사역으로 이어질 때는 흔히 외적 사역으로 많이 적용된다. 물론 현대는 구약시대와 같은 노예제도는 없지만 모든 정치 문화의 구조 속에 노예가 된 돈과 물질, 특히 토지와 부동산의 노예가 된 인간들을 해방하고, 하나님이 원하시는 토지제도와 자유인으로 회복하는 외적 사역으로 이해한다. 이러한 외적인 희년 사역도 중요하다.

그러나 희년 사역을 외적 시각으로만 볼 것이 아니라 복음 안에서 내적으로 바라보는 것이 아주 중요하다. 즉, 예수님의 십자가와 부활의 사건을 통해 영적으로 하신 일들이 바로 희년의 내용이 되기 때문이다. 그러므로 희년을 외적 세계에 적용하기에 앞서, 영적 혹은 내적으로 적용하는 것이 중요하다. 내적인 희년이 바로 적용되어야 외적인 희년이 이루어질 수 있으므로 외적 희년을 위해서라도 우리는 내적 희년의 의미를 더 깊이 새겨볼 필요가 있다.

예수님께서 나의 내면에 영적인 희년을 선포하실 때, 그 속에는 반드시 구원과 함께 치유도 일어난다. 그러므로 희년의 내용을 나의 내면 세계에 적용하고 이해할 때 이를 치유적으로 이해하고 적용해보는 것은 무척 큰 의미가 있다. 이를 통해 내면의 상태와 치유를 이해할 수 있는 새로운 원리와 지침을 얻을 수 있고 또한 앞서 밝힌 내적치유의 방법과 내용이 희년이라는 예수님 사역을 통해 종합적으로 정리될 수 있기 때문이다.

희년이 선포되면 팔려 갔던 모든 종과 노예들이 자유함을 얻고 자기 기업으로 돌아오게 된다.

"너희는 오십 년이 시작되는 이 해를 거룩한 해로 정하고, 전국의 모든 거민에게 자유를 선포하여라. 이 해는 너희가 희년으로 누릴 해이다. 이 해는 너희가 유산 곧 분배받은 땅으로 돌아가는 해이며, 저마다 가족에게로 돌아가는 해이다."
_레 25:10

이는 곧 예수님을 만나기 전의 우리 상태가 포로 된 상태라는 것을 의미하며, 다음의 이사야서 말씀에 더욱 구체적으로 나타나 있다.

"주님께서 나에게 기름을 부으시니, 주 하나님의 영이 나에게 임하셨다. 주님께서 나를 보내셔서, 가난한 사람들에게 기쁜 소식을 전하고, 상한 마음을 싸매어주고, 포로에게 자유를 선포하고, 갇힌 사람에게 석방을 선언하고,"_사 61:1

포로 되었다는 의미는 외적인 상태를 말하기도 하지만, 더 본질적으로는 내적 혹은 영적인 상태를 의미한다. 외적으로만 적용하면 포로 됨은 특별한 사람에게 해당하는 것으로 볼 수 있지만, 내적으로 적용하면 모든 사람에게 해당하는 우리의 본질적인 상태로 볼 수 있다. 그렇다면 왜 우리가 본질적으로 포로 되어 있는지를 설명해보자.

●

죄로 인한 빚 때문에 포로 됨

우리의 포로 됨은 근본적으로 죄를 범했기 때문이다. 죄가 우리 속에서 일으킨 파문은 너무도 크고 다양하므로 우리를 포로 되게 하는 과정도 여러 가지로 설명해볼 수 있다. 첫째로 죄로 인한 빚 때문에 우리는 포로

가 된다. 하나님께서는 선악과를 먹으면 정녕 죽으리라고 말씀하셨다.

"그러나 선과 악을 알게 하는 나무의 열매만은 먹어서는 안 된다. 그것을 먹는 날에는, 너는 반드시 죽는다."_창 2:17

인간은 이 약속을 지킴으로 에덴동산에서 살 수 있다. 그러나 인간이 이 약속을 스스로 어겼기 때문에 약속에 따라 죽어야만 했다. 그런데 그 죽음이 유예되고 단지 그곳에서 추방만 받았다. 즉 죽음이 유예된 것이다. 죽음이 유예된 것이 빚이 되는 것이다. 죽음이라는 돈을 갚아야 하는데 유예받은 것이니 이것이 빚이 되는 것이다. 만일 우리가 유예기간 동안 빚을 갚으면 그 빚에서 자유로울 것이고 그렇지 못하면 다시 죽음이라는 벌을 받아야 한다.

그런데 이 빚은 죽음의 빚이기 때문에 자기가 죽어야만 그 빚을 갚을 수 있다. 그러나 자신이 죽으면 그 빚을 갚은 것을 누릴 수는 없다. 그냥 그것으로 모든 것이 끝나는 것이다. 마치 암을 치료하는 가장 확실한 길이 자신이 죽는 것이지만, 자신이 죽으면 암을 치료한 아무런 보람이 없는 것과 마찬가지이다. 그러므로 빚도 갚고 자신도 사는 길은 누군가 대신 빚을 갚아주는 것이다. 즉 누군가 자기를 대신하여 죽는 것이다. 과연 누가 이를 해줄 수 있겠는가? 불가능한 일이다.

그래서 우리는 이 빚을 갚을 때까지 종살이해야 하는 노예가 된다. 구약시대에는 빚을 갚지 못하면 종으로 팔려가야 한다. 우리는 겉으로는 자유한 것 같지만, 이처럼 죽음의 빚을 지고 그 빚을 갚기 위해 종살이하며 살아가는 노예와 다를 바 없다. 우리는 그 빚을 갚으려고 계속 노력하고 자신을 학대하며 살아가고 있다. 겉으로는 자유인인 것처럼 행세하지만 내면 깊은 곳의 우리 영혼은 그 빚을 갚기 위해 잠시도 쉴 틈이 없다. 심한 학대와 채찍질을 받으며 자기 의로서 그 죄와 죽음의 빚을 갚기 위해 애쓰며 살아야 하는 것이다. 조금이라도 잘못하면 죽음이라는 채찍과 학대가 날라 온다. 겉은 자유인 같지만, 우리 속은 늘 이러한 압박감과 쫓김 속에서 사는 것이 우리의 참모습이다.

내적인 본질 속에 이미 중독성이 존재

두 번째로 우리의 내적인 본질 속에 이미 중독성이 존재하고 있기 때문에 포로가 될 수밖에 없다. 하나님께서 인간을 하나님의 형상대로 창조하실 때부터 인간은 하나님께 선하게 중독되어 살도록 하셨다. 인간은 죄를 범하기 전부터 피조물로서의 열등감과 유한성을 내포하고 있었다. 스스로 살아갈 수 없을뿐더러 그 내면이 창조주이신 하나님으로 채워져야만 살아갈 수 있는 존재이다. 즉, 하나님을 항상 갈급해 하고 하나님에게 중독되도록 해야만 우리가 바로 존재할 수 있다. 따라서 이 중독성은 우리의 존재가 하나님과 더불어 살아가는 데 필수적으로 필요한 우리의 속성이다. 우리는 해바라기처럼 항상 창조주이신 하나님을 바라보고 살도록 창조하신 것이다. 우리 몸 안에는 생화학적인 수용체receptor

라는 것이 있다. 이 수용체는 아무 물질이나 받지 않고 그 수용체에 적합한 구조를 가진 물질만을 특이하게 받아들인다. 원하는 물질이 그곳에 붙어야만 세포가 필요한 기능을 수행할 수 있게 되고 생존할 수가 있다. 그런데 수용체의 특징은 아무것에나 붙지 못하는 특이성 specificity과 함께 수용체의 감수성 sensitivity 그리고 수량 number이 각기 다르다.

우리의 영도 이와 비슷해서 하나님의 영으로만 특이하게 반응하게 되어 있고, 계속 경험하면 할수록 그 감수성과 그 수용체의 수는 증가하게 되어 있다. 그래서 하나님에게 더욱 영적으로 예민해지고 그 큰 영성을 충만하게 경험하게 된다. 우리가 하나님의 영으로 더욱 충만해지도록 창조하신 이 원리 때문에 결국 타락한 이후의 인간은 세상에 대해서도 같은 원리로 반응한다. 즉, 하나님에게 중독되는 것이 아니고 세상에 중독되는 것이다. 세상은 우리의 영을 본질적으로 특이하게 채워줄 수는 없으며 단지 유사한 구조성을 가지고 영혼의 수용체를 속임으로써 우리에게 달라붙는다. 따라서 채워지기보다는 더 굶주리게 되므로 그 유사한 구조성을 가진 세상 것의 수용체는 더 예민해지고 그 수도 더 늘어나게 된다. 이러한 수용체의 작용 원리는 뇌가 약물과 알코올에 중독될 때와 같은 원리이다.

이러한 중독성은 공통적인 몇 가지 특성을 갖는다. 우선 그 대상을 탐닉하게 되는데 이를 스스로 중단하거나 절제하지 못하며, 만일 중단하려 하면 강한 금단증상 withdrawal symptom이 생긴다. 그리고 내성 tolerance도 생겨 그 대상의 양이 점점 늘어나며 이러한 악순환이 계속 반복되다가 결국 파괴되는 결과를 빚고 만다. 결국 이 중독성은 사람을 노예로

만들어버린다. 처음에는 내가 술이 좋아서 마셨다가 나중에는 술이 술을 마시고 술이 사람을 마시는 것처럼 마침내 노예와 파멸의 상태로까지 치닫게 되는 것이다.

그래서 인간의 모든 관계는 중독 관계이다. 그러나 하나님으로 중독되는 것 외의 관계는 모두 노예와 멸망의 길이 되고 만다. 돈도 처음에는 내가 필요해서 벌지만, 나중에는 돈이 돈을 벌고 결국 돈이 사람을 지배하고 사람이 종살이하는 것으로 끝난다. 일도 마찬가지다. 처음에는 일이 좋아서 하다가 나중에는 벗어나려고 해도 벗어날 수 없는 굴레가 되어버린다. 세상의 권력도 사람 관계도 모두 중독으로 끝난다. 그래서 내가 중독된 사람을 떠나보낼 때는 그처럼 고통스러운 것이다. 상한 마음이나 감정도 마찬가지다. 점점 불어나서 나중에는 그 감정과 상처의 노예가 되고 만다. 인간은 무엇엔가 미치고 중독되어야만 살 수가 있다. 인간 스스로 그처럼 자유를 원하는 것은 우리가 외적으로 구속되어 있기 때문이 아니라 이미 영혼이 노예 상태로 압박되어 있기 때문이다. 그러나 영적으로 자유로우면 사도 바울의 고백처럼 사방으로 우겨쌈을 당하여도 움추려들지 않고 낙심하지 않는다고 했는데 이는 그 영이 예수님으로 인해 이미 자유하기 때문인 것이다.

"우리는 사방으로 죄어들어도 움츠러들지 않으며, 답답한 일을 당해도 낙심하지 않으며,_고후 4:8

세 번째 이유는 상한 마음에서 출발하는 포로 된 마음과 갇힌 마음 때문이다. 이에 대해서는 앞에서 충분히 설명하였으므로 더 이상 기술하지 않으려고 한다.

이러한 몇 가지 원인으로 인해 우리의 영이 노예 상태가 되는데 이러한 원인은 서로 분리되기보다는 서로 영향을 주며 그 노예 상태를 더욱 강화한다.

우리의 노예 상태는 결코 상징적인 표현이 아니다. 실제로 얼마나 철저하게 노예 상태가 되어 있는지 모른다. 도저히 우리 스스로는 이러한 노예에서 해방될 수 없다. 노예 생활에 너무 학대받고 지친 이스라엘 백성들이 애굽에서 하나님께 부르짖었던 것처럼 우리의 영혼도 하나님께 부르짖을 뿐이다.

> "세월이 많이 흘러서, 이집트의 왕이 죽었다. 이스라엘 자손이 고된 일 때문에 탄식하며 부르짖으니, 고된 일 때문에 부르짖는 소리가 하나님께 이르렀다. 하나님이 그들의 탄식하는 소리를 들으시고, 아브라함과 이삭과 야곱에게 세우신 언약을 기억하시고, 이스라엘 자손의 종살이를 보시고, 그들의 처지를 생각하셨다."
> _출 2:23~25

하나님은 이스라엘 백성에게 모세를 보낸 것처럼 우리에게 예수님을 보내셨다. 우리의 중독 현상과 노예의 상태는 예수의 죽음과 그 보혈로써만 끊어지고 자유로워질 수 있다. 자신이 십자가에서 우리의 고통과 죽음을 대신하심으로 우리의 빚을 탕감하신 것이다. 이것이 우리가 잘 알고 있는 대속의 내용이다. 재물로 대속하는 것도 쉬운 일이 아닌데 창조주께서 그것도 비천한 피조물을 위해 자신의 생명을 내어놓으신 것이다. 감히 상상할 수 없는 일이다. 누가 자신의 생명을 대속물로 내어놓을 수 있다는 말인가? 정말 불가능한 일이다. 이것이 바로 십자가의 대속의 의미이다. 포로 된 인간의 고통을 불쌍히 여기셔서 자신의 생명만이 아니라 고통까지 대신하신 주님이 아니면 우리는 도저히 그 노예 상태에서 해방될 수 없는 것이다.

예수님의 희년적 사역은 십자가의 해방만으로 끝나지 않는다. 노예의 사슬만을 풀어주셨다고 진정 그 노예가 자유로워지는 것은 아니다. 사형수의 형 집행이 중지되고 교도소 밖으로 나왔다고 해서 그의 문제가 모두 해결된 것은 아니라는 뜻이다. 물론 가장 중요한 부분이 해결되기는 했지만, 그에게는 여전히 어려움이 남아 있다. 출애굽 한 이스라엘 백성이 광야 생활에서 보인 문제처럼, 우리 민족이 일제로부터 해방된 후에 보였던 문제처럼 노예 생활의 적지 않은 후유증이 도사리고 있다. 장기 복역 중인 죄인이 교도소를 나왔다고 해서 그가 완전히 자유롭게 되는 것은 아니다. 사회가 비록 그의 죄를 용서했지만, 그가 죄를 범한 죄인이었다는 사실은 깨끗이 용서하지 못한다. 그 사람을 진정으로 사회의 일원으로서 받아들이지 않는다. 많은 제약과 감시가 여전히 그를 따른다. 또한 자신도 아직 자신을 스스로 죄인으로 취급한다. 그리고 교도소에서의 생활 습관과 근성도 쉽게 버리지 못한다. 이는 해방 후 우리 민족에게 남아 있던 식민지 근성과도 유사한 것이다. 노예 생활로 병든 우리의 인격과 신분에 변화가 없다면 외적으로 주어진 해방은 진정한 해방이 되지 못한다. 그래서 예수님은 우리의 노예 신분을 기록한 모든 증서와 문서를 도말하고 소각하셨다.

"하나님께서는 우리에게 불리한 조문들이 들어 있는 빚문서를 지워 버리시고, 그것을 십자가에 못 박으셔서, 우리 가운데서 제거해버리셨습니다."_골 2:14

그리고 하나님의 아들 신분으로 우리를 옮겨주셨다. 노예로 팔려 가게 한 부채와 빚 문서를 소각함으로 우리의 전인격과 신분을 노예에서 자유인으로 옮겨놓으신 것이다.

이러한 희년적 사역은 나의 내면에서 용서라는 과정을 통해 수행된다. 죄인과 노예의 신분에서 하나님의 아들로 옮겨지는 데는 부채탕감과 빚 문서 소각, 즉 용서의 과정을 통해 가능하다는 것이다. 계속적이고 무한한 용서를 통해 우리의 신분은 노예로부터 자유인으로 점차 바뀌게 되는 것이다. 십자가의 해방과 자유가 십자가의 용서를 통해 더 완전해지고 깊어지는 것이다. 이스라엘 백성의 광야 생활은 바로 이 신분 변화에 그 의미가 있다. 그들의 노예근성이 가나안에서 하나님의 기업을 받은 아들 신분으로 변화되기 위해서는 광야 생활이 필연적이었다. 광야 생활은 바로 용서와 은혜의 연속이었다. 성막은 대신한 제물로 인해 바로 그 용서가 계속 일어나는 삶의 중심이었다.

성경은 모세를 이 세상에서 가장 온유하고 겸손한 자라고 기록하고 있는데,

"모세로 말하자면, 땅 위에 사는 모든 사람 가운데서 가장 겸손한 사람이다."

_민12:3

이는 그가 광야 생활에서 이스라엘 백성을 무한한 용서 가운데 인도했다는 뜻이 되기도 한다. 그들은 광야에서 아무 일도 하지 않고 하나님께 대한 불신으로 원망했지만, 하나님께서는 용서하시고 모든 것을 먹여주시고 입혀주셨다. 이를 통해 하나님께서는 이스라엘 백성의 신분이 변화되기를 기대하셨으나 그들은 끝내 노예 신분으로 광야 생활을 끝내고 말았다. 광야 생활을 통해 신분이 변화되지 않는 한, 즉 하나님의 용서와 은혜를 진정으로 경험하지 못하는 한, 그들은 하나님의 자녀로서 가나안의 기업을 얻을 수가 없었다. 그래서 그 애굽의 세대는 광야에서 모두 죽고 새로운 세대만이 가나안으로 들어갈 수밖에 없었다. 이를 통해 하나님 나라에 들어가기 위해서는 용서와 신분 변화가 얼마나 중요한지를 알 수 있을 것이다. 이 부분에 대해서는 앞의 장의 '용서를 통한 내적 성장'에서 자세히 언급한 바 있다.

하늘의 기업을 소유하라

예수님께서 하실 희년 사역은 이스라엘 백성이 광야에서 가나안으로 옮겨가는 과정의 내용에서 더 깊어지고 완전하게 나타난다. 이 부분은 희년 사역의 마지막 단계인 토지반환 혹은 기업 무르기에 해당한다.

"너희는 오십 년이 시작되는 이 해를 거룩한 해로 정하고, 전국의 모든 거민에게 자유를 선포하여라. 이 해는 너희가 희년으로 누릴 해이다. 이 해는 너희가 유산 곧 분배받은 땅으로 돌아가는 해이며, 저마다 가족에게로 돌아가는 해이다."

_레 25:10

"너희는 유산으로 받은 땅 어디에서나, 땅 무르는 것을 허락하여야 한다."

_레 25:24

죄수가 출소 후 자유인의 신분이 되었다고 해도 그의 자유가 완전한 것은 아니다. 다시 죄를 범하지 않도록 그를 재활시켜 주어야 한다. 즉, 기술교육도 해야 하고 자본도 주어야 한다. 다시 가난해지지 않아야 과거와 같이 노예로 팔려 가지 않기 때문에 이 세상에서도 부족함 없는 삶으로 회복시켜 주어야 한다는 것이다.

예수님의 희년 사역을 질병을 치유하는 과정으로 비유해볼 수도 있다. 질병이 발견되면 먼저 수술을 하여 그 환부를 제거해야 한다. 이것이 십자가의 떠남과 끊음이요, 희년의 해방이다. 그러나 수술했다고 해서 당장 과거처럼 활동할 수는 없다. 구원과 치유 이후의 대부분 문제는 수술받자마자 너무 급하게 과거처럼 일하려는 데서 생긴다. 회복실로 옮겨 집중감시와 영양공급을 받아야 하며 퇴원 전까지 쇠약한 신체를 회복시켜야만 한다. 이것이 영적으로 말하면 은혜와 용서의 기간이며, 건강한 사람의 신분으로 변화되는 과정이다. 그러나 이것으로 끝나는 것은 아니다. 재발하여 다시 입원하면 그동안 고생하며 치료한 것이

물거품이 되고 만다. 그래서 재발하지 않도록 체력을 키워야 하고 나쁜 습관을 버리고 자신의 건강을 잘 돌보아야 한다. 조금 스트레스가 있어도 이것이 병으로 가지 않을 정도로 건강에 여유가 있어야 한다. 그래서 간신히 살아가는 것이 아니라 과거보다 더 건강해져야 한다.

"평생을 좋은 것으로 흡족히 채워 주시는 분, 네 젊음을 독수리처럼 늘 새롭게 해 주시는 분이시다."_시 103:5

라는 말씀처럼 내 건강이 독수리같이 강건하고 새로워져야 한다. 이것이 치유와 희년 사역의 완성 단계이다.

이것이 곧 하늘의 기업을 얻는 단계이다. 우리를 병들게 한 이 땅의 기업이 아니라, 다시는 세상으로 팔려 갈 필요가 없는 하늘의 기업을 받아야 한다. 이것이 이스라엘 백성들이 가나안에서 받았던 하나님의 기업이었다. 이 부분은 예수님이 오신 이후의 성령 사역에 해당하는 부분이다. 즉, 예수님의 십자가와 디베랴 바닷가에서의 용서를 통해 제자들이 변화되고 오순절의 성령강림을 통해 그들은 놀라운 하늘의 기업을 소유하게 되었다. 과거와는 너무도 다른 모습을 보였다. 세상에 종살이하며 두려워하던 그들이 이젠 당당해지고 오히려 세상을 이기는 능력자가 됐다. 세상이 위협하거나 유혹해도 절대 흔들리지 않는 강건한 하늘의 사람이 된 것이다.

이 기업은 외적인 기업만을 말하지 않는다. 사람의 가장 큰 기업은 자기 몸이다. 몸이 하늘 자녀의 몸으로, 의인으로, 병사의 몸으로 변해야 한다. 몸이 변하여 몸을 산 제사로 드리는 것이 진정한 기업 얻기의 시작이다. 몸이 노예에서 자녀와 병사로 변해야 가나안 정복이 가능한 것이다. 여기서 몸이 변한다는 것은 외적인 신체 훈련만을 의미하는 것은 아니다. 군인들처럼 체력을 강화하거나 강한 정신적인 훈련을 받는다는 뜻은 아니다. 성만찬을 통해 매일 아픈 세포에서 주님의 용서와 사랑의 세포로 변하는 것을 의미한다. 상징이 아니고 세포와 분자에서 실제로 일어나는 의학적인 변화이다. 이를 위해서는 매일 주님의 십자가 용서와 사랑을 먹고 마셔야 한다. 이는 몸의 내적 사역이기 때문에 성령의 도움이 필요하다. 성령을 통해 자기 몸이 성전이 되고 주님의 몸이 되는 것이다. 이것이 예수님의 희년 사역의 완성이다. 성령의 치유 사역에 대해서는 다음 장의 글에서 자세히 다룰 것이므로 여기서는 사역의 흐름과 관계된 희년에 대해서만 대략 소개하려고 한다.

지금까지 소개한 부분이 예수님의 희년 사역의 흐름과 과정이다. 이처럼 치유도 대개 3단계로 나누어진다. 즉 떠남과 끊음의 단계, 용서와 회복의 단계, 그리고 기업의 얻음과 충만함의 단계이다.

희년의 가장 핵심적인 내용은 안식이다. 희년은 안식일과 안식년에서 시작된다. 더욱 완전한 안식을 위해서 희년을 선포하셨으며, 예수님께서 오셨다. 안식은 단지 율법의 문제가 아니다. 그 속에는 깊은 치유와 복음의 내용이 들어 있다. 이제 이 안식의 내적 치유적인 의미를 살펴보려고 한다.

세상의 굴레를 벗게 하는 안식

희년의 원형은 안식일이지만, 그 안식일은 첫째 날의 창조 사역에서 그 원형을 발견할 수 있다.

> "그 빛이 하나님 보시기에 좋았다. 하나님이 빛과 어둠을 나누셔서, 빛을 낮이라고 하시고, 어둠을 밤이라고 하셨다. 저녁이 되고 아침이 되니, 하루가 지났다."
>
> _창 1:4~5

왜 낮만 만드시지 않고 어두움과 밤을 만드셨을까? 많은 뜻이 있겠지만 하루 속에서의 안식이 얼마나 중요한 지 그 의미를 깨닫게 하시려고 주시지 않았나 생각된다. 낮 동안은 우리가 세상 속에서 열심히 살고 저녁과 밤에는 그것을 떠나고 끊어 안식을 취하라는 하나님의 명령이 그 가운데 있는 것이다.

세상과 인간은 중독적 관계가 있어서 매일매일 끊지 않으면 그 중독성이 쌓이게 되고 쌓이면 우리는 세상의 노예가 된다. 우리가 일용할 것 이상을 집착하지 않도록 밤이 지나기 전에 모두 떠나고 끊게 하시는 것이다. 만나가 하룻밤을 지나지 못해 썩은 것처럼 이 세상의 모든 것을 일용한 것으로서 관계하라는 하나님의 뜻이 있는 것이다. 그러나 우리의 불안과 두려움 그리고 세상의 법칙은 우리로 하여금 세상을 일용한 것으로서 머무르지 못하게 만든다.

세상 자체도 하나의 생명체처럼 보존성을 갖고 있다. 돈이 많아지면 많아질수록 그 보존성이 커지며 일의 조직과 구조가 커지면 커질수록 역시 그 보존성이 커진다. 오래된 전통을 가진 큰 조직이나 단체는 그만큼 보존성이 크고 그 속에 관계된 사람들도 종속되어 일하게 된다.

큰 단체와 기업체에서 일할수록 한 개인의 영향보다는 그 단체의 조직과 구조에 종속되어 일하게 되는 것이 세상의 이치다. 하나님께서도 이를 아시기 때문에 안식의 개념을 세상의 보존성과 맞추어 발전시키셨다. 즉, 세상의 구조와 보존성이 크고 강한데 겨우 하룻밤의 안식만으로 그것에서 자유로울 수는 없다. 이 때문에 그 보존성이 커진 만큼 이에 맞는 안식일과 안식년을 두신 것이다. 하루의 밤과 안식일은 창세기부터 나온 것이지만, 안식년과 희년은 모세 율법 이후에 나온다. 즉, 사람의 생활이 단순할 때는 하룻밤의 안식만으로도 중독되지 않고 살 수 있었지만, 생활이 복잡해짐에 따라 안식년과 희년까지 필요한 것이다. 이스라엘이 창세기의 한 가족의 범위를 넘어 한 부족과 한 민족 그리고 국가까지의 조직으로 확대해나갈 때는 안식의 의미도 더 커지고 철저해야 하는 것이다. 그래서 안식년과 희년이 꼭 필요한 것이다.

진정한 사역은 안식을 통해 이루어진다

안식은 단순한 율법의 일부가 아니다. 우상숭배와 같이 하나님과의 관계에 있어 절대적으로 필요한 대전제이다. 안식하지 않는다는 것은 마치 세상을 섬기는 우상숭배와도 같은 것이다. 안식하지 않으면 세상의 노예가 되는 것이기 때문에 우상숭배와 다를 바 없으며 세상의 노예가 된 이상 하나님의 구원은 그만큼 어렵게 된다. 그래서 하나님께서는 이스라엘 백성에게 안식을 철저히 요구하셨다. 이스라엘 백성이 바벨론 포로로 잡혀간 것도 안식년과 희년을 지키지 않았기 때문이다. 안식은 희년 사역의 핵심적 내용이다. 안식을 주시기 위해 예수님의 희년 사역이 있는 것이다.

세상의 노예로 살던 우리를 십자가의 보혈로 해방시켜 주심으로 노예로부터의 안식을 주셨다. 그러나 노예에서는 해방되었어도 우리의 노예근성과 신분은 바뀌지 않는다. 즉, 여전히 우리는 내면을 학대하고 용서하지 못함으로 늘 긴장하고 피곤하게 살 수밖에 없었는데, 용서와 은혜를 통해 우리의 영을 안식할 수 있도록 해주셨다. 이스라엘 백성은 광야 생활을 안식과 은혜로 누리지 못하고 뭔가 모르게 노예로서 살아 가려고 했기 때문에 그들은 실패하고 말았다. 가나안에서 모든 싸움을 끝내고 또 다윗이 모든 전쟁을 끝내고 안식에 들어간 것처럼, 우리의 영도 영적 싸움에서 승리한 다음 예수님이 주시는 영원한 안식으로 들어가게 하신다.

우리는 일과 사역을 얼마나 열심히 하는가에 따라 그 신앙의 정도를 가늠하려는 노예의 습성에 젖어 있다. 그러나 신앙은 일보다 안식을 통해 그 깊이를 더해간다. 이것이 하늘의 법칙이다. 안식하지 못하는 나의 몸과 영에게 가장 필요한 것은 안식이다. 우리에게는 최소한의 일용할 일 외에는 필요하지 않다. 우리에게 안식을 주시기 위해 오신 예수님이 계시고 그 예수님이 모든 일과 사역을 이미 이루셨기에 우리는 믿음으로 나아가기만 하면 된다. 우리가 할 것은 일이 아니고 주님을 사랑하고 그 사랑을 누리는 것이다. 바로 그 사랑이 안식인 것이다. 안식은 아무것도 하지 않는 소극적인 율법이 아니고 주님을 적극적으로 사랑하고 예배하는 것이다. 생명이 가장 원하는 것이 사랑이고 생명을 주신 주님을 사랑하고 이 생명을 사랑하고 돌보는 것이 바로 안식의 핵심이다.

참된 믿음은 세상을 떠나고 끊는 안식을 통해서만 가능하다. 따라서 진정한 일과 사역은 안식을 통해 이루어지는 것으로, 안식은 오직 예수 그리스도를 통해서만 가능한 것이다. 안식의 주인은 예수님이다.

"그리고 예수께서 그들에게 말씀하셨다. "인자는 안식일의 주인이다.""_눅 6:5

진정한 안식은 예수님의 십자가와 부활을 통해서 이루어지기 때문이다.

내적
성전과
치유적
예배

8

치유는 하나님께서 계획하셨고 치유의 실제적 내용과 그 능력은 예수님께서 그의 십자가와 부활을 통해 마련하셨다. 이러한 치유적 내용을 실제 나의 내면에서 이루시고 치유를 실행시켜 나가시는 분은 성령님이시다. 그 성령께서 나에게 치유를 이루기 위해 제일 먼저 하시는 일이 무엇일까? 우리는 성령이라고 하면 먼저 은사와 열매를 생각하지만, 사실 이보다 더 우선한 본질적인 사역이 있다. 성령은 예수님께서 이루신 것을 우리 속에서 행하면서 우리 내면에서 하나님께 바른 예배를 드리도록 하는 것이 바로 그 사역이다. 이 사역의 핵심은 치유이다. 예수님께서 이루신 복음의 내용도 치유이고 성령이 도우시는 예배를 통해서도 내면의 치유를 더욱 깊이 다지고 확장해간다. 그중에 성령이 인도하시는 치유적인 예배는 무척 중요하다. 이제 성령이 어떻게 우리 내면에서 하나님을 향한 치유적 예배를 드리게 하는지 살펴보자.

내면에 하나님의 성전을 지어가라

내적치유는 나의 내면에 하나님 나라를 이루어가는 것이라고 했다. 하나님의 나라를 외적으로 이루시기 전에 먼저 죄로 인해 상하고 잃어버린 나의 내면에서 하나님 나라를 회복해야 한다. 하나님 나라란 하나님의 임재와 다스림이 있는 곳이다. 하나님은 그의 성전에 임하시기에 그 나라는 하나님의 성전을 중심으로 세워져야 한다. 그래서 하나님께서 이스라엘을 회복시킬 때 가장 먼저 하신 일은 예루살렘 성전의 재건과 회복이었다.

내적치유가 하나님 나라를 이루어가는 것이라면, 성령께서 이를 위해 가장 먼저 하시는 일은 내적인 성전을 회복하는 것일 것이다. 그러므로 내적치유를 다르게 표현한다면 나의 내면에 하나님의 성전을 지어가는 것이라고 말할 수 있다.

"여러분은 하나님의 성전이며, 하나님의 성령이 여러분 안에 거하신다는 것을 알지 못합니까?"_고전 3:16

"그리스도 안에서 여러분도 함께 세워져서 하나님이 성령으로 거하실 처소가 됩니다."_엡 2:22

하나님께서 궁극적으로 원하시는 일이 바로 우리 속에 거하실 처소,

즉 그의 성전을 짓는 것이다. 이를 통해 잃었던 우리를 사랑으로 다스리시고 또한 우리의 예배를 받기 원하시는 것이다. 이러한 하나님의 뜻과 계획이 바로 구원과 치유의 가장 핵심적인 내용이 될 것이다.

하나님께서는 아브라함을 부르시고 그를 통해 그의 백성을 구원하시고 치유하실 때부터 그 내용의 중심은 늘 예배와 그 처소였다.

"주님께서 아브람에게 나타나셔서 말씀하셨다. "내가 너의 자손에게 이 땅을 주겠다." 아브람은 거기에서 자기에게 나타나신 주님께 제단을 쌓아서 바쳤다. 아브람은 또 거기에서 떠나, 베델의 동쪽에 있는 산간지방으로 옮겨 가서 장막을 쳤다. 서쪽은 베델이고 동쪽은 아이이다. 아브람은 거기에서도 제단을 쌓아서, 주님께 바치고, 주님의 이름을 부르며 예배를 드렸다."_창 12:7~8

그 후 아브라함은 하나님과 깊은 만남과 치유가 있을 때마다 하나님께 단을 쌓았고, 하나님과 단절된 상태로 아픔 가운데 있을 때는 결코 단을 쌓았다는 기록을 볼 수 없다.

그 후 이삭도 단을 쌓았고 야곱도 단을 쌓았다. 그러나 야곱의 단부터는 다른 특징을 갖는다.

"그는 두려워하면서 중얼거렸다. "이 얼마나 두려운 곳인가! 이 곳은 다름 아닌 하나님의 집이다. 여기가 바로 하늘로 들어가는 문이다." 야곱은 다음날 아침 일찍이 일어나서, 베개 삼아 벤 그 돌을 가져다가 기둥으로 세우고, 그 위에 기름을 붓고, 그 곳 이름을 베델이라고 하였다. 그 성의 본래 이름은 루스였다."_창 28:17~19

그 이전까지는 필요할 때마다, 단을 쌓았고 장소를 이동할 때는 그 단은 허물어지고 더 이상 의미가 없었다. 비록 벧엘은 항구적이지는 못했지만, 야곱은 이를 하나님의 전으로 불렀고 그가 상하고 어려울 때마다 그곳에 나아가 단을 쌓았다. 과거의 단은 거기 거할 때만 세운 천막 혹은 성막 같은 것이라면 벧엘은 고정된 땅에 처음으로 새운 하나님의 처소였다. 그러나 제대로 된 집이 아니고 허술한 단에 불과했다. 그렇지만 과거보다 비교적 견고하고 그 처소가 고정된 것은 확실하다.

"이제 우리는 이 곳을 떠나서, 베델로 올라간다. 거기에다 나는, 내가 고생할 때에 나의 간구를 들어주시고, 내가 가는 길 어디에서나 나와 함께 다니면서 보살펴 주신, 그 하나님께 제단을 쌓아서 바치고자 한다."_창 35:3

그 후에 나타난 처소는 거룩한 산이었다. 하나님께서는 모세를 부르셨을 때 호렙산, 즉 시내산에 임재하셨다. 그 산이 거룩한 하나님의 처소가 되었다. 마치 하늘나라처럼 사람이 사는 땅과 구별된 높은 산에 하나님이 임재하신 것이다.

"거기에서 주님의 천사가 떨기 가운데서 이는 불꽃으로 그에게 나타났다. 그가 보니, 떨기에 불이 붙는데도, 그 떨기가 타서 없어지지 않았다."_출 3:2

"주님께서 그들을 데려다가 주님의 소유인 주님의 산에 심으실 것입니다. 주님, 이 곳이 바로 주님께서 계시려고 만드신 곳입니다. 주님, 주님께서 손수 세우신

성소입니다."_출 15:17

"그러한 사람은 아무도 손을 대지 말고, 반드시 돌로 치거나 활을 쏘아서 죽여야 한다. 짐승이든지 사람이든지, 아무도 살아남지 못할 것이라고 일러라. 그러나 산양 뿔나팔 소리가 길게 울릴 때에는 백성이 산으로 올라오게 하여라."_출 19:13

그러나 우리는 항상 그 거룩한 산에 오를 수 없다. 그래서 이 땅의 사람을 위해 하나님께서는 그곳에서 율법과 성막을 주셨다. 하나님께서는 이를 통해 어떻게 바른 예배를 드릴 수 있는지를 자세히 말씀하셨다. 백성을 대신하여 속죄 제물을 가지고 제사장이 하나님께 예배를 드릴 수 있게 하였다. 그 이후 성막과 법궤는 이스라엘 백성의 모든 것의 중심에 위치하게 되었다.

그리고 이 성막은 예수 그리스도의 가장 핵심적인 모형이 되었다. 그 후 다윗이 왕국을 세운 후 가장 먼저하고 싶어 한 것이 성막을 대신하는 영구한 성전 건축이었다. 다윗은 자신은 백향목의 궁궐에 살지만 하나님께서는 내가 이스라엘 자손을 애굽에서 인도하여 내던 날부터 오늘날까지 집에 거하지 아니하고 그 장막과 회막에 거하셨다라고 가슴 아파했다.

"그러나 나는, 이스라엘 자손을 이집트에서 데리고 올라온 날로부터 오늘에 이르기까지, 어떤 집에서도 살지 않고, 오직 장막이나 성막에 있으면서, 옮겨 다니며 지냈다."_삼하 7:6

하나님께서는 이를 기뻐 받으셨지만, 실제 성전은 솔로몬에 의해 건축되었다. 그렇지만, 다윗과 솔로몬에 있어서 성전 건축과 예배는 그들의 가장 중요한 일이었다. 그 이후 이스라엘 백성이 서로 싸우며 혼돈 가운데 있을 때도 하나님께서 그들을 향한 심판과 축복의 기준으로서 성전에서 어떻게 바른 예배를 하나님께 드리느냐를 가장 중요하게 여기셨다. 그 후 바벨론 포로와 귀향의 과정에서도 성전 재건과 예배는 그들의 가장 핵심적인 내용이었다.

하나님께서는 구약을 통해 왜 이처럼 성전과 예배를 중시하셨을까? 그것은 인간의 구원과 치유가 바로 이 예배를 통해 가능하기 때문이다. 죄로 인해 병든 우리가 바로 회복되고 치유되기 위해서는 다시 아버지 하나님을 만나고 그 하나님의 모든 것을 바로 경험해야만 한다. 그러나 이스라엘 백성들은 그들의 내적인 마음에 성전을 짓고 그 내면에서 하나님을 경배하지 못하고 외적인 형식을 통해서만 이를 행하려고 하였다. 하나님께서 성전과 예배를 이토록 중시하신 것은 우리 내면의 회복과 치유를 위해서인 것을 모르고 그들은, 내면은 황폐한 대로 두면서 외적 성전과 예배에만 충실히 하려고 했다.

그래서 예수님께서 오셔서 하신 일이 바로 이 외적 성전과 예배를 허무시는 것이었다. 예수님은 예루살렘 성전을 헐라고 하셨고 예배 또한 성전이 아닌 어떤 곳에서나 영과 진리로 드리면 된다고 말씀하셨다.

"참되게 예배를 드리는 사람들이 영과 진리로 아버지께 예배를 드릴 때가 온다. 지금이 바로 그 때이다. 아버지께서는 이렇게 예배를 드리는 사람들을 찾으신다."_요 4:23

예수님께서는 스스로 하나님의 아들이라고 하면서 왜 구약에서 그처럼 중시하던 예배와 성전의 외적 기준을 그토록 과감하게 허무셨을까? 결국, 예수님은 이 때문에 십자가에 못 박혀 죽고 말았다. 예수님이 죽기까지 회복시키려 하셨던 그 성전과 예배는 무엇이었을까? 그것은 바로 내적 예배와 성전이었다.

있는 모습 그대로 드리라

예수님께서 원하신 예배는 요한복음 4장 23절에 있는 '영과 진리로 드리는 예배'에 잘 나타나 있다. 먼저 예수님은 영으로 드리는 예배를 하나님께서 원하신다고 말씀하셨다. 영으로 드리는 예배라고 생각하면 흔히 거룩하고 흠이 없는 완전한 예배를 생각하기 쉽다. 그러나 영어 혹은 원어 성경에서 보면 그냥 소문자 spirit인 인간의 영으로 드리는 예배라고 되어있다. 하나님께서는 우리의 영이 어떠한 모습이든 이 영을 예배를 통해 만나기를 원하시는 것이다. 하나님은 우리를 자신의 형상으로 지으셨다고 했는데, 그 형상이란 영을 말한다. 우리의 육신의 모습이 하나님의 형상이 아니다. 그러므로 하나님께서 우리를 만나려고 하실 때도 자신의 형상대로 창조된 영을 만나려 하시는 것이다. 그런데 문제는 그 영이 지금 어떻게 되어있는가이다. 그 영이 과연 건강하고 거룩한 상태로 있을까? 하나님께서 지금 그것을 기대하실까?

하나님은 돌아온 탕자를 기다리시는 아버지의 마음처럼 잃은 양, 한 마리를 찾으시는 목자의 심정처럼, 찢기고 상하고 지친 영이 돌아오길 기다리는 것이다. 우리가 죄로 인해 상하고 병들어 있다는 것을 아시고 먼저 구원하시고 치료하기를 원하시는 하나님께서 어떻게 우리에게 완전하고 거룩한 영을 원하실 수 있겠는가?

하나님께서는 우리의 있는 그대로의 영, 구원받아야 할 영, 치료받아야 할 영을 만나기 원하신다. 지금 우리의 영은 어떻게 되어있을까? 상한 영이요, 포로된 영이요, 갇힌 영이다.

"주님께서 나에게 기름을 부으시니, 주 하나님의 영이 나에게 임하셨다. 주님께서 나를 보내셔서, 가난한 사람들에게 기쁜 소식을 전하고, 상한 마음을 싸매어주고, 포로에게 자유를 선포하고, 갇힌 사람에게 석방을 선언하고,_사 61:1

하나님을 만나지 못해 굶주리고 버림받음으로 인해 불신과 두려움 가운데 있는 영이 자신의 영을 채워보기 위해 채워지지 않는 세상과 사람을 의지하다가 그 속에서 포로 된 영이다. 그 속에 지치고 학대와 멸시를 받아 소경 된 갇힌 영이 있는 것이다.

이러한 우리 영의 모습이 예수님이 예배에 대해 말씀하신 바로 그 수가성 여인의 영이었다. 그 여인은 사랑에 목말라 다섯 남자를 만나면서까지도 채움을 받지 못해 여전히 목마른 상한 영의 소유자였다. 굶주림과 버림받은 마음과 깨어진 영이기에 주어진 남자의 사랑으로 만족하지 못하고 또 새로운 남자를 바라는 상한 영이었다. 이러한 상함 때문에 그 여인은 채워질 수 없음을 알고도 또다시 남자를 그리워하는, 남자의 사랑에 포로 된 여인이었다. 우리는 수가성의 여인처럼 그렇게 상하고 포로 되어있음을 알아야 한다. 내가 세상에 자유한 것 같고 만족하며 사는 것 같지만, 끊임없이 사랑과 인정을 요구하고 이를 위해 세상과 사람의 노예가 되어 사는 우리의 이러한 모습이, 바로 수가성 여인의 영과 다를 바 없는 것이다. 또한, 수가성의 여인은 이러한 자기 모습을 부끄러워하며 그 수치심 때문에 사람들의 접촉을 꺼리며 갇혀 지내왔다. 그래서 아무도 다니지 않는 뜨거운 낮에만 나와서 물을 길어야 하는 그러한 여인이었다. 사람들이 손가락질하고 멸시하기 때문에 숨어서 살아야 하는 갇힌 여인이었다.

사람에게도 나타날 수 없는 비천하고 아픈 이 여인이 어떻게 감히 거룩한 하나님께 나아가 예배를 드릴 수 있을까? 그녀는 예루살렘에도 갈 수도 없는 여인이다. 그러나 예배는 드리고 싶었다. 그래서 그녀는 예수님에게 예배에 대해 질문을 하였다. 예수님은 다른 어떠한 거룩한 장소나 예식이 필요한 것이 아니라 그저 너의 있는 그대로의 영으로, 즉 상하고 포로 되고 갇힌 영으로 지금 네가 나를 만나는 것처럼 하나님께 나아가 예배를 드리면 된다고 말씀하신 것이다.

우리는 하나님께 나갈 때 자신의 상하고 수치스러운 부분은 가두어 놓고 좋은 부분만, 거룩하고 깨끗한 부분만 하나님께 드리는 일이 얼마나 많은가? 예수님께서는 죄인과 아픈 자들을 만나기 위해 오셨다고 했는데 우리는 예배드릴 때 좋은 것만 가지고 나가고 나쁜 것은 꼭꼭 누르며 숨긴다. 하나님께서는 이러한 예배를 받으시지 않는다. 우리 속에 병든 부분과 추한 부분이 있는데도 그것은 숨기며 건강하고 의로운 부분만을 하나님께 드리고 있지 않은가? 마치 집안에 정신질환자나 장애인이 있으면 교회 나올 때나 다른 사람들에게 갈 때 이를 가두어놓고 숨기는 것처럼 내 속에 장애가 있고 상한 마음이 있는 것은 꼭꼭 숨겨놓고 나간다. 하나님께서는 분명히 이렇게 말씀하셨다.

"하나님께서 원하시는 제물은 찢겨진 심령입니다. 오, 하나님, 주님은 찢겨지고 짓밟힌 마음을 멸시하지 않으십니다."_시 51:17

또한, 예수님께서는 예배를 진리로 드리라고 했는데, 이는 진리 가운데in truth 드리는 예배를 말하는 것이다. 무엇이 진리로 드리는 예배일까? 하나님께서는 예배를 통해 우리를 만나기를 원하시는데 우리 속에 무슨 진리가 있을까? 우리의 진리는 무엇일까? 우리의 진리는 거룩하고 완전한 진리가 아니라, 피조물이라는 것과 우리가 죄인이며 죄로 인해 상하고 병들었다는 사실이다. 나의 지금의 진실과 진리는 바로 이 죄와 아픔인 것이다. 그 이상의 진리는 없다. 우리가 피조물이면서 창조주와 같아지려고 한 것이 큰 죄였으며 우리가 죄인이고 병든 사람인데도 나의 행위를 통해 의롭고 건강한 것처럼 행세하려는 것이 거짓이다. 진실한 모습이란 완전한 모습이 아니라 있는 그대로의 모습이다.

베드로가 예수님이 십자가를 지고 죽으시더라도 끝까지 따르겠다고 한 것이 어떻게 보면 아주 의롭고 진실한 것 같지만, 예수님께서는 이를 원하신 것이 아니라 베드로의 있는 그대로의 모습, 그 속의 두려움과 불신으로 가득 찬, 그러나 그 부족하고 상한 가운데 예수님을 사랑하고 싶은 그대로의 마음을 원하신 것이다. 그것이 바로 디베랴 바닷가에서의 예수님과 베드로의 대화였다. 예수님께서 네가 나를 사랑하느냐고 물었을 때 베드로는 "내가 주를 사랑하는 줄 주께서 아시나이다"라고 말했는데, 바로 이것이 진실한 모습이다.

"예수께서 세 번째로 물으셨다. "요한의 아들 시몬아, 네가 나를 사랑하느냐?" 그 때에 베드로는, [예수께서] "네가 나를 사랑하느냐?" 하고 세 번이나 물으시므로, 불안해서, "주님, 주님께서는 모든 것을 아십니다. 그러므로 내가 주님을 사랑하는 줄을 주님께서 아십니다" 하고 대답하였다. 예수께서 그에게 말씀하셨다. "내 양을 먹여라." _요 21:17

'할 수 있다'가 아니라 '할 수 없음'과 '하고 싶음'을 그대로 솔직하게 보인 그 모습이 예수님이 원하셨던 진실한 모습이었다.

그러나 거룩하고 완전하신 하나님께서 이렇게 상하고 병든 영을 어떻게 만나실까? 성경에 보면 분명히 흠 없는 완전한 제물만 드리라고 했는데, 그 하나님이 앞에 어떻게 추한 모습으로 나아갈까? 이러한 질문 또한 일리가 있다. 우리가 하나님의 자비와 사랑의 면만 보고 그의 거룩함과 공의를 무시해서는 안 된다. 그래서 하나님께서 예수님을 허락해주셨다.

"염소나 황소의 피와 암송아지의 재를 더러워진 사람들에게 뿌려도, 그 육체가 깨끗하여져서, 그들이 거룩하게 되거든, 하물며 영원한 성령을 힘입어 자기 몸을 흠 없는 제물로 삼아 하나님께 바치신 그리스도의 피야말로, 더욱더 우리들의 양심을 깨끗하게 해서, 우리로 하여금 죽은 행실에서 떠나서 살아 계신 하나님을 섬기게 하지 않겠습니까?"_히 9:13~14

우리의 상함과 추함이 아무리 클지라도 우리가 예수의 이름과 그 보혈로 하나님께 나가면 모두 깨끗해져서 아무 문제가 없다는 것이다. 우리의 상한 영이 예수의 완전한 영으로 변화됨으로 참 영과 참 진리로 완전한 예배를 드릴 수 있다는 것이다. 이처럼 나의 내면에 십자가의 보혈이 없이는 참다운 예배가 불가능하다. 십자가는 이러한 예배를 통해 나의 내면의 상함과 추함을 치유한다. 그러나 예배는 치유에만 머물지 않는다. 우리의 상하고 추한 부분들이 새롭게 변화되는 놀라운 경험을 하게 된다. 특히 하나님께서 주시는 구원과 치유가 우리 내면에 풍성히 내리는 축복을 누리게 한다. 이제 이 치유를 받고 변화된 우리의 내면 세계가 하나님께 어떤 예배를 드리게 되는지 생각해보자.

감격과 감사로 드리는 예배

예수님을 만나기 전의 우리 영은 상하고 포로 되고 갇힌 영이었다. 이제 이러한 영이 치유를 받으므로 어떠한 변화가 일어나는지 살펴보자. 굶주림과 버림받은 마음에서 비롯된 상한 마음에는 항상 불평과 불만, 원망과 불신 등이 나오는데, 이것이 치유되고 나면 먼저 나타나는 것은 감사이다. 그리고 어떤 경우에도 자족함이 생긴다. 나의 삶 가운데 불평이 있다면 아직도 나의 영이 상해 있다는 증거이며 나에게 감사함이 있다면 그것은 곧 나의 상한 영이 고침을 받았다는 증거이다.

"감사하는 마음으로 제물을 바치는 사람이 나에게 영광을 돌리는 사람이니, 올바른 길을 걷는 사람에게, 내가 나의 구원을 보여 주겠다."_시 50:23

"그 때에 나는 노래를 지어, 하나님의 이름을 찬양하련다. 감사의 노래로 그의 위대하심을 알리련다. 이것이 소를 바치는 것보다, 뿔 달리고 굽 달린 황소를 바치는 것보다, 주님을 더 기쁘게 할 것이다."_시 69:30~31

이처럼 하나님께서는 감사의 예배를 원하시며 이러한 예배를 축복하신다고 했다.

포로 된 영이 치유받고 드리는 예배는 어떠할까? 포로의 특징은 늘 쫓기는 가운데 타의에 의해서 움직이며, 그 속에는 자원하는 마음이나 즐거운 마음이 없다. 또한, 늘 피곤하고 긴장하며 살아야 한다. 그러나 치유받게 되면 평안한 안식과 함께 즐겁고 기쁜 마음이 생긴다. 강제로 끌려 다니는 피곤한 마음이 아니라 자원하는 마음으로 즐길 수 있게 된다. 그래서 시편 기자는 다음과 같이 고백한다.

"주님께서 베푸시는 구원의 기쁨을 내게 회복시켜 주시고, 내가 지탱할 수 있도록 내게 자발적인 마음을 주십시오."_시 51:12

"아침에는 주님의 사랑으로 우리를 채워 주시고, 평생토록 우리가 기뻐하고 즐거워하게 해주십시오."_시 90:14

이처럼 포로로부터 치유 받은 영은 즐거움과 기쁨으로 하나님께 예배를 드릴 수 있게 된다.

내면에 있는 아름다운 성전

마지막으로 갇힌 영이 치유를 받고 하나님께 드리는 예배는 어떠할까? 성경은 갇힌 영에 대해 여러 가지로 표현한다. 성경에 눈먼 사람, 억눌린 사람, 귀먹은 사람, 저는 사람, 말 못 하는 사람이란 표현이 있는데 이는 실제 신체적인 장애만을 이야기하기보다는 우리의 영의 상태가 갇히고 병들어있는 것을 의미한다. 영이 갇히게 되니 이렇게 볼 수도

들을 수도 걸을 수 없는 것으로 표현되는 것이다.

"주님의 영이 내게 내리셨다. 주님께서 내게 기름을 부으셔서, 가난한 사람에게 기쁜 소식을 전하게 하셨다. 주님께서 나를 보내셔서, 포로 된 사람들에게 해방을 선포하고, 눈먼 사람들에게 눈 뜸을 선포하고, 억눌린 사람들을 풀어 주고"
_눅 4:18

"그 때에 눈먼 사람의 눈이 밝아지고, 귀먹은 사람의 귀가 열릴 것이다. 그 때에 다리를 절던 사람이 사슴처럼 뛰고, 말을 못하던 혀가 노래를 부를 것이다. 광야에서 물이 솟겠고, 사막에 시냇물이 흐를 것이다."_사 35:5~6

성경은 갇힌 영이 치유되는 것을 눈먼 사람이 보고 귀먹은 사람이 듣고 말 못 하는 사람이 말을 하고 앉은뱅이가 걸을 수 있게 되는 것으로 표현하고 있다. 만일 우리가 이런 장애가 있다가 치유를 받았다면 그 감격과 기쁨은 얼마나 클까? 치료자이신 하나님을 어떻게 찬양하지 않을 수 있겠는가? 가만히 앉아서 그냥 노래만 부를 수 없을 것이다. 춤을 추며 모든 힘을 다해 큰소리로 하나님을 찬양할 것이며 너무나 기뻐 껑충껑충 뛰며 찬양할 것이다. 마치 다윗이 수치스러운 줄 모르고 춤을 추며 하나님께 찬양한 것처럼 우리의 영이 이처럼 기뻐 뛰며 찬양의 예배를 드리게 될 것이다. 이것이 바로 하나님께서 그처럼 기다리시고 원하시는 예배의 절정이다.

우리는 늘 이러한 치유의 예배를 드릴 수 있어야 한다. 내적치유는 특별한 치유 방법이 아니다. 우리가 잃었던 아버지 하나님을 찾아 바른 예배를 드리게 되면 그 속에는 자연히 치유가 일어난다. 우리의 상한 영이 예수님으로 치유되고 그 치유된 영이 하나님을 찬양하는 것이 바로 예배의 본질인 것이다. 하나님께서는 바로 우리에게 있어야 할 바른 예배를 우리 내면에서 회복시키기를 원하시는 것이다. 그래서 우리의 내면에 이러한 예배를 드릴 수 있는 아름다운 성전이 있는지 살펴보아야 한다. 일 주 일에 한번, 필요시에만 잠깐 단을 쌓고 허물어버리는 그러한 예배는 아닌지? 보이는 성전에서 형식적인 예배만을 드리는 외적 예배는 아닌지? 나의 내면에 늘 기도의 향기를 내뿜는 아름다운 성전이 있는지? 이러한 점을 늘 살펴보아야 할 것이다. 바로 이 성전과 예배가 곧 나의 치유이다. 그리고 치유를 통해 더 견고하고 아름다운 성전이 지어가고 있으며 이를 통해 바른 예배가 하나님께 드려지는 것이다.

"시온에서 슬퍼하는 사람들에게 재 대신에 화관을 씌워 주시며, 슬픔 대신에 기쁨의 기름을 발라 주시며, 괴로운 마음 대신에 찬송이 마음에 가득 차게 하셨다. 그리하여 사람들은 그들을 가리켜, 의의 나무, 주님께서 스스로 영광을 나타내시려고 손수 심으신 나무라고 부른다."_사 61:3

하나님의 치유는 바로 우리의 슬픔과 상함을 희락과 찬송으로 대신하여 이를 예배를 통해 하나님께 드리게 하는 것이다.

"그 때에, 나는 노래를 지어, 하나님의 이름을 찬양하련다. 감사의 노래로 그의 위대하심을 알리련다. 이것이 소를 바치는 것보다, 뿔 달리고 굽 달린 황소를 바치는 것보다, 주님을 더 기쁘게 할 것이다."_시 69:30~31

내적 성전과 외적 성전

내적 성전과 예배가 중요하다고 해서, 외적 성전과 예배가 덜 중요하다는 뜻은 아니다. 이는 영이 중요하다고 해서 보이는 육과 세상을 무시하고 가볍게 여기는 것과 다를 바 없다. 주님은 보이지 않는 하늘에서 하나님의 뜻이 이루어진 것처럼 보이는 땅에서 이루어지길 기도하라고 하셨다. 그리고 구원은 영의 구원만이 아니라 마음과 육의 전인적인 구원을 포함한다.

"평화의 하나님께서 친히, 여러분을 완전히 거룩하게 해 주시고, 우리 주 예수 그리스도께서 오실 때에 여러분의 영과 혼과 몸을 흠이 없이 완전하게 지켜주시기를 빕니다."_살전 5:23

그리고 예수님은 부활하실 때 새 몸으로 입으셨고 재림하실 때도 같은 모습으로 오신다고 했다. 보이는 것을 무시하다 보면 영지주의나 금욕주의에 빠지기 쉽다. 영인 새 술만 중요한 것이 아니라 육인 새 부대도 중요하다. 그래서 내적 성전과 예배의 회복과 함께 외적 성전과 예배의 회복도 아주 중요하다. 내적 성전을 새 술이라면 외적 성전을 새 부대라고 할 수 있을 것이다. 보이지 않는 것이 안정적으로 발전하기 위해서 적절하고 건강한 형식과 그릇이 꼭 필요하다.

　수가성과 대화에서처럼 어디에서든지 영과 진리로 예배를 드리면 완전하다. 꼭 예루살렘 성전에서만 예배를 드리는 것을 받으시는 것은 아니다. 그렇다고 외적 성전이 필요 없을까? 최근 코로나로 인해 비대면 예배가 보편화 되면서 이것에 익숙해지면 앞으로 보이는 큰 성전은 없어지고 비대면 예배와 교회로 변해가지 않을까 예상하는 사람들도 있다. 꼭 성전에 가서 예배를 드려야 할 이유가 무엇일까? 앞으로 보이는 성전은 자연히 쇠퇴하고 미래의 정보 시대에 맞는 가상 성전과 예배의 시대가 오지 않을까? 혹시 목사도 인공지능으로 바뀌지 않을까? 모든 신학적 지식과 좋은 설교를 학습한 천재적인 목사, 거의 예수님을 닮은 인공지능 목사가 나오면, 그 누구도 그 설교보다 좋은 설교를 못 하기에 그 목사의 설교를 들으려고 대부분 성도가 접속할 것이고 그렇게 되다 보면 세계의 교회는 통일되고 전 세계 크리스천이 그 인공지능 목사가 설교하는 가상예배를 듣는 시대가 오지 않을까? 구글이 미래의 성전이 되지 않을까? 모든 전문가가 인공지능으로 대치되는 시대라면 목사도 마찬가지가 되지 않을까? 그때가 되면 신학교도 필요 없을지 모른다. 일반 대학과 교수도 사라지는데, 신학교만 존재해야 할 특별한 이유가 없을 것이다. 어디서든 인공지능 목사든 아니든, 거기서 신령과 진리로 예배를 드리면 하나님께서 받으시지 않을까? 이러한 질문도 우리는 이제 해볼 때가 된 것 같다.

　과연 보이는 성전과 예배의 참된 의미는 무엇일까? 이러한 미래의 예배를 어떻게 대비하고 준비해야 할까? 보이지 않는 내적 성전과 예배가 견고하게 자리 잡지 못했다면 보이는 성전과 예배는 다시 허물어야 하는 형식적인 것이 된다. 그래서 문제는 내적 성전과 예배가 견고하게 자리 잡는 것이 중요하다. 그런데 내적인 것은 보이지 않으니 견고해지기가 어렵다. 그래서 보이는 성전과 예배가 필요한 것이다. 이를 담는 그릇으로 보이지 않는 영과 성전과 예배를 견고하게 안정시키기 위해서 외적 성전과 예배가 중요한 것이다. 그런데 내적 성전과 예배를 담아야 할 외적 성전과 예배가 늘 문제가 된다. 보이는 외적 성전과 예배를 강조하다 보면, 항상 보이지 않는 내적인 것이 밀리고 소홀해진다. 결코, 견고해지는 것이 아니라 오히려 방해되고 내적인 것을 허무는 장애가 되는 딜레마가 생긴다. 이를 해결할 길은 없을까? 주님은 이미 이를 아시고 이미 성경에 이 문제를 해결할 길을 주셨다. 그것이 무엇일까?

몸 성전

몸이라는 성전이다. 신약에서 성전의 개념으로 새롭게 떠오르는 아주 중요한 주제이다. 그런데 우리는 이를 상징적인 것으로 대충 넘어간다. 그 참뜻을 간과한다. 이제 몸 성전의 참뜻을 생각해보자. 사실 구약에서부터 몸은 아주 중요하다. 인간의 창조에서 하나님의 생기인 영과 생명을 흙인 몸에 주셨다. 그래서 그 때부터 육인 몸은 하나님을 모시는 거룩한 성전이 되었다. 그러나 그 몸이 세상의 선악과로 병들고 죽게 되었기에 하나님의 몸의 구원과 정결함을 아주 중요하게 생각하셨다. 그래서 몸이 늘 하나님을 만나는 예배의 중심에 있었다. 구약의 가장 중요한 예식인 할례와 번제 모두가 몸에 관한 것이다. 레위기에는 바른 예배를 위해 몸을 어떻게 정결하게 보존해야하는 지에 대해 자세히 설명하고 있다. 이처럼 구약의 예배에는 몸이 아주 중요한 것을 볼 수 있다.

광야에서 하늘로부터 오는 만나와 메추라기는 하늘로부터 오는 양식으로서 단순히 육신만을 위한 것이 아니라 하늘의 말씀과 장차 오실 예수님을 예시한다. 그래서 하늘의 양식은 몸속의 영과 생명을 살리는 양식인 것이다. 그래서 이를 모두 몸으로 먹는 것이다. 이것이 신약으로 오면 이 양식이 예수님이 된다. 즉 예수님이 하늘로부터 오신 성육신의 양식인 것이다. 그리고 십자가의 중심은 몸이다. 몸이 십자가에 박히고 몸이 고통받으며 돌아가신 것이다. 옥합을 깨고 몸을 섬기게 하셨다. 그중에 가장 중요한 것은 성만찬이다. 자신을 기념하기 위해 성만찬을 하라고 하시고, 피와 살을 먹지 않으면 구원이 없다고 하셨다. 이 모든 것이 몸과 관련된 것이고 단순한 상징은 아니다. 말씀도 먹으라고 하셨다. 생수가 배에서 흐를 것이라고 하셨고 이 생수를 성령이라고 하셨다. 그리고 예수님은 몸으로 부활하셨고 몸으로 다시 올 것이라고 하셨다. 사도바울은 몸을 성전이라 하였고 성도를 몸의 지체로 표현하였다. 몸으로 산 제사를 드리라고 하였고 부활할 때 몸과 혼과 영이 같이 구원을 받을 것이라고 하였다. 이것이 성경에 나타난 몸과 관련된 중요한 내용들이다.

이런 성경의 내용을 보면 몸을 그냥 상징적인 의미로서 대충 넘어갈 수 있는 부분은 아닌 것을 알 수 있다. 성전과 예배 그리고 구원에 아주 중요한 부분을 차지하고 있다. 그러나 한편으로는 몸은 죄의 본산이다. 죄가 몸에서 나오며 몸은 썩어지고 죽을 것이라고 했다. 그래서 영으로 새롭게 하라고 했다. 그리고 육의 자식이 아니라 영의 새로운 자식이 되라고 했다. 이러한 면에서 몸은 이중적이다. 한편으로는 죽고 썩어질 죄의 원천으로 묘사되면서 한편으로는 새로운 몸과 성전으로 거룩해지라고 한다. 그래서 가장 저주받은 몸이 가장 거룩하게 되는 것이 어떻게 보면 구원의 가장 중요한 하이라이트가 될 것이다. 그만큼 몸이 중요하다는 이야기이다. 그 더럽고 썩어질 것을 잘라내는 것이 아니라 살려서 가장 소중한 것으로 만드시겠다는 것이 주님의 뜻이고 계획이다. 버릴 수 없을 만큼 소중하고 중요하기 때문에 그렇게 한 것이고 그 몸을 구하기 위해 예수님이 몸을 입고 오셨고 자기 몸을 십자가에 주신 것이다.

그래서 제사에는 제물의 몸이 반드시 포함되고 단지 몸의 생명만을 희생시키는 것이 아니라 가죽을 벗기고 각을 뜨고 정강이와 내장은 물로 씻고 모두를 불로 태운다. 그리고 피는 지정한 곳에 뿌리는 복잡한 과정을 밟는다. 이 모든 과정이 그만한 이유가 있다. 그만큼 몸에는 중요한 내용이 있다는 것이다. 단순한 형식만은 아니다. 이 글에서 이를 더 자세히 다룰 수는 없지만, 그만큼 몸은 단순한 고깃덩어리나 화학물질이 아니라, 중요한 의미와 내용이 포함되어 있다는 것이다. 성장기의 모든 기억과 감정은 몸에 기억되어 있다. 뇌의 기억은 단지 이를 대신할 뿐이지 실제 기억은 몸에 새겨져 있다. 그래서 몸이 변화되어야 자신이 변화된다. 몸이 치유되어야 진정한 치유가 일어난다. 그래서 구원의 과정에는 반드시 몸이 포함되어야 하는 것이다. 그리고 왜 몸의 성전이 상징적인 것만이 아니라 실제로 세워져야 하는 이유도 바로 여기에 있는 것이다.

몸은 흙에서 왔다. 그런데 그 몸에는 하나님으로부터 온 생기인 생명이 들어있다. 그리고 몸과 생명의 영을 이어주는 마음(혼)도 몸에 있다. 그래서 영과 혼 모두가 몸에 있는 것이다. 인격과 마음도 몸에서 나온다. 뇌가 중요하지만, 뇌가 마음의 원천은 아니다. 마음은 몸에서 나온다. 이것이 현대 뇌과학이 밝힌 사실이다. 그래서 앞에서 말한 내면의 성전과 예배는 곧 몸에서 시작되어야 한다. 뇌는 이를 중개하고 표현하는 데 도움을 주는 것이지 내면이 뇌에 있는 것은 아니다. 그래서 내면의 성전과 예배가 견고해지기 위해서는 몸이 그렇게 변해야 한다. 뇌는 이를 연습하고 시뮬레이션하는 것이지 실제 성전은 몸에서 지어져야 하고 예배도 몸의 세포들이 드리는 것이다.

몸으로 드리는 산 제사의 의미

이를 위해서는 몸에 매일 십자가의 피와 살을 공급해야 한다. 몸과 세포가 변하기 위해서 성만찬을 몸에 해야 한다. 몸이 말씀을 듣고 순종해야 한다. 몸에도 지정의(知情意)가 있고 지능이 있다. 뇌와 같은 언어가 없을 뿐이지 몸의 지능은 사실 뇌보다 훨씬 더 높다. 이것은 과학적인 사실이다. 몸이 뇌와 같은 말을 못 하니 뇌로부터 무시당해서 그런 것이지 사실 중요한 과학적 발견과 창의적인 생각은 몸에서 나온다. 높은 수준의 예술도 몸에서 나온다. 죄도 몸에서 나오지만, 높은 도덕성도 몸에서 나온다. 머리는 계산해서 유익한 경우에만 행동한다. 그래서 계산으로는 손해 보는 희생적인 도덕성은 뇌에서 나오기 어렵다. 이런 이유에서 진정한 도덕성은 몸에서 나올 수밖에 없다. 생각하고 계산할 틈이 없이 몸이 스스로 몸을 던지게 한다. 그런데 몸이 왜 죄의 몸이 되었을까? 그것은 상처가 몸에 남기 때문에 몸이 이를 보상하기 위해 세상으로 가고 그래서 죄를 짓고 그 죄는 몸에 다시 남게 되는 악순환을 일으키는 것이다. 몸이 죽어야 그 아픔과 죄가 해결되는 것이다. 그래서 예수님이 십자가에서 몸으로 고통받으며 돌아가셨고 번제에서도 몸을 그렇게 하나하나 분해해서 씻고 자르고 태우는 것이다. 그 속에 아픔과 죄가 기억되어 있고 심기어져 있기에 몸을 이렇게 번제 드리지 않고서는, 주님이 십자가에서 몸을 직접 던지지 않고서는 몸이 해결될 수 없기 때문이다.

　이렇게 몸을 죽인 다음 몸을 다시 살려야 한다. 몸을 어떻게 살리는 것인가? 십자가의 용서와 사랑으로 살려야 한다. 이것이 복음이고 예배의 핵심 내용이다. 그래서 이를 위해 예수님의 피와 살을 먹어야 한다. 이 과정이 몸속에 성전을 지어가는 과정이고 몸의 예배를 견고하게 드려가는 과정이다. 이를 통해서 몸이 주님의 새로운 성전이 되고 스스로 주님을 알고 기뻐하며 예배하게 된다. 머리의 의지와 생각이 아니라 몸이 스스로 성전이 되고 예배를 드리는 것이다. 몸이 말씀을 사모하고 찬양하고 춤을 추는 것이다. 몸이 주님을 알고 그의 뜻을 알아 몸이 스스로 주님의 뜻을 이루고 싶은 것이다. 몸이 사랑하고 섬김을 기뻐하는 것이다. 이것이 몸으로 드리는 산 제사의 진정한 의미이다. 몸이 주님의 병기가 되고 몸이 빛의 자녀가 되는 것이다.

진정한 주님의 몸이 되는 공동체 교회

이러한 몸들이 지체가 되어 공동체를 이루는 것이 몸 된 주님의 공동체 교회가 되는 것이다. 이러한 몸들이 각자의 예배를 드리다가 서로 공동체가 되어 모여 예배를 드리는 것이 교회의 참 의미이다. 이런 공동체 교회는 사도바울이 말한 진정한 지체들의 교회가 된다. 우리가 말하는 교회가 아니라, 주님이 머리가 되시고 우리가 몸이 되는 그러한 이상적인 교회가 되는 것이다. 이러한 공동체 교회는 결코 형식적이고 종교적인 교회가 될 수 없다. 성도들의 몸이 그 중심이기 때문에 진정한 내적 예배를 드리게 되고 내적 성전과 예배가 늘 살아있는 교회가 될 수 있는 것이다. 교회 지체의 의미가 단지 상징적인 뜻이 아니라, 실제 몸의 지체인 것이다. 몸의 지체를 통해 더 이상 외적인 성전과 내적인 성전이 갈등하지 않고 안과 밖이 하나 되는 바로 그런 교회가 되는 것이다. 현재 한국교회는 바로 이런 몸 성전이 없이 외적 성전만 있으니 내적 예배를 상실할 수밖에 없다. 그래서 내적 예배와 성전을 회복한 다음, 이를 몸에서 더 확실한 성전과 예배를 이루야 한다. 성도의 몸을 지체로 해서 그다음, 공동체 교회를 이루어가야 온전한 성전과 예배가 가능하게 되는 것이다. 한국교회가 최근 여러 면에서 어려움을 겪고 있는데, 이 어려움을 이러한 방향으로 회복해나갈 수 있다면, 이 위기가 축복이 되는 기회가 분명히 될 것으로 생각된다.

    코로나의 비대면 예배가 그동안 유지해온 외적 성전과 예배를 허무는 아픔이 있지만, 이를 통해 그동안 소홀해온 자신만의 내적 예배와 몸 예배를 회복할 수 있다면 오히려 한국교회의 부흥의 기회가 될 것이다. 구원은 철저하게 개인적인 것이다. 우리는 죽은 후 하나님 앞에 단체로 가는 것이 아니라 개인적으로 선다. 공동체의 예배가 중요하지만 예배의 본질도 개인의 영혼과 생명이다. 하나님은 나를 개인적이고 인격적으로 만나기를 원하신다. 개인이 살아있는 공동체가 중요하지 개인이 죽어가는 공동체는 의미가 없다. 벽돌하나가 제대로 되어 있어야 성전이 바로 세워질 수 있고 세포하나가 건강해야 전체 몸도 건강해진다. 그래서 개인 성전이 완전하게 먼저 세워져야 한다. 개인성전은 몸의 성전이고 그 제사장은 자신이다. 목회자에게 의존되는 제사장이 아니라 자신이 왕 같은 제사장으로 당당히 세워져야 한다. 이번 코로나로 인해 성도들이 무력해지기 보다는 주님을 더욱 몸으로 깊이 만나 오히려 주님의 강건한 군사와 왕 같은 제사장으로 세워질 수 있다면, 한국교회의 큰 축복이 될 것이다. 그리고 앞으로 오게 될 어떠한 4차 산업시대의 도전에 대해서도 주님과 함께 지혜롭게 대처하며 더 깊고 견고한 성전과 예배를 드릴 수 있게 될 것이다. 그래서 대한민국이 정보시대만을 선도할 뿐만 아니라 영적으로도 세계를 선도할 수 있기를 바란다.

성령의
내적 사역

9

우리는 속이 아프면 이를 잘 아는 내과 의사를 찾아간다. 그 의사는 여러 가지를 물어보고 대충 우리 내장 속에서 무엇이 일어나고 있을지를 짐작한다. 그리고 이를 확인하기 위해 다른 여러 가지 방법으로 우리 몸속을 들여다본다. 엑스레이, 초음파 혹은 내시경 등으로 몸 안을 이리저리 들여다보면서 우리의 병을 정확히 진단하고 치료하게 된다. 이처럼 우리는 우리의 속을 직접 알 수 없어 이를 잘 아는 의사를 찾게 되는 것이다.

우리의 속마음도 마찬가지다. 물론 이 문제를 좀 더 잘 아는 정신과 의사를 찾게 되지만 내과 의사가 우리 속을 속속들이 들여다보듯이 볼 수 있는 것은 아니다. 정신과 의사가 볼 수 있는 마음은 우리의 무의식의 깊이에 비하면 극히 얕은 일부분일 뿐이다.

우리의 마음은 무의식과 영으로 되어 있어 인간이 아무리 전문성과 경험이 있다고 해도 다 알 수 있는 것은 아니다. 우리의 마음을 지으신 하나님의 영만이 속속들이 아시며 이를 치유할 수 있다. 그러므로 우리는 이 내면의 치유를 원할 때 우리의 마음속을 알고 계시는 성령님께 의지하지 않으면 안 된다. 이것이 예수님을 대신하여 성령님께서 오신 이유 가운데 하나이기도 하다. 성령을 깊이 경험하지 않고는 결코 내면의 깊은 치유가 일어날 수 없다. 성령은 바로 내면에 임재하시는 하나님과 예수님의 영이시기 때문에 그 영이 없이는 하나님의 계획과 예수님이 행하신 그 치유가 진정으로 내면에서 일어나기 어려운 것이다.

전 장의 '내적 성전과 치유적 예배'에서 하나님께 바른 예배를 드리도록 성령님이 우리의 내면에서 어떻게 일하시는지를 설명한 바 있다. 이 장에서는 성령이 내적치유 사역을 전체적으로 어떻게 행하고 있는지를 설명해보려고 한다.

궁극적 구원의 대상은 우리의 영

우리는 성령이라고 하면 은사 중심의 외적 현상에만 너무 치우쳐서 이해하는 경향이 있다. 성령의 외적 현상 즉 여러 은사와 외적 능력도 중요하고 꼭 필요한 것임은 틀림없으나, 더욱 본질적인 사역은 우리의 내면에서 일어난다. 성령의 내적인 사역을 깊이 이해해야만, 우리는 내적인 치유를 더욱 깊이 해나갈 수 있고 균형 잡힌 성숙한 신앙인이 될 수 있다.

우리가 예수님을 믿으면 구원을 받는다. 내가 어떤 사람이든 예수를 영접하면 분명히 영생을 얻고 천국으로 간다. 그러나 이것이 하나님께서 우리에게 원하시는 구원의 전부는 결코 아니다. 구원의 시작일 뿐 구원의 더 깊은 세계가 그 이후에 전개된다. 그 이후 하나님의 계획과 깊이는 우리가 감히 경험할 수도, 상상할 수도 없는 경지의 것이다. 믿음으로 얻는 구원은 외적인 구원이다. 즉 우리는 아직 구원받을 만한 아무런 자격과 변화는 없지만, 그 믿음만으로 예수의 거룩한 옷을 입혀주신 칭의적인 구원이다. 이 구원만으로 영생을 얻고 천국으로 갈 수 있을 만큼 완전한 구원이다. 이것만으로 우리에게 이미 넘치는 구원이다. 탕자가 아버지 집에 돌아와서 용서받고 그 집에 종의 일이라도 하며 머물 수 있다면, 과거의 비참한 생활에 비하면 이미 넘치는 구원과 같은 것이다.

  그러나 이것이 하나님께서 우리에게 예비하신 구원의 전부는 아니다. 탕자에게 준비한 아버지의 계획은 그냥 아버지 집에 머무는 것이 아니라, 아버지 집의 모든 것을 누리게 하고 회복시켜주시려는 것이었다. 열심히 일한 장자가 화가 날 정도로 아버지는 모든 것을 다 주고 싶으셨다. 이것이 아버지의 구원에 대한 계획이고 축복이다. 이를 위해서 가장 필요한 것은 아들의 내적 신분의 회복이다. 자신이 용서는 받았지만, 자신을 진정한 아들이 아닌 종으로 생각하고 있다면 아버지의 계획은 오히려 부담되고 바늘방석이 된다. 그리고 그저 아버지 집에 거하는 이상의 것은 아무것도 누릴 수 없을 것이다. 그래서 내적 신분의 회복이 진정으로 중요한 것이다. 그래서 주님은 우리가 칭의적 구원을 받은 다음 이를 내적으로 적용해서 내면이 진정 하나님의 아들로 회복할 수 있도록 하시는 것이다. 이스라엘 백성이 출애굽 한 다음 하나님께서 광야에서 그들에게 하신 그 일이 바로 신분 회복이었다.

그런데 우리는 외적 구원만으로 구원을 다 이룬 것처럼 생각하고 그 내면을 하나님께 드려 변화 받지 않는다. 예수를 믿은 지 10년이 넘어도 내면은 그대로이다. 그저 믿음으로 예수를 믿고 구원받았을 뿐 그 내면은 그대로 어둡고, 아프고, 죄로 가득 차 있다. 아직도 종의 신분으로 주로 아버지 집에서 종처럼 일하고 봉사한다. 진정 아들로서 아버지와 친밀하게 지내지도 못하고 그 좋은 것을 누리지 못한다. 그러니 배가 고파 옛날 세상 생각이 나서 가끔 세상으로 도망친다. 이스라엘 백성이 광야에서 하나님을 누리지 못하고 늘 애굽을 그리워한 것처럼 말이다. 하나님의 아들로서 진정 변화되며, 인격이 예수님으로 변화되어 가길 원하시는 하나님의 뜻을 전혀 알지 못하고 외적인 구원에만 머물러 있는 것이다.

예수님께서는 우리에게 세례를 통해 구원의 진정한 의미를 알게 해주셨다. 우리가 물에 들어가 죽고 다시 사는 예식이 세례인데 이는 구원을 겉으로만 간접적으로 경험하는 것이다. 세례는 겉만 죽고 사는 것이다. 그 물이 몸 안으로 들어가지는 못한다. 겉만 씻기고 만다. 그런데 예수님께서는 나중에

"예수께서 그들에게 말씀하셨다. "내가 진정으로 진정으로 너희에게 말한다. 너희가 인자의 살을 먹지 아니하고, 또 인자의 피를 마시지 아니하면, 너희 속에는 생명이 없다."_요 6:53

라고 말씀하시며 예수님의 피와 살이 너희 겉이 아니라 속으로 들어가 너희를 변화시켜야지만 진정한 생명이 너희에게 있게 된다고 말씀하셨다. 그리고 나중에는 더 깊은 심령의 성령세례에 대해서도 말씀하셨다. 처음은 물로 세례를 받지만, 나중에는 불로 세례를 받아야 한다고 말씀하신 것이다. 처음 구원은 겉에서 일어나지만, 진정한 구원은 속에서 일어나야 한다는 것이다.

주님을 겉으로 입는 구원이 아니라 예수님이 내 속으로 들어와서 나를 변화시키는 구원이 이루어져야만 한다는 것이다. 예수님이 우리 속으로 들어오심은 바로 성령이 하시는 일이다. 성령의 오심은 즉 예수님이 하신 일을 우리 속에서 완전히 실행하시기 위함이다. 이제 성령께서 구체적으로 내 속에서 무엇을 어떻게 행하시는지 살펴보자.

십자가 사역을 완전케 하는 성령

성령은 예수께서 우리의 내면을 치유하기 위해 하신 모든 일을 내 속에서 더 깊이 다지는 일을 한다. 예수께서 우리 내면을 치유하시기 위해 첫 번째 하신 일은 '드러냄'이었다. 예수의 삶은 십자가를 통한 드러냄과 떠남이다.

성령은 진리의 영이고 무엇이 잘못된 것을 깨우쳐 드러내신다.

"그는 진리의 영이시다. 세상은 그를 보지도 못하고 알지도 못하므로, 그를 맞아들일 수가 없다. 그러나 너희는 그를 안다. 그것은, 그가 너희와 함께 계시고, 또 너희 안에 계실 것이기 때문이다."_요 14:17

"그가 오시면, 죄와 의와 심판에 대하여 세상의 잘못을 깨우치실 것이다."_요 16:8

그리고 성령은 말씀을 통해 혼과 영과 및 관절과 골수를 쪼개기까지 하며 마음의 생각과 뜻을 감찰하고 또한 만물이 우리를 상관하시는 자의 눈앞에 벌거벗은 것같이 드러나게 한다.

"하나님의 말씀은 살아 있고 힘이 있어서, 어떤 양날칼보다도 더 날카롭습니다. 그래서, 사람 속을 꿰뚫어 혼과 영을 갈라내고, 관절과 골수를 갈라놓기까지 하며, 마음에 품은 생각과 의도를 밝혀냅니다. 하나님 앞에는 아무 피조물도 숨겨진 것이 없고, 모든 것이 그의 눈 앞에 벌거숭이로 드러나 있습니다. 우리는 그의 앞에 모든 것을 드러내 놓아야 합니다."_히 4:12~13

이처럼 성령은 우리 속에 위장돼 있고 숨겨져 있는 우리의 원래 모습을 바르게 조명해주고 또 이를 드러내도록 해준다.

또한, 성령은 우리의 상함으로 인해 의지하고 사는 세상과 정욕을 떠날 수 있게 해준다. 성령의 기름 부으심이 없으면 우리는 결코 세상을 떠날 수 없다. 성령이 아니고서는 세상을 즐기고자 하는 우리의 정욕과 상함을 이겨낼 수 없다.

"내가 이르노니 너희는 성령을 따라 행하라 그리하면 육체의 욕심을 이루지 아니하리라." _갈 5:16

이와 함께 성령은 우리 속의 상함과 죄를 깊이 탄식하게 하며 이에 대해 더욱 애통한 마음을 갖게 한다.

"이와 같이, 성령께서도 우리의 약함을 도와주십니다. 우리는 어떻게 기도해야 할 지도 알지 못하지만, 성령께서 친히 이루 다 말할 수 없는 탄식으로, 우리를 대신하여 간구하여 주십니다." _롬 8:26

"그가 오시면, 죄와 의와 심판에 대하여 세상의 잘못을 깨우치실 것이다." _요 16:8

그리하여 성령은 죄로 인해 상한 우리의 영을 십자가로 인도해 준다. 즉 스스로의 상함과 죄로 죽지 않으면 안 되는 애통함 가운데로 인도하여 내가 나의 죄를 대신하여 돌아가신 예수님의 십자가를 바라보게 하는 것이다. 그리고 어린양 예수가 나를 대신하여 죽는 십자가의 치유를 이 성령이 깊이 경험케 한다. 어린양이 제물로 죽을 때 우선 죽어서 피를 흘리는 것도 중요하지만, 결국 불로 번제물과 기름이 태워질 때 그 제사가 완전하게 끝나게 된다. 이 불이 바로 성령인 것이다.

"그 때에 주님 앞에서부터 불이 나와, 제단 위의 번제물과 기름기를 불살랐다. 모든 백성은 그 광경을 보고, 큰소리를 지르며 땅에 엎드렸다." _레 9:24

이처럼 예수님의 십자가 보혈도 성령의 불로 태워져야지만 내 마음에서 완전해진다. 그 십자가가 진정 나의 내면에서 능력이 되기 위해서는 성령의 불이 꼭 필요하다. 그래야 나의 죄와 상한 마음이 완전히 소멸하고 치유될 수 있다. 이처럼 성령은 예수님의 그 귀한 십자가의 사역을 내 속에서 완전케 하시는 일을 하시는 것이다.

용서와 사랑으로
아들의 신분을 주는 성령

성령은 십자가를 통한 우리에게 완전한 죽음을 주는 동시에 예수님의 부활을 통해 우리에게 새로운 생명을 준다. 성령은 곧 생명이다.

> "그것은, 그리스도 예수 안에서 생명을 누리게 하는 성령의 법이 당신을 죄와 죽음의 법에서 해방하여 주었기 때문입니다."_롬 8:2

또한 성령은 이 생명이 계속해서 성장할 수 있도록 지속적인 생명력을 공급해준다. 이 성장은 '의'의 말씀을 통해 이루어지며 선악을 분별하는 지각을 통해 장성한 사람이 된다고 성경은 말씀하고 있다.

> "젖을 먹고서 사는 이는 아직 어린아이이므로, 올바른 가르침에 익숙하지 못합니다. 그러나 단단한 음식물은 장성한 사람들의 것입니다. 그들은 경험으로 선과

악을 분별하는 세련된 지각을 가지고 있는 사람들입니다."_히 5:13~14

그런데 이 '의'의 말씀과 지각이 예수 안에서 거듭나기 전의 율법과 같다면 장성하기보다는 오히려 그 율법에 눌려 더 이상 자라지 못하게 되는 위험도 있다. 성장에 가장 필요한 것이 '의'의 말씀이면서도 그것이 단지 율법이 된다면 도리어 가장 성장을 방해하는 것이 될 수도 있다는 것이다. 이러한 율법의 위험을 방지시키고 율법의 원래 뜻과 같이 어린아이를 바로 성장시키도록 하는 것이 바로 성령의 하는 일이다.

"그것은, 그리스도 예수 안에서 생명을 누리게 하는 성령의 법이 당신을 죄와 죽음의 법에서 해방하여 주었기 때문입니다."_롬 8:2

율법이 필요하지만, 이 역시 성령의 법이 되지 아니하면, 율법은 우리를 살리기보다는 죽이고 성장치 못하게 하는 독소가 되고 만다. 율법 속에 성령이 없다면, 아무리 좋은 법과 말씀이라도 결코 우리를 살리고 성장시키는 법이 되지 못하기 때문이다. 성령이 인도하시는 대로 살면 우리는 율법 아래 있지 않게 되고,

"그런데 여러분이, 성령의 인도하심을 따라 살아가면, 율법 아래에 있는 것이 아닙니다."_갈 5:18

성령으로 살면 성령으로 행하며 살아갈 수 있으며,

"우리가 성령으로 삶을 얻었으니, 우리는 성령이 인도해 주심을 따라 살아갑시다."_갈 5:25

율법의 요구도 이루게 된다.

"그것은, 육신을 따라 살지 않고 성령을 따라 사는 우리가, 율법이 요구하는 바를 이루게 하시려는 것입니다."_롬 8:4

성령은 또한 우리의 영이 종의 영이 아니고 하나님의 자녀인 것을 내적으로 확신하게 한다.

"너희는 다시 무서워하는 종의 영을 받지 아니하고 양자의 영을 받았으므로 우리가 아빠 아버지라고 부르짖느니라 성령이 친히 우리의 영과 더불어 우리가 하나님의 자녀인 것을 증언하시나니."_롬 8:15~16

율법의 독소를 극복하고, 하나님의 자녀 즉 이삭으로서 당당한 은혜 가운데 맘껏 성장하도록 해준다. 육체를 따라 난 자 이스마엘이 율법으로 성령을 따라 난 이삭을 마구 핍박할 때 성령은 이스마엘로부터 용서와 은혜를 통해 이삭을 성령의 성장 과정을 통해 우리의 속사람은 더욱더 강건하게 된다.

"아버지께서 그분의 영광의 풍성하심을 따라 그분의 성령을 통하여 여러분의 속

사람을 능력으로 강건하게 하여 주시고,"_엡 3:16

성령을 의지하며 기도하면 성령이 무조건 우리를 이렇게 성장하게 하는 것은 아니다. 방언 기도를 하면 성령이 우리를 항상 이렇게 인도 하는 것도 아니다. 성령은 본질적으로 예수님의 영이다. 예수님이 하신 일을 우리 속에서 이루는 분이시다. 그래서 예수님이 하신 복음을 잘 알고 이를 우리 속에 적용할 수 있어야 성령이 하시는 것이다. 성령의 은사와는 매우 다르다. 예수의 복음이 있어야 성령이 바로 역사하신다. 십자가의 복음은 우리에게 무엇을 주는가? 십자가의 대속을 통해 용서 받는 것이 가장 중요한 일이다. 그리고 용서는 대신함을 통해서 주신 것이기에 이는 주님의 사랑이 포함되어 있다. 그래서 복음의 핵심 키워 드는 바로 '용서와 사랑'이다. 그래서 성령은 우리 속에서 이 '용서와 사 랑'을 이루시는 것이다. 그러나 이는 우리 생각으로만 되는 것이 아니기 에 성령이 내 속에 오셔서 이루어주셔야 한다. 그래서 자신을 용서하고 사랑하며 이것이 자기 내면과 몸에서 성만찬을 통해 이루어지도록 기도 해야 하는 것이다. 그래야 성령이 구체적으로 자신을 이삭과 같은 하나 님의 자녀로 만드시는 것이다.

좋은 용서와 사랑이 없이 의무와 책임과 조건으로만 일한다. 그러나 자녀의 영을 받으면 용서와 사랑으로 산다. 그렇다고 자녀가 놀고먹는 것은 아니다. 그 은혜와 사랑이 감사하고 기뻐서 은혜와 사랑으로 주님 의 일을 스스로 하는 것이다. 이것이 성령 안에서의 성장이다.

교회와 공동체의 성장을
이루는 성령 사역

이처럼 성령이 없이 결코 우리는 생명을 얻지 못할뿐더러, 생명이 바로 성장할 수도 없다. 이제 생명이 성장해나가는 데 성령은 더욱 특별한 사역을 한다. 성령은 한 생명의 성장에만 머무르지 않고 성령 안에서 한 지체, 즉 교회와 공동체의 성장을 이루어나가도록 사역하신다.

세상은 무척 험악하고 여전히 많은 유혹으로 새롭게 된 하나님의 자녀들에게 다가오고 있다. 우리는 아직 이러한 세상에 살아야 하며, 세상을 지배하고 있는 사단과 마귀들과 싸워야 한다. 그 속에 아직 갇혀 신음하고 있는 영혼들을 구원하고 치유해야 하는 일을 먼저 구원받은 하나님의 자녀들이 이 세상 속에서 해야 한다. 그런데 이러한 세상 속의 삶에서 아무리 혼자 건강하고 능력이 많다고 하더라도 집단적인 세력으로 다가오는 세상과 사단의 권세에 대항하여 바로 싸워나갈 수가 없다. 내가 아무리 강건해져도 우리의 필요한 것이 세상에 여전히 남아 있다면, 또한 그것이 내게 결핍되어 있다면, 우리는 계속 세상에 구걸하러 가야 할 것이고, 그것이 미끼가 되어 결국 사단의 포로가 다시 되고 말 것이다.

하나님께서 우리를 회복시키시는 수준은 우리가 생각하는 것보다 훨씬 더 크고 원대하다. 우리를 한 개인으로 뿐만 아니라 한 집단으로 세상과 맞대어 겨눌 수 있는 지체로 성장시키시고 회복시키시기를 원하시는 것이다. 이러한 목적에서 성령께서 우리에게 주시고 행하시는 것이 성령의 은사, 열매 그리고 코이노니아이다.

열매가 있어야 바로 쓰이는 은사

은사는 크게 두 가지 목적으로 주신다. 우선은 은사 받은 사람을 위해 주신다. 은사는 자신의 것이 아닌 하나님의 선물이다. 험한 세상에서 또한 우리의 상한 마음으로 살아가기에 너무도 힘들기에 하나님께서 우리와 같이하신다는 증거로 은사를 주신다. 내가 은사를 받고 사역할만한 자격이 있어서가 아니라 내 속은 아직 너무도 상하고 병들어 있지만, 이를 하나님 앞에서 치유하라는 뜻으로 은사를 먼저 주실 수 있다. 또한 그 사람이 처한 환경이 너무 힘들고 열악할 때도 하나님이 같이하심을 보여주기 위해 은사를 주실 수 있다. 이러한 은사는 우리가 아주 조심스럽고 겸손하게 감당해야 한다. 자신의 어려운 환경을 원망하거나 두려워하지 않고 자신의 상한 마음을 계속 치유해나가길 하나님께서 원하신다.

그러나 많은 경우 이러한 치유와 은혜로 주신 은사를 그 반대의 목적으로 사용하는 경우가 많다. 드러냄과 가난함보다는 그 은사를 통해 자신의 열등감, 두려움 등을 오히려 감추고 부유한 자가 되려고 한다. 은사자는 겸손하고 가난해야 한다. 내가 너무 힘들고 아프니 하나님의 자비와 은혜로 은사를 주신 것을 알아야 한다. 은사는 결코 자격이 있어

주신 것이 아니다.

두 번째로 은사는 지체를 위해주신다. 이것이 더 중요한 목적이다. 은사는 그리스도의 몸인 교회와 지체를 섬기고 온전히 세우기 위해주셨다.

> "그것은 성도들을 준비시켜서, 봉사의 일을 하게 하고, 그리스도의 몸을 세우게 하려고 하는 것입니다."_엡 4:12

은사에 대한 말씀이 나올 때마다 같이 나오는 말은 성령 안에서 '하나'라는 말과 '지체'이다.

> "그리스도의 몸도 하나요, 성령도 하나입니다. 이와 같이 여러분도 부르심을 받았을 때에 그 부르심이 목표인 소망도 하나였습니다."_엡 4:4

> "몸은 하나이지만 많은 지체가 있고, 몸의 지체는 많지만 그들이 모두 한 몸이듯이, 그리스도도 그러하십니다. 우리는 유대 사람이든지 그리스 사람이든지, 종이든지 자유인이든지, 모두 한 성령으로 세례를 받아서 한 몸이 되었고, 또 모두 한 성령을 마시게 되었습니다."_고전 12:12~13

> "한 몸에 많은 지체가 있으나, 그 지체들이 다 같은 일을 하는 것이 아닙니다. 이와 같이, 우리도 여럿이지만 그리스도 안에서 한 몸을 이루고 있으며, 각 사람은 서로 지체 입니다."_롬 12:4~5

은사는 지체의 하나 됨을 떠나서는 생각할 수 없다. 그리고 은사는 나를 위한 것이 아니고 연약한 지체들을 섬기기 위한 것이다. 그러나 종종 은사를 통해 지체를 섬기기보다는 지체를 지배하고 오히려 섬김을 받고, 하나 되기보다는 은사 받은 자와 받지 않은 자로 분열되는 길로 가기도 한다.

　성령의 열매는 은사와 많은 부분이 다르면서도 서로 깊은 연관을 가진다. 성령의 열매는 내면의 구원과 치유의 결과로 주어지는 것이다. 내면적으로 성령이 임재하여 우리의 상함과 병든 부분들이 치유될 때, 그 점진적인 결과로 주어진다. 그러므로 성령의 열매는 반드시 내적치유를 통해 얻어진다. 은사는 내적치유가 없이도 올 수 있지만, 열매는 그렇지 않다.

　나의 내면을 치유하기 위해 드러내고 죽는 과정이 없이 성령의 열매만을 간구한다면 그 열매는 환상일 뿐이다. 미움이 있던 내면이 사랑으로, 슬픔과 재가 있던 곳에 희락이, 상함과 갈등이 있던 곳에 화평이, 조급함과 불안함이 오래 참음으로, 비판과 이기심이 있던 곳에 자비와 양선과 충성이 있게 되며, 공격적인 분노와 욕심이 가득 찬 마음이 온유와 절제로 가득 차게 되는 것이 바로 내적치유를 통한 성령의 열매이다.

　또한 이 열매는 나의 행복과 기쁨으로 끝나는 것이 아니라 열매를 통해 지체들을 행복하고 기쁘게 해준다. 지체를 치유하고 섬기게 해준다. 열매는 지체를 살찌우게 하여 더욱더 강건하게 한다. 처음에는 내적치유와 성령의 열매가 없어도 우리를 돕기 위해 은사를 주시지만, 궁극적으로는 성령의 열매가 있어야 성령의 은사가 바로 사용된다. 이러한 은사와 열매가 충만할 때 그 지체는 사랑이 넘치고 기쁨과 섬김이 넘치게 되어 정말 아름다운 영적 교제 즉 성령의 코이노니아로 발전하게 되는 것이다.

외적 능력보다 중요한 내적 강건함

성령이 지체 속에서 이와 같은 사역을 행함으로 한 개인의 강건함과 동시에 공동체의 강건함으로 발전되어 우리는 더욱더 건강한 사람이 된다. 건강한 공동체가 있어야 개인의 회복이 견고해진다. 좋은 지체가 없이는 개인의 내적 회복은 늘 불안하다. 그러나 지체를 통한 회복만으로 우리의 치유가 완성되는 것은 아니다. 우리에게는 적이 있기 때문이다. 물론 우리가 성령의 은사, 열매 그리고 코이노니아를 통해 우리 스스로 부족함 없이 살아갈 수는 있다. 그러나 이 세상은 계속 사단이 지배하며 많은 영혼을 병들게 하고 있고 또한 사단은 기회 있는 대로 예수님의 교회를 공격하려고 애쓰기 때문에 우리의 회복은 또다시 한 단계 더 발전하지 않으면 안 된다.

그래서 성령은 우리의 회복과 강건함을 영적 군사로까지 발전시키신다. 군사의 강건함은 일반인의 강건함보다 몇 배나 더 해야 한다. 전쟁 속에서 승리하기 위해서는 더 특별한 능력과 훈련 그리고 강건함이 있어야 한다.

"악마의 간계에 맞설 수 있도록, 하나님이 주시는 온몸을 덮는 갑옷을 입으십시오."_엡 6:11

이 영적 군사와 싸움을 바로 성령님께서 훈련시키시고 인도하신다.

"온갖 기도와 간구로 언제나 성령 안에서 기도하십시오. 이것을 위하여 늘 깨어서 끝까지 참으면서 모든 성도를 위하여 간구하십시오."_엡 6:18

영적 싸움에서의 내적치유는 아주 중요하다. 영적 싸움을 위해서는 첫째 내가 굳세어야 하는데, 이는 내적치유를 통해서 가능하다.

"끝으로 말합니다. 여러분은 주님 안에서 그분의 힘찬 능력으로 굳세게 되십시오."_엡 6:10

나의 상하고 병든 부분이 치유되어야 강건해진다. 외적 은사와 능력만을 의지해서는 안 된다. 사단은 우리의 외적 능력, 비록 그것이 성령님이 주신 능력이라고 할지라도 내적으로 강건하지 않으면, 사단은 결코 우리를 두려워하지 않는다. 사단은 영적 존재이기 때문에 우리의 내적 약점을 금방 알고 내적 문제를 건드려버리면 우리는 그처럼 강했던 삼손처럼 두 눈이 뽑힌 조롱거리가 되고 만다. 우리는 너무 외적 능력에만 매달리는데 이보다 더 중요한 것은 내적치유와 강건함이다. 사단이 주로 어디에 거하며 활동하는지를 알아야 한다. 사단의 가장 은밀하고 완벽한 거주지, 즉 그들의 성城은 우리의 상한 내면이다. 사단은 밖에서 우리를 공격하기보다는 우리 내면의 상함을 이용하여 공격한다. 그처럼 능력 있는 사역자도, 교회도 외부의 적으로부터 무너지기보다는 내면의 치유되지 않은 상한 세계로부터 공격을 받고 허물어진다. 교회에 문제를 일으키고 사단에게 조종당하는 대부분의 사람은 정신적으로 아픈 사람들이고 내적 상처가 깊이 자리 잡은 사람들이다.

사단이 특히 자신의 거주하는 성으로 자리 잡을 수 있는 내적 문제들이 있다. 우리는 영적 전쟁을 하기 전에 그 대상과 그 대상이 주로 무엇을 공격하고 어디에 주로 거주하는지를 잘 알아야 한다. 사단은 먼저 억압받는 곳에 거주한다. 죄가 있으면 자기 자책과 학대에 빠지며 자신을 억누르게 된다. 또한 열등감, 수치스러운 경험, 자신의 열등한 신체 부위, 그리고 수치스러운 성性 등으로 우리를 억압하게 되는데, 억압을 통해 나쁜 것만 억압되는 것이 아니라 자신의 상한 영도 억압되고 갇힌다. 따라서 그 영은 하나님과 차단되고, 그 차단된 어두운 곳에 사단이 머물게 되는 것이다.

또한 사단은 두려움이 있는 곳에 아주 안전하게 거주한다. 두려워하는 영은 결국 갇힌 영이 된다. 두려우면 밖으로 나가지 못한다. 하나님 앞으로도 나가지 못한다. 그래서 사단은 우리의 두려운 마음을 자극하여 그곳에 집을 짓고 머문다.

원망과 미움이 있는 곳을 또한 사단은 좋아한다. 그 원망은 하나님에게로 반드시 연결되므로 하나님과 대적하는 위치에 내 영이 있게 되어 사단은 그곳에 역시 안전하게 거주할 수 있다.

마지막으로 사단은 불순종하는 영 가운데 즐겨 거한다. 어떠한 불순종이는 결국 하나님께 불순종하는 것이 되므로 그곳은 하나님과 담을 쌓고 대적하는 상황으로 되어 사단이 안심하고 거할 수 있게 된다. 사단은 이처럼 우리의 내적 상함을 교묘히 이용하여 그 상처와 상함을 더욱 강화하고 묶어두어 하나님을 거부하도록 하여 그곳에 아주 안전하게 거주하려는 것이다.

그러므로 내적치유는 내면에 자리 잡고 있는 사단과의 영적 싸움임을 알아야 한다. 깊고 오래된 상처, 지금은 다 지나간 일인데도 아직 미워하고 억압하고 두려워하고 반발하는 그러한 일이 있다면 그것은 반드시 나의 내면에 사단이 집을 짓고 그것을 이용하여 나를 묶고 있다는 것을 알아야 한다. 이러한 내적 세계를 잘 알지 못하고는 승리할 수가 없다. 이처럼 성령은 내적치유를 통해, 내면의 연약한 부분을 강건케 하고 여리고 성과 같은 사단의 성들을 정복하며 나의 내면에 하나님의 성전과 주의 나라를 온전히 이루게 하는 사역을 하고 계신 것이다.

팔복의 내적 의미

10

우리는 왜 사는가? 이는 가장 단순한 질문 중의 하나이면서도, 지금까지 많은 사람이 깊이 고민해온 어려운 질문 중의 하나이다. 그러나 한편으로 쉽게 생각하면 그렇게 어려운 질문이 아닐 수도 있다. 방법과 그 가치 기준이 저마다 다르기는 하지만, 모두가 행복을 위해서 이렇게 열심히 사는 것이 아니냐고 단순히 생각해볼 수도 있다.

그래서 예수님도 우리 인생의 최대 관심사인 복에 대해서 말씀하셨다. 우리에게 참 복과 행복을 주시기 위해 오신 예수님께서 우리에게 참 복이 무엇인지에 대해 가르치신 것이다. 그러나 예수님이 가르치신 복은 우리가 생각하는 복과 많은 차이가 있다. 우리는 행복을 대부분 어떠한 조건으로 생각한다. 내가 부유하고 강하고 존귀하고 존경받고 배부를 수 있어야 행복하다고 생각한다. 그리고 행복하기 위해서는 의롭고 완전하고 깨끗하면서도 남을 지배할 수 있는 위치에 있어야 하고 항상 남들보다 앞서가야 한다. 그리고 생명력 있고 즐거운 삶을 살면서 건강하고 예쁠 수 있다면 더욱 좋을 것이다. 거기에다 성숙한 인격과 함께 지혜와 지식이 풍부하다면 우리는 더 이상 바랄 것 없이 행복하다고 말할 수 있을 것이다. 이런 조건과 상태를 우리는 일반적으로 복이라고 부르고 있다. 반대로 이것이 좌절될 때 우리는 불행하다고 생각한다. 모두가 이러한 사람을 부러워하고 있으며 그렇게 되길 애쓰며 살아가고 있다. 그 반대로 그렇지 못한 사람을 볼 때 자기도 모르게 수치스럽게 생각하고 멸시하기도 한다.

내면의 치유를 통한 참된 복

그러나 예수님은 팔복에서 뿐만 아니라 성경의 여러 말씀에서 우리가 생각하는 이러한 복의 개념을 완전히 뒤집어 놓으신다. 예수님은 부유하고 즐겁고 배부른 자보다 가난하고 슬프고 굶주린 자가 더 복이 있다고 말씀하셨다.

> "마음이 가난한 사람은 복이 있다. 하늘 나라가 그들의 것이다. 슬퍼하는 사람은 복이 있다. 하나님이 그들을 위로하실 것이다. 온유한 사람은 복이 있다. 그들이 땅을 차지할 것이다."_마 5:3~5

> "예수께서 제자들에게 말씀하셨다. "내가 진정으로 너희에게 말한다. 부자는 하늘나라에 들어가기가 어렵다._마 19:23

누구든지 예수님의 관심과 사랑을 받는 것이 복이라고 생각하는데, 예수님은 "병든 자, 죄인, 어린아이, 길 잃고 소외되고 꼴찌 된 자, 세리와 창기들을 더욱 사랑하시며 그 반대의 사람들은 나와 관계없다"라고 여러 번 반복해서 말씀하셨다.

"예수께서 그 말을 들으시고서 말씀하셨다. "건강한 사람에게는 의사가 필요하지 않으나, 병든 사람에게는 필요하다. 너희는 가서 '내가 바라는 것은 자비요, 희생 제물이 아니다'하신 말씀이 무슨 뜻인지 배워라. 나는 의인을 부르러 온 것이 아니라, 죄인을 부르러 왔다.""_마 9:12~13

"그 때에 예수께서 이렇게 말씀하였다. "하늘과 땅의 주님이신 아버지, 이 일을 지혜 있고 똑똑한 사람들에게는 감추시고, 어린아이들에게는 드러내어 주셨으니, 감사합니다.""_마 11:25

"너희는 이 작은 사람들 가운데서 한 사람이라도 업신여기지 않도록 조심하여라. 내가 너희에게 말한다. 하늘에서 그들의 천사들이 하늘에 계신 내 아버지의 얼굴을 늘 보고 있다."_마 18:10

"너희는 어떻게 생각하느냐? 어떤 사람에게 양 백 마리가 있는데, 그 가운데 한 마리가 길을 잃었다고 하면, 그는 아흔아홉 마리를 산에다 남겨 두고서, 길 잃은 그 양을 찾아 나서지 않겠느냐? 내가 너희에게 말한다. 그가 그 양을 찾으면, 길을 잃지 않은 아흔아홉 마리 양보다, 오히려 그 한 마리 양을 두고 더 기뻐할 것이다.

이와 같이, 이 작은 사람들 가운데서 하나라도 망하는 것은, 하늘에 계신 너희 아 버지의 뜻이 아니라."_마 18:12~14

"예수께 말하였다. "당신은 아이들이 무어라 하는지 듣고 있소?" 예수께서 그들에게 말씀하셨다. "그렇다. '주님께서는 어린아이들과 젖먹이들의 입에서 찬양이 나오게 하셨다.' 하신 말씀을, 너희는 읽어보지 못하였느냐?""_마 21:16

""그런데 이 둘 가운데서 누가 아버지의 뜻을 행하였느냐?" 예수께서 이렇게 물으시니, 그들이 대답하였다. "맏아들입니다." 예수께서 그들에게 말씀하셨다. "내가 진정으로 너희에게 말한다. 세리와 창녀들이 오히려 너희보다 먼저 하나님의 나라에 들어간다."_마 21:31

우리가 기뻐하고 이상적으로 생각하는 사람들보다는 천대받는 사람을 더 사랑하시고 복 주시려고 하니 우리는 무척 당황한다. 또한, 사도 바울은 하나님께서 지혜 있고 강한 자보다 약하고 비천하고 멸시받는 자를 택하신다고 말씀하였다.

"그런데 하나님께서는, 지혜 있는 자들을 부끄럽게 하시려고 세상의 어리석은 것들을 택하셨으며, 강한 것들을 부끄럽게 하시려고 세상의 약한 것들을 택하셨습니다. 하나님께서는 세상에서 비천한 것들과 멸시받는 것들을 없애시려고 아무 것도 아닌 것들을 택하셨습니다. 이리하여 아무도 하나님 앞에서는 자랑하지 못하게 하시려는 것입니다."_고전 1:27~29

이러한 말씀은 성경에 여러 번 나온다. 그러나 우리는 이를 단순히 역설적인 말로나 그냥 이해할 수 없는 신학적인 표현으로만 여기고 이를 우리 삶 가운데 그대로 적용하지는 못하고 있다. 우리는 여전히 예수를 믿은 다음에도 더욱 부유해지고 강해지고 즐겁고 의로워지려고 한다. 예수님은 분명히 가난하고 약해지고 죄인이 되고 아파야 예수님을 만나게 되고 이로써 복을 받게 된다고 말씀하셨는데, 우리의 습관적인 관성은 이를 단지 역설적 개념으로만 이해하게 할 뿐 대부분 그 반대로 살아가고 있다.

그러나 주님께서는 이를 단순히 역설적인 화법으로 말씀하신 것은 아니다. 예수님의 복에 대한 말씀은 결코 역설이 아니라 아주 실제적이다. 그러나 우리가 이러한 예수님의 말씀을 실제로 이해하지 못하는 것은 복을 외적 세계의 기준에서만 받아들이려고 하기 때문이다. 참 복은 결코 외적 세계의 조건이나 상태에 있는 것이 아니다. 우리는 복이 외적 상태나 어떤 조건에서 출발한다고 생각하지만, 예수님은 내적 세계에서 행복이 출발한다고 보시기에 우리가 이해하기 어려운 것이다. 물론 외적 조건도 행복에 중요한 요소가 되는 것은 사실이지만, 내적 행복의 기초가 없이 쌓아 올린 외적 조건은 결코 견고한 행복이 될 수 없다. 이는 잠시 기쁨을 주었다가 녹아버리는 아이스크림이나 모래 위에 지은 집과 같은 행복일 수밖에 없다. 그래서 참된 복은 바로 내면의 치유를 통해서 주어져야 한다. 그래서 주님이 말씀하신 복은 내면의 세계에서 바라볼 때만이 진정으로 이해할 수 있다.

천국은 바로 '나'에서 출발

그렇다면 내면의 기준으로 볼 때 예수님의 복에 대한 말씀을 어떻게 이해할 수 있을까? 어찌하여 우리가 가장 불행이라고 생각하는 상태를 예수님은 축복하시면서 이를 복이라고 말씀하실까? 이것은 결코 복에 대한 역설적인 표현이 아니다. 아주 현실적이고도 사실적인 표현이다. 우리는 복의 나라라고 생각하는 천국에 대한 개념을 나를 뛰어넘어 존재하는 유토피아나 환상의 세계로 생각하며, 복 또한 거기에서 하얀 백마를 타고 오는 왕자님이 주시는 선물처럼 생각한다. 그러나 성경은 분명히 말하기를 천국은 마치 사람이 자기 밭에서 갖다 심은 겨자씨 한 알 같다고 말씀하고 있다.

"예수께서 또 다른 비유를 들어서, 그들에게 말씀하셨다. "하늘 나라는 겨자씨와 같다. 어떤 사람이 그것을 가져다가, 자기 밭에 심었다.""_마 13:31

천국은 자기 밭에서 출발하며, 그것도 완성된 상태로 우리에게 던져지는 것이 아니라 씨 중에 가장 작은 씨로서 자라나는 것이라고 말하고 있다. 처음에는 이것이 천국이라고 보기보다는 세상에서도 아주 보잘 것이 없는 작은 것이다. 그리고 천국과 복은 복권처럼 일방적으로 나에게 던져지는 행운 같은 것이 아니라, 지금 나의 마음에서 출발한다는 것이다.

그러므로 천국은 자신이 중요하다. 그런데 나는 지금 어떤 상태인가? 한 마디로 우리는 상하였고, 포로 되어 있고, 갇혀 있다. 세상에서 부유한 것으로, 강한 것으로, 아름다운 것으로, 도덕적인 것으로, 건강한 것으로, 지혜로운 것으로, 존귀하고 명예로운 것으로 우리의 상하고 아프고 추한 부분들을 감추고 덮어보려고 하지만, 우리의 본질적인 상함과 죄성이 세상 것으로는 결코 해결되지 못한다. 우리의 추하고 아픈 그것 자체가 복은 아니지만, 바로 그 상태에서 출발하지 않으면 안 되는 것이다.

속에 수술할 큰 병이 있을 때 원인적인 치료가 아닌 쓸데없는 보약이나 치료 방법은 오히려 속의 병을 더 악화시킬 뿐이다. 아픈 사람에게 있어서 가장 큰 복은 치료받고 건강해지는 것이지만, 이를 위해서 먼저 요구되는 것은 나의 아픈 병을 있는 그대로 드러내는 것이다. 건강해지고 싶은 사람에게 아픈 것을 감추어주지는 못할망정 더 드러내라고 하는 것은 다소 잔인한 것 같아도 그것만이 진정 그 사람을 바로 진단하고 치료하는 길이기 때문이다. 아픈 사람에게 있어 다른 것은 복이 되지 못한다. 자기가 아프고 죽어가는 데 돈과 명예가 무슨 소용이 있겠는가? 한번 아파본 사람은 너무나 잘 알 것이다. 아픈 사람에게 가장 큰 축복은 병이 낫는 것이다. 그래야 그다음의 어떤 축복도 의미가 있고 이를 누릴 수 있는 것이다.

이것이 팔복에서 제일 처음 말하는 가난함이다.

"마음이 가난한 사람은 복이 있다. 하늘 나라가 그들의 것이다."_마 5:3

나의 상함과 아픔을 감추기 위해 세상 것으로 부유했던 모든 것을 벗어던지고 가난해지는 것, 나의 아픈 그대로의 모습을 드러내는 것, 하나님 말씀의 진단기 앞에 그대로 서는 것이 우리가 복 받는 첫 번째 길인 것이다. 복은 복 위에 세워지는 것이 아니라 불행 위에 그 기초를 다진 다음 세워지는 것이다. 건강은 곧 아픔이 있는 그곳에서 드러냄과 치유를 통해 다져지는 것이다. 그래서 불행과 아픔이 곧 복과 건강을 기약하는 첫걸음이다. 그래서 가난함이 복과 천국의 첫걸음이 되는 것이다.

그다음 단계는 무엇일까? 애통함이다.

"슬퍼하는 사람은 복이 있다. 하나님이 그들을 위로할 것이다."_마 5:4

떠남과 드러냄으로 우리의 문제가 정확히 진단되고 이로써 바른 치료가 시작되는 것이지만, 그것 자체가 본질적인 치료는 되지 못한다. 슬퍼함은 떠남과 가난함이 더 깊어짐과 동시에 세상 것들과 완전히 끊어지며 상한 내가 완전히 죽는, 철저한 수술적 치료과정이다. 이는 곧 십자가의 끊음과 죽음의 치료이다. 끊음과 죽음은 슬픔을 통해 이루어지며 인생의 끊고 죽는다는 것은 우리가 마지막 죽음의 순간에서 애통하는 바로 그러한 슬픔과 고통인 것이다. 그런데 어떻게 이러한 슬픔의 절정이 축복이 된다는 말인가? 그것은 사실 내가 그렇게 저주받고 슬퍼해야 하는데 나 대신 예수님이 돌아가시고 슬퍼하셨기에 나는 단지 믿음으로 연합하여 죽을 뿐이기 때문이다.

예수님의 삶은 슬픔 그 자체였다. 하늘의 아버지를 떠나 이 땅의 낮고 천한 곳으로 오신 성육신 자체가 슬픔이었고 이 세상에 와서도 세상의 모든 것을 끊고 떠나신 슬픔이 있었다. 천한 인간으로부터의 멸시와 천대, 사랑하는 제자들로부터의 배신, 육체가 끊어지는 고통, 끝내는 사랑하는 아버지로부터 버림받는 슬픔의 연속이 예수님의 삶이었다. 이러한 예수님의 대신 받으신 슬픔이 있기에 우리의 슬픔이 축복이 된다. 우리가 죄와 상함으로 죽어야 하나, 어린양 예수가 대신 돌아가심이 복이 되는 것이다. 더불어 우리는 이 죽음과 부활의 새 생명을 얻는 것으로만 끝나지 않는다. 환자가 암세포를 절단하고 생명을 건진 것으로만 치료가 끝나지 않는 것과 같다. 수술 후 중환자실에서의 집중 치료와 관리, 그리고 퇴원 전까지에는 회복과정이 있다. 그리고 그 이상의 건강관리와 유지도 중요하다.

연약함에서 시작되는 천국

하나님께서는 새 생명을 어떻게 양육하시고 성장시키실까? 그리고 십자가의 수술을 받은 우리를 어떻게 강건하도록 회복시키실까? 그 양육 과정과 성장의 첫 단계는 온유함이다. 그래서 세 번째 복이 바로 온유한 자의 복이다.

"온유한 사람은 복이 있다. 그들이 땅을 차지할 것이다."_마 5:5

온유는 용서와 용납을 통해 얻어지는 성품이다. 천국은 겨자씨와 같이 가장 작고 보잘것없는 상태에서 출발한다. 천국은 결코 완성된 거대한 모습으로 우리에게 주어지지 않는다. 천국은 양육되고 성장한다. 그러므로 천국은 처음부터 아름답거나 이상적이거나 강한 것이 아니다. 그 출발에는 도저히 천국 같지 않은 연약함과 미성숙함이 있다. 우리가 이를 용납하지 않는 한 천국은 자라나지 않는다. 이 용납은 바로 온유한 성품을 통해 주어지는 것이다. 이러한 생명의 성장에 관해서는 '용서를 통한 내적 성장'에서 충분히 설명한 바 있다.

그런데 우리는 얼마나 어린 생명에 대해 온유한가? 태아를 임신하였을 때, 태아를 부담스럽게 여기거나 저주한다면, 그 태아는 그 상처로 인해 정상적인 성장을 할 수 없을 것이다. 우리는 미성숙하고 연약한 아이를 얼마나 용납하며 기다려주는가? 너무 완벽한 기준에서 아이의 잘못을 지적하고 화를 낸다면 아이의 인격과 영은 결코 제대로 자랄 수 없을 것이다. 이처럼 우리는 새 생명에 대해 온유함으로 보호하고 정성껏 보살펴주어야 한다. 조금 실수하고 미숙하더라도 생명이 성장할 것을 기대하며 오히려 위로하고 격려해주어야 한다. 이러한 온유함만이 그 생명을 기업으로 얻게 된다. 온유함은 바로 용서이다. 용서하고 또 용서할 때, 생명은 사랑으로 자라나게 되는 것이다.

나의 자녀와 나의 가정을 좋은 기업으로 키워나가려면 공격적이고 완전주의적인 엄격함을 보여야 할 것 같지만 그 결과는 반대로 나타난다. 아무 말 없이 아무런 저항 없이 십자가에서 돌아가신 예수님의 그 온유함은 지금까지 그 어떠한 강한 정복자보다 많은 생명의 기업을 얻었다. 반대로 공격적이고 강한 정복자들은 모든 것을 얻는 것 같았지만, 모든 것을 잃고 사라져 갔다. 그들은 생명을 얻기보다는 무수한 생명을 빼앗고 그들에게 고통을 주었다. 그래서 우리가 생명을 기업으로 얻기 위해서는 연약한 생명에 대해 온유함이 가장 중요한 것이다.

그러나 성장은 온유함만으로 부족하다. 그 생명 자체는 순결하지만, 상한 마음속에서 자라나며, 또한 그 생명이 살아갈 세상은 너무나 험악하기 때문이다. 온유함으로 자식을 키운 이삭의 두 아들, 에서와 야곱도 많은 문제를 겪는 것을 볼 수 있다. 에서는 이방 여인과 결혼하고 하나님의 장자권을 무시하는 어리석은 행동을 하였다. 야곱 또한 거짓말의 명수로 바르게 살아가지 못하였다. 어린 생명을 양육하는 데는 틀림없이 온유함이 필요하지만, 이것만으로는 충분치 않다. 무엇이 옳고 그른 것인지를 구분할 수 있도록 해야 하며 이를 실행할 힘이 있어야 한다. 이를 위해서는 의의 말씀, 즉 율법이 필요하다.

"시간으로 보면, 여러분은 이미 교사가 되었어야 할 터인데, 다시금 하나님의 말씀의 초보적 원리를 남들에게서 배워야 할 처지에 놓여 있습니다. 여러분은 단단한 음식물이 아니라, 젖을 필요로 하는 사람이 되었습니다. 젖을 먹고서 사는 이는 아직 어린아이이므로, 올바른 가르침에 익숙하지 못합니다." _히 5:12~14

율법을 통한 성장과 성숙

출애굽을 통해 새 생명을 얻은 이스라엘 백성은 하나님으로부터 자기 아들을 돌보는 것과 같은 양육을 받았다.

"또한 당신들은, 주 당신들의 하나님이, 마치 아버지가 아들을 돌보는 것과 같이, 당신들이 이 곳에 이를 때까지 걸어온 그 모든 길에서 줄곧 당신들을 돌보아 주시는 것을, 광야에서 직접 보았소." _신 1:31

하나님은 불평하고 불순종하는 백성들을 오래 참으시고 용납하시며 이들을 양육해주셨다. 그러나 하나님께서는 이러한 전적인 양육만으로는 끝나지 않으셨다. 시내산에서 모세를 통해 율법을 주셨다. 온유함을 통한 양육은 반드시 율법을 통한 성장과 성숙으로 이어져야 한다. 이는 곧 무엇이 옳고 나쁜 것인지를 지각과 총명으로 구분하여 감각 없는 자처럼 방황하지 않도록 하려는 하나님의 뜻이 있는 것이다.

"그들은 자기들 속에 있는 무지와 자기들의 마음의 완고함 때문에 지각이 어두워지고, 하나님의 생명에서 떠나 있습니다. 그들은 수치의 감각을 잃고, 자기들의 몸을 방탕에 내맡기고, 탐욕을 부리며, 모든 더러운 일을 합니다." _엡 4:18~19

'의'의 말씀이 이처럼 지각과 총명을 주어 더욱 성숙한 생명으로 성장케 한다. 그러나 율법이 항상 성장을 촉진하는 것으로 생각해서는 안 된다. 율법이 오히려 성장을 막는 일도 있다.

"전에는 율법이 없어서 내가 살아 있었는데, 계명이 들어오니까 죄는 살아나고, 나는 죽었습니다. 그래서 나를 생명으로 인도해야 할 그 계명이, 도리어 나를 죽음으로 인도한다는 것이 드러났습니다."_롬 7:9~10

생명을 주어 성장을 촉진해야 할 율법이 사망을 주어 오히려 성장을 멈추게 한다는 것이다. 바로 이 점에서 많은 신앙인이 성장하지 못하고, 막히고 묶이는 결과를 초래한다. 신앙을 성장시키기 위해 성경 공부를 열심히 하지만, 그 말씀 때문에 더 억압되고 눌려 신앙이 멈추어지는 경우가 적지 않은 것이다.

그러므로 이러한 율법의 역기능을 알기 위해서는 율법의 본질을 잘 이해해야 한다. 율법은 본질적으로 죄를 깨닫게 하려고 준 진단용 도구이다.

"그러므로 율법의 행위로는 하나님 앞에서 의롭다고 인정받을 사람이 아무도 없습니다. 율법으로는 죄를 인식할 뿐입니다."_롬 3:20

율법 자체만으로는 치료제나 성장을 주는 생명력이 없다. 율법은 개인교사 즉 몽학 선생처럼 우리의 죄와 부족함을 깨닫게 하여 우리의 참 치료자 되시고 생명이신 그리스도께 우리를 인도함으로 그 기능은 끝나게 되는 것이다.

> "그래서 율법은, 그리스도께서 오실 때까지, 우리에게 개인교사 역할을 하였습니다. 그것은, 우리로 하여금 믿음으로 의롭다고 하심을 받게 하시려고 한 것입니다."_갈 3:24

그러나 많은 사람이 율법을 지키고 행함으로 성장하려다가 오히려 율법에 눌려 질식하고 만다. 그렇다고 율법이 이 진단기능만 있는 것은 결코 아니다. 말씀 자체가 예수님이시고 생명이신데 어떻게 치유의 능력이 없는 진단기구만 된다는 것인가? 물론 가장 중요한 기능 중의 하나가 진단적 기능이지만 치유와 생명적 기능이 없는 것은 아니다. 그러나 이를 위해서는 반드시 요구되는 조건이 있다. 그것이 곧 생명이다. 말씀은 오순절이 되는 날 시내산에 불로서 나타나신 하나님께서 직접 써주셨다.

> "그 때에 시내 산에는, 주님께서 불 가운데서 그 곳으로 내려오셨으므로 온통 연기가 자욱했는데, 마치 가마에서 나오는 것처럼 연기가 솟아오르고, 온 산이 크게 진동하였다."_출 19:18

> "주님께서 시내 산에서 모세에게 말씀을 마치시고, 하나님이 손수 돌판에 쓰신 증거판 두 개를 그에게 주셨다."_출 31:18

불, 즉 성령이 없는 말씀은 단지 진단기능밖에 못 하지만 불의 말씀은 생명력이 있어 우리의 병을 고치는 치유와 해방의 능력을 갖는다. 사도 바울도 율법의 쏘는 고통 속에서 이를 해결할 수 있었던 것은 성령의 법 때문이라고 고백한다.

"그것은, 그리스도 예수 안에서 생명을 누리게 하는 성령의 법이 당신을 죄와 죽음의 법에서 해방하여 주었기 때문입니다."_롬 8:2

여기서 말하는 성령이란 성령의 은사로서의 불을 의미하는 것은 아니다. 성령은 본질적으로 예수의 영이시라고 앞의 '성령의 내적 사역'에서 자세히 설명한 바 있다. 예수님은 바로 십자가와 부활의 복음을 의미한다. 율법의 의가 아니고 주님이 십자가에서 대신하심으로 주신 믿음의 의를 말한다. 생명이 믿음으로 의로워진 그 의를 사모하고 갈망하는 것이다. 그 의가 성령으로 오셔서 생명을 의롭다 하시며 의의 생명으로 확인해주시는 것이다. 그래서 이 의에 굶주리고 목마른 것이 축복이라고 말씀하시는 것이다.

"의에 주리고 목마른 사람은 복이 있다. 그들이 배부를 것이다."_마 5:6

그런데 이 말씀이 아주 독특하다. 성경을 공부하고 율법의 의를 지키라고 하는 것이 아니고 의를 먹으라고 하신다. 그러면 배가 부를 것이라고 하는 것이다. 율법을 머리로 공부하고 의지로 지키라는 말은 일절 없으면서 의에 주리고 목마르면 된다는 것이다. 배고프면 자동으로 먹게 된다. 그래서 말씀 즉 의를 먹는다는 것에 대해 자세히 이해할 필요가 있다.

예수님은 자신을 먹으라고 하셨다. 자기 피와 살을 먹으라고 했다. 잘못 이해하면 기독교는 식인종의 종교라고 오해할 수도 있다. 그러나 이는 기독교 복음의 핵심이다. 주님은 복음의 중요성을 강조하기 위해 그냥 상징적으로 하신 말씀이 아니다. 복음과 말씀은 머리로 이해하고 배워 지키는 것이 아니고 먹는 것이라고 하신 것이다. 그렇다면 말씀과 의를 먹는다는 것이 무엇일까? 성경책을 씹어 먹으라는 말일까? 암송해서 몸에 배도록 하라는 뜻일까? 앞서 '내적성전과 예배'를 설명한 장에서 몸의 성경적 의미에 대해서 자세히 설명한 바 있어 여기서는 몸을 다시 설명하지는 않을 것이다. 여기서는 몸으로 먹는다는 뜻만을 자세히 설명하려고 한다.

몸은 단순한 고깃덩어리가 아니다. 하나님이 주신 생명이 있는 거룩한 인격이다. 그런데 선악과를 먹음으로 생명의 몸이 병들고 그 속에 아픔이 쌓이게 되었다. 마음은 생명의 언어이고, 생명이 있는 몸에서 나온다. 모든 아픔과 상함도 몸에서 나온다. 죄도 몸에 있다. 그래서 성만찬은 몸에 하여 몸이 깨끗해지고 거룩해져야 한다. 의에 주리고 목마르다는 것은 무엇일까? 생명이 은혜로 양육 받게 되면 몸의 생명은 의를 갈구한다. 그런데 그 의를 머리로 먹으면 몸의 생명은 오히려 죽는다. 그래서 의를 몸으로 먹어야 한다. 몸으로 먹는다는 뜻은 무엇일까? 그 의는 사람의 의가 아니다. 머리의 의는 사람의 의이다. 머리의 의는 율법이 될 가능성이 많다. 이 의는 가짜이고 위장될 가능성이 높다. 진정한 의는 하나님의 의밖에 없다. 그 의는 오직 믿음으로 온다고 로마서에 기록되어 있다.

> "하나님의 의가 복음 속에 나타납니다. 이 일은 오로지 믿음에 근거하여 일어납니다. 이것은 성경에 기록한 바 "의인은 믿음으로 살 것이다" 한 것과 같습니다."
> _롬 1:17

그 의는 나의 의로는 불가능하다. 주님의 용서와 사랑의 복음을 먹어야 한다. 이 의는 용서와 사랑에 대한 믿음으로 주어지는 것이다. 믿음도 머리와 생각으로 시작된다. 그러나 이는 참 믿음이 되지 못한다. 나의 깊은 몸과 마음에는 믿음이 아니라 불신과 두려움이 아직도 있을 수 있다. 어려서의 상처와 아픔이 몸에 남아 있어 이 복음의 의를 거부하고 자신의 의와 율법을 집착할 수 있다. 이러한 몸과 마음의 아픔까지 십자가에 드려 자신이 죽고 믿음으로 새 의를 받고 채우라는 것이다. 마음은 몸에서 나오는 것이다. 그래서 온몸과 마음을 다하여 주님을 믿고 영접하고 사랑하라는 것이다. 이것이 몸으로 먹고 마신다는 진정한 의미인 것이다.

그래서 의를 먹는다는 것은 자신을 용서하고 사랑하는 것을 의미한다. 의는 자기의 노력을 통해서 주어지는 것이 아니라 오직 십자가의 용서를 받아들임으로 가능한 것이다. 그래서 의를 먹는다는 것은 자신의 마음과 몸을 계속적으로 용서하고 사랑하는 것을 의미한다. 의를 먹는다는 것은 자기 몸에서 일어나는 어떠한 것도 주님에게 드려 용서와 사랑을 받는다는 것이다. 그 용서 속에 의가 있고 이 의와 사랑을 먹으면 배가 부르게 되는 것이다. 배에는 생명이 있다. 배의 생명이 의와 사랑으로 채워진다. 그런데 이는 내적인 경험이기 때문에 반드시 성령이 같이해야 한다. 그래서 용서와 사랑은 성령의 일이고 성령을 통해 이 의와 사랑이 생명에 공급된다. 그래서 이 사랑의 생수가 배에 채워지게 되면 배에서 생수가 흘러나오게 되는 것이다. 그런데 주님은 이 생수를 성령이라고 말씀하였다.

> "명절의 가장 중요한 날인 마지막 날에, 예수께서 일어서서, 큰 소리로 말씀하셨다. "목마른 사람은 다 나에게로 와서 마셔라. 나를 믿는 사람은, 성경이 말한 바와 같이, 그의 배에서 생수가 강물처럼 흘러나올 것이다." 이것은, 예수를 믿은 사람이 받게 될 성령을 가리켜서 하신 말씀이다. 예수께서 아직 영광을 받지 않으셨으므로, 성령이 아직 사람들에게 오시지 않았다."_요 7:37~39

이 의는 의지적인 행위가 아니라 용서와 사랑으로 주어져서 몸이 자동으로 행하는 그러한 의이다. 이 의는 몸의 생명의 의로서 주님이 십자가에서 주시는 의이다. 그래서 이 의는 복음과 함께 성령의 도우심이 있어야 가능하다. 그래서 성령을 갈구하고 사모해야 한다. 팔복은 이처럼 하나하나가 깊고 치밀하다.

이제 그다음의 복으로 가보자.

"자비한 사람은 복이 있다. 하나님이 그들을 자비롭게 대하실 것이다."_마 5:7

라는 복이다. 의와 사랑을 먹으면 이웃과 지체에 대해 사랑하는 마음이 있게 된다. 성경은 아주 과학적인 것은 항상 전 단계를 과학적으로 확인하는 것이다. 의를 먹으라고 했는데 제대로 먹었는지 다음 단계로 가서 한번 진단해보자는 것이다. 의를 바로 먹었으면 그 의는 은혜와 사랑의 의이다. 자신의 노력으로 얻은 자기 의가 아니다. 그래서 그 의는 반드시 살아 있다. 사랑도 여러 수준이 있는데, 가장 깊은 사랑이 긍휼함 즉 자비로운 마음이다. 사람의 사랑은 사랑할만한 사람과 그 조건을 사랑한다. 자비와 긍휼함은 조건이 없는 사랑을 의미한다. 전혀 나에게 도움이 안 되는 사람이더라도, 긍휼한 마음으로 일방적으로 조건 없이 사랑하는 것이다. 하나님의 사랑이 그렇다. 이러한 사랑이 있다면 전 단계의 의를 바로 먹었기 때문이다. 그런데 긍휼함이 없다면 겉으로 사랑이 있는 척하지 말고(이는 금방 들통 나기 때문에) 빨리 전 단계로 내려가서 바로 의를 먹으라는 것이다. 아직 사랑이 없는 자신을 용서하고 사랑하라는 것이다. 머리로는 알지만, 몸이 안 되는 것이니 아직 사랑할 수 없는 몸을 용서하고 사랑하라는 것이다. 이를 충분히 하면 사랑이 생길 것이고 그럼 다음 단계의 복으로 넘어갈 수 있다는 것이다.

여기서 우리가 하나 주의해야 할 점은 '자비한 사람은 하나님의 자비를 입을 것이라는' 조건부 사랑에 대한 표현이다. 성경에는 이런 조건부 말씀이 꽤 있다. 주기도문의 '우리가 우리에게 잘못한 사람을 용서하여 준 것같이 우리 죄를 용서하여 주시고,'가 그 대표적인 말씀이다. 하나님의 사랑과 용서가 무조건적이라고 하면서 이런 조건부는 무엇일까? 믿음으로만 된다고 했는데 행위의 조건은 무슨 의미인가? 그래서 많은 성도가 은혜와 행위가 하나가 되지 못하고 혼돈하며 살고 있다. 사랑 자체가 무조건적인데 왜 여기서는 조건부일까? 많이 혼돈된다. 이러한 말씀의 겉만 보면 모순되고 혼돈되지만, 속을 들여다보면 전혀 그렇지 않음을 알 수 있다.

 자비와 긍휼은 용서와 사랑의 복음으로만 가능하다. 용서와 사랑을 먹음으로 자비와 긍휼함이 가능한 것이다. 그런데 자비와 긍휼함이 없는 사람은 자비와 긍휼을 베풀어도 용서와 사랑의 코드, 즉 사랑의 수용체가 없기 때문에 이를 받아들이거나 누릴 수가 없다. 자비와 긍휼함이 자기의 것이 되지 못하는 것이다. 아무리 하나님이 자비와 긍휼을 베풀어도 이런 사람은 조건을 찾는다. 내가 무엇을 했거나 하지 못해서 그렇다고 생각하므로 은혜를 누리지 못하고 생명은 계속 눌려있게 된다. 자비와 긍휼을 베푸는 자만이 하나님의 자비와 긍휼을 받아들일 수 있고 더 큰 은혜로 풍성해질 수 있는 것이다. 팔복은 그래서 전 단계가 채워져야 다음 단계로 넘어갈 수 있는 것이다. 그러므로 결과적으로 보면 조건이 될 수밖에 없다. 용서도 같은 원리이다. 주님은 믿음만으로 무조건 용서해주셨는데, 내가 다른 사람을 용서하지 못한다면 결국 자기를 용서하지 못한 것이 되어 주님의 용서가 임하지 못한다. 그래서 주님의 용서는 자기 용서와 이를 확인할 수 있는 이웃 용서가 전제되지 않을 수 없다. 겉으로 보면 조건이지만, 내용상으로 보면 용서의 본질상 그렇게 될 수밖에 없다. 야고보서의 행위로 구원을 받는다는 것도 겉으로 보면 믿음의 구원과 모순되지만, 속으로는 바른 믿음과 행위는 하나이기 때문에 전혀 모순되지 않는 것과 마찬가지이다.

그리고 의를 먹고 마시는 것과 긍휼함은 개인에만 적용되는 것이 아니다. 영적인 사건이 몸과 지체에 적용되면서 공동체로 확장된다. 그래서 이는 성령의 공동체 사역에 적용되는 말씀이기도 하다. 우리의 강건함은 개인의 강건함과 성장만으로 충분하지 않기에 반드시 공동체의 성장과 강건함으로 발전해야 한다. 이 공동체는 성령의 가장 중요한 사역 중의 하나이며 은사와 열매로 공동체의 관점에서 이해해야 한다. 성령의 은사는 성령의 열매를 통해서만 바로 사용될 수 있다. 성령의 열매는 개인의 성숙과 열매만을 위한 것이 아니라 지체들을 위한 것이다. 특히 고린도전서 13장의 사랑에 대한 설명은 바로 이 사랑이 공동체를 이루는 데 얼마나 중요한가를 말해주고 있다. 이러한 공동체의 성장은 성령의 사역이기에 앞장 '성령의 내적 사역'에서 자세히 기술하였다.

예수님께서 그다음 단계로 약속하신 복은 깨끗한 자에 대한 것이다.

"마음이 깨끗한 사람은 복이 있다. 그들이 하나님을 볼 것이다."_마 5:8

깨끗함은 하나님을 만나고 예배드리는 데 필수적인 조건이다. 거룩하신 하나님을 감히 부정한 것들이 결코 만날 수 없기 때문이다. 그런데 하나님께서는 부정한 죄인들이 깨끗해져서 하나님을 만날 수 있는 길을 열어두셨다. 그런데 이미 의를 먹음으로 의로워졌는데, 왜 다시 깨끗함에 관한 이야기가 나올까? 의로워졌으면 그것으로 하나님을 볼 수 있는데 여기서 다시 하나님을 본다는 의미는 무엇일까? 여기서 하나님을 본다는 것은 하나님과 하나 된다는 이야기이다. 하나님을 만나는 것과 그가 내 안에 오시고 내가 그 안에 거하는, 하나 됨은 그다음 단계이다. 여기서 하나님을 본다는 것은 부부가 완전히 일체가 되듯 하나가 되는 만남이다. 그래서 깨끗함이 중요하다. 용서와 사랑으로 완전한 생명이 되어 주님과 하나 될 수 있는 온전한 그리스도의 생명이 된다는 뜻이다. 그래서 주님과 모든 것이 하나 되는 그러한 깨끗함이고, 이것은 인간에게 최고의 영광이고 축복이 된다. 피조물이 창조주와 하나가 되다니 도대체 어떻게 이런 축복이 가능할 수 있을까? 정말 천사들도 부러워할 만한 큰 축복이다.

여기서 우리는 하나 된다는 의미를 다시 한번 생각해볼 필요가 있다. 너무도 쉽게 듣는 말이지만 정말 그 내용은 어마어마한 것이다. 하나님은 인생에게 자신을 다 열어주셨다. 죄인 된 인생을 위해 자신의 아들을 주셨다면 자신을 다 열어 보이신 것이다. 아들을 주신 하나님께서 자신의 무엇을 망설이겠는가? 하늘의 모든 것, 하늘의 모든 능력과 지혜 그리고 신비를 아들과 함께 주시기를 원하시는 것이다. 하나라는 의미는 이처럼 정말 대단하다. 그런데 우리는 하나님께 얼마를 열어 보이며 드리고 있는가? 물론 우리는 하나님에게 모든 것을 드리고 싶다. 신명기 6장 5절에

"당신들은 마음을 다하고 뜻을 다하고 힘을 다하여 당신들의 하나님을 사랑하십시오."_신명기 6:5

라는 말씀이 있다.

　이는 자신의 모든 것 즉 마음, 뜻과 힘을 다하여 하나님을 사랑하라는 뜻이다. 하나님은 자신의 모든 것을 다해서 인생을 사랑하셨기 때문에 인간도 그렇게 해야 한다는 것이다. 그러나 인간은 자신이 아는 한 모든 것을 다하지만, 자기가 모르는 자신은 하나님으로부터 멀리 있을 수 있다. 장자로서 자신은 열심히 하나님을 사랑했지만 자신 깊은 곳에 탕자가 있을 수 있으며 이 탕자는 하나님을 사랑하지 못하고 멀리 세상 가운데 있을 수 있다는 것이다. 바리새인도 자신들이 아는 만큼은 최선을 다해 하나님을 사랑하였지만, 예수님께서 보시기에는 그 속에 하나님을 사랑하지 못하는 회칠한 무덤 같은 자신이 있다고 지적하셨다. 그러나 그들은 그러한 자신을 알지 못하고 예수님의 말씀을 거부하였다.

　그래서 하나 된다는 것은 자신이 아는 만큼만이 아니고 자신이 모르는 모든 자신을 의미하는 것이다. 이처럼 자신을 다하여 하나님을 사랑하기 위해서는 자신이 감추어진 부분이 없어야 한다. 하나 되기 위해 자신이 깨끗해야 한다는 의미는 자신이 투명해야 한다는 의미가 있다. 우리는 자신을 알지 못한다고 그 자신이 자신이 아니라고 변명할 수 없다. 성령과 말씀의 인도함을 받아 우리의 깊은 곳까지 감찰하시는 빛 되신 주님의 인도함을 받아 자신을 깊이 비추고 자신 속에 어떠한 무지와 감추어진 세계가 없어야 할 것이다. 그것이 진정한 하나 됨을 의미한다. 다윗은 자신이 알지 못하는 죄를 알게 해달라고 기도하였다. 다윗은 자신 속에 그러한 죄를 짓게 되는 자신이 있다는 것을 알고 얼마나 놀랐는지 모른다. 주님은 아시지만, 자신이 모르는 자신이 있어서는 안 된다. 자신의 깊은 곳까지 다 드러내어 주님과 사랑으로 하나 되어야 진정한 사랑이 가능하다. 이것이 부부의 사랑이며 하나님이 원하시는 깨끗함의 사랑인 것이다.

이 축복을 이룬 다음 우리는 어떻게 될까? 하나님과 하나 되면 하늘의 축복만을 누리는 것은 아니다. 하나님의 마음과 하나 된다는 뜻이기도 하다. 하나님의 마음에 들어가게 되니, 하나님의 마음은 늘 불쌍한 인생들을 구원하는 데 있다는 것을 알게 된다. 아버지의 마음은 장자가 아니라 탕자에게 가 있다. 그래서 하나님의 마음을 알게 되니 하늘나라에만 머물 수 없게 되는 것이다. 이제 하늘을 떠나 예수님이 성육신을 하신 것처럼 갈등하고 깨어지고 서로 원수 되어 있는 인생들을 향해 나아가야 하는 마음을 갖게 되는 것이다. 그래서 예수님이 하신 것처럼 십자가를 지고 그들을 회복하려는 마음을 간절히 갖게 된다. 그러나 자신이 직접 하는 것이 아니고 예수님의 복음을 통해서 하는 것이다. 이 일을 성경은 평화를 이루는 일이라고 말하고 있다. 그래서 7번째 복을

> "평화를 이루는 사람은 복이 있다. 하나님이 그들을 자기의 자녀라고 부르실 것이다."_마 5:9

라고 말씀하고 있다.

우리는 이를 선교와 사역이라고 한다. 선교와 사역은 이처럼 많은 단계의 준비를 한 다음 하는 것이 바람직하다. 이러한 준비 없이 사역과 선교를 하면 얼마나 위험한지를 우리는 알아야 한다. 물론 우리가 이렇

게 다 준비된 다음 사역을 할 수는 없지만, 늘 이러한 과정과 단계를 기억하고 겸손하게 준비해야 한다는 것을 알아야 한다. 신학교 졸업장이나 선교 훈련만으로 충분하다고 생각해서는 안 된다. 어쩔 수 없이 사역을 하더라도 항상 이 팔복의 과정을 기억하며 내적인 준비를 게을리해서는 안 된다는 것이다. 이렇게 파송될 때 하나님께서 예수님께 주셨던 아들의 모든 권위와 능력과 축복을 함께 주신다는 것을 늘 기억해야 한다. 명실상부한 하나님의 아들이 되는 축복을 주시는 것이다. 그래서 작은 예수로 사역과 선교에 임할 때 예수님과 같은 아름다운 열매를 맺을 수 있을 것이다.

마지막 팔복의 축복은 놀랍게도

"의를 위하여 박해를 받은 사람은 복이 있다. 하늘 나라가 그들의 것이다."_마 5:10

라고 말씀하신다.

가장 최고의 복이 핍박이라고 하니 정말 걱정이 많다. 외적으로 생각하는 복과 극단적으로 대비되는 복이 아닐 수 없다. 성경은 어떻게 핍박을 복이라고 하는가? 아들의 권세와 능력을 주셨으면 그 능력으로 능히 모든 것을 다 이기고 다스릴 수 있어야 하는데 왜 핍박인가? 핍박이란 자신의 힘을 다 사용할 수 없다는 것이다. 주님이 도와주시지 못한다는 뜻이기도 하다. 버림도 받고 무력한 상태가 된다는 것이다. 예수님도 마지막 십자가를 지시면서 자신의 권세와 능력을 다 내려놓으셨다. 하나님의 아들이 십자가에서 아무런 힘을 쓰지 못하고 돌아가셨다.

제자들과 백성들이 마지막 기적이 일어나길 바랐지만, 결코 그런 일은 없었다. 이것이 핍박이다. 자신을 내려놓고 포기하는 것이 바로 핍박의 핵심이다. 어려운 과정을 통과하며 힘들게 하나님의 아들까지 되었고 이제 겨우 그 영광과 권세를 조금 누려볼까 했는데, 오히려 모든 것을 내려놓으라니 너무 야박하고 속상하기만 하다. 이 역시 외적인 성경관 만으로는 정말 이해하기 어렵다. 다시 내적인 시선으로 성경을 보아야 그 진정한 뜻을 알 수 있다.

왜 이런 일이 있어야 할까? 흔히 하나님께서 마지막 시험을 주시고 이를 잘 통과하는지 보고 천국으로 갈 수 있게 하신다고 생각한다. 아니, 이미 천국은 믿음으로 들어가는 것이지 이러한 행위가 있어야 가는 것은 아니다. 그렇다면 이 고난의 의미는 무엇이고 그래서 '천국이 그들의 것'이라는 참 의미는 무엇일까? 천국에 가는 것과 천국이 그들의 것이 되는 것과는 어떤 차이가 있는 것인가? 첫 번째 복인 심령이 가난한 자도 천국이 그들의 것이 될 것이라고 한 것을 보면 이러한 천국에 들어가는 것과 그들의 것이 되는 것과 큰 차이는 없어 보인다. 이처럼 여러 가지 혼돈되는 점들이 많다.

핍박과 고난의 진정한 의미는 예수님의 십자가에 진정으로 연합하는 것이다. 능력의 주님이 왜 십자가를 지셨는가? 그 고난은 인간의 죄와 아픔을 대신하시기 위함이다. 한마디로 이야기하면 주님의 사랑이다. 고난의 이유는 대신함이고, 대신함은 사랑이다. 이 고난을 겪어 봐야 진정 주님의 사랑과 연합할 수 있다. 그전까지는 머리로 아는 것이고 이제 몸으로 그 사랑을 체험하는 것이다. 내가 실제로 힘들고 아파보니까 주님이 나를 대신하셔서서 지신 고통이 얼마나 크고 소중한지를 알 수 있다. 전혀 그렇게 하시지 않아도 되실 분이 나의 고통을 대신하시기 위해 스스로 그렇게 하신 사랑을 뼈저리게 체험하는 것이다. 그 사랑과 연합하여야 진정하게 주님과 연합하게 되며 사랑을 몸 전체에 체험하게 되는 것이다. 천국은 바로 이 사랑이 있어야 누리고 알 수 있는 곳이기 때문이다. 천국은 사랑을 알고 경험한 자만이 누리고 그 주인이 될 수 있는 곳이다.

그리고 여기서 중요한 것은 의를 위해 고난을 받는 것이다. 여기서 의는 용서와 사랑으로 얻는 믿음의 의이다. 세상은 조건의 의이다. 자신이 노력해서 얻는 의인 것이다. 이것은 완전할 수 없는 의이다. 그러나 하늘의 의는 믿음과 은혜, 즉 용서와 사랑으로 얻는 하나님의 완전한 의이다. 용서와 사랑을 이루는 것은 바로 십자가이고 고난이다. 자신을 내려놓고 대신하는 사랑인 것이다. 그래서 의를 이루기 위해서는 십자가의 고난이 필수적이다. 그리고 팔복은 순환적이다. 고난을 통해 다시 가난할 수 있고 그래서 다시 팔복을 시작하는 것이다. 순환과 회귀가 없는 팔복은 진정한 복이 될 수 없다. 그래서 팔복은 졸업장이 아니고 계속 반복하면서 더 깊어져 가고 완전해져 가는 것이다. 바울이 말한 대로 끝까지 놓치지 않고 복음과 십자가의 길을 가는 것이 신앙의 바른 여정인 것이다. 이러한 순환을 할 때 진정 천국을 소유하는 복을 누리게 된다. 그래서 마지막 복과 첫 번의 복이 같은 천국을 소유하는 천국의 주인이 되는 그러한 복이 되는 것이다. 여기서 단순히 천국을 가는 것과 천국의 주인이 되는 것은 차이가 난다. 하나님은 우리가 단순히 칭의적 믿음으로 천국에 들어가는 복만을 받지 말고 팔복을 잘 순환하고 반복하여 천국의 주인이 되는 복을 누리는 축복을 주시기를 원하신다.

팔복은 내용적이지만, 형식적으로 보면 성막에서 했던 제사의 과정과 유사하다. 성막의 제사도 결국 예수님과 하나님을 만나는 과정이고 팔복도 그러하므로, 팔복과 성막은 안과 밖으로 만나게 되는 것이다. 성막은 보이는 예배이고 예배의 내용은 바로 팔복이 되는 것이다. 성막은 구약의 팔복이고, 팔복은 신약의 성막과 예배의 모형이 된다. 이는 우리의 내면과 몸에서 어떻게 바른 예배를 드려야 하는지에 대한 것이다. 그래서 성막의 제사를 통해 팔복을 다시 간단히 설명해보려고 한다.

성막의 의미와 팔복

팔복의 가난함은 바로 성막으로 들어오는 문이 된다. 세상의 가진 것으로 도망가지 않고 자신의 부족함과 죄, 아픔을 인정하고 오직 주님의 제사를 통해서만 해결하려는 마음이다. 이것이 가난한 마음이다. 성막문을 들어오면 예수님을 만나게 되고 천국에 들어오게 되는 것이다. 그리고 자신이 죽어야 하는 죄인임을 슬퍼하고 제물이 대신함을 보고 그 고통에 더 깊이 슬픔을 느끼는 것이 바로 즉 성막의 뜰에서 드려지는 번제의 과정이다. 그다음 물두멍으로 가서 씻고 자신을 거기에 비추어본다. 이는 속제물로 용서를 받는 자가 되는 것을 확인하는 과정이다. 용서를 받은 자는 바로 온유한 자가 되는 것이고 이로써 이제 하늘과 땅을 얻게 되는 것이다. 그 기업은 기초는 곧 성소이다.

이제 순결한 새 생명으로 성소에 들어가게 된다. 성소에는 먼저 진설병을 만난다. 진설병은 떡 상이다. 의에 주리고 목마른 자가 되어 주님의 몸을 먹음으로 의를 얻게 되는 것이다. 의를 먹음으로 몸과 공동체가 주의 것이 되는 것이다. 주님의 몸이 된다. 그리고 그 옆의 등대는 사랑이다. 주님을 중심으로 한 완전한 사랑을 경험하는 것이다. 십자가는 사랑이다. 그래서 의를 먹으면 반드시 긍휼히 여기는 사랑을 이웃과 지체에게 베풀게 되고 이를 통해 주님의 사랑과 더 깊은 연합을 하게 된다. 그다음이 분향단이다. 이는 지성소 즉 법궤 속의 하나님과 하나 되는 예배를 의미한다. 그래서 하나님과 막힘이 없는 완전히 하나 되는 결합을 하게 되는 것이다. 이 막힘이 없는 결합을 깨끗함으로 표현하는 것이다. 우리가 거룩한 향기 즉 영이 되어 주님과 영으로 하나가 되는 것이다.

치유받고 깨끗해진 영혼이 그토록 바라던 하나님을 만나게 되므로 우리의 구원과 치유는 절정에 이르게 된다. 하나님의 거룩함과 사랑의 그 깊은 심부에 우리의 영혼이 잠기게 되므로 우리는 지금까지 경험해 보지 못한 어마어마한 감격과 영광 가운데 머물게 된다. 이것이 하나님께서 우리에게 주시는 치유이며 구원이다.

지성소에서 하나님을 만나게 되면 인생을 향한 하나님의 사랑을 만난다. 이것이 법궤 안에 있는 하나님의 마음이다. 하나님의 마음은 아픔과 갈등 가운데 있는 인생을 복음으로 화평하게 하기를 원하시는 것이다.

그래서 그 마음과 하나 된 아들은 그곳을 떠나 평화를 이루는 아들의 삶을 살게 된다. 그래서 성막 밖에서 십자가를 지고 아들로서 고난을 받음으로 팔복과 성막의 예배를 완전히 이루는 것이다. 그리고 이 고난을 통해 가난해져서 다시 성막으로 들어가 순환하고, 반복하는 과정에 들어간다. 이것이 팔복을 성막의 과정으로 설명해본 것이다. 이를 우리의 몸과 마음에서 성전으로써 완전히 이루기를 원하시는 것이다.

선교의
내면적
의미

11

선교는 예수님의 지상 명령으로써 초대교회 이후 모든 기독교인과 교회의 최대 관심사인 동시에 최고의 목표였다. 최근 역사적 종말을 피부로 느낄 수 있게 해주는 상황 속에서 그 어느 시대보다도 선교의 필요성이 긴박하게 요구되고 있다. 그래서 최근 많은 기독교인이 선교에 헌신하기를 원하며 많은 교회가 이에 관심을 두고 지원하고 있다. 선교야말로 가장 눈에 보이는 기독교 신앙의 외적 확장이다. 외적 성격이 강할수록 외적으로만 뻗어나갈 수 있는 성향이 강하기 때문에 이를 보완하고 균형을 맞추는 선교의 내적 세계와 그 의미에 대해 더욱 깊은 관심을 가져야 한다. 이러한 관점에서 선교를 내면적인 관점으로 정리해보고 현재의 선교정책과 방법 등을 내적 관점에서 재점검해보는 것도 의미 있는 일이라고 생각된다.

하나님 나라의 내면적 의미

선교는 예수님께서 승천하시기 직전 제자들에게 하신 말씀 즉,

"그러나 성령이 너희에게 내리시면, 너희는 능력을 받고, 예루살렘과 온 유대와 사마리아에서, 그리고 마침내 땅 끝에까지 이르러 내 증인이 될 것이다."_행 1:8

는 말씀에 근거하여 출발하고 있다.

그래서 선교는 예수의 이름을 지구 끝까지 전하는 행위를 일컫게 된 것이다. 이러한 점에서 볼 때 자칫 선교는 외적 공간의 외적 행위로 인식되기 쉽다.

그러나 중요한 것은 외적인 선교 이전에 하나님 나라에 대한 바른 개념 정립이 필요하다. 예수님께서 이 땅에 오셨을 당시에도 예수님과 바리새인들 사이에는 하나님 나라에 대한 심한 견해 차이가 있었다. 그들은 하나님 나라를 외적인 나라로 보았다.(눅 17:20) 그러나 예수님께서는 오히려 내적인 상태로 하나님 나라를 해석한 바 있다.(눅 17:21)

"바리새파 사람들이 하나님의 나라가 언제 오느냐고 물으니, 예수께서 그들에게 대답을 하셨다. "하나님의 나라는 눈으로 볼 수 있는 모습으로 오지 않는다. 또 '보아라, 여기에 있다' 또는 '저기에 있다'하고 말할 수도 없다. 보아라, 하나님의 나라는 너희 가운데에 있다.""_눅 17:20~21

물론 예수님께서도 외적인 하나님 나라를 무시한 것은 아니었지만 내적인 하나님 나라의 회복 없이 외적인 하나님 나라의 확장은 의미가 없다는 것을 강조하기 위해 하나님 나라의 내면적 의미에 대해 무척 강조하셨다. 우리의 내면이 변화되지 않고 치료되지 않는 한 외적인 선교는 의미가 없다는 것이다. 외적 선교만 강조하다 보면, 충분히 성장하지 못한 연약한 영혼들을 실족하게 하여 오히려 선교가 더 어려워질 수 있으므로 선교는 외적 확장보다 한 영혼의 내면에 대한 깊은 이해와 함께 영혼의 내면을 그 출발지로 삼는 것이 바람직하다. 그래야 선교가 늦더라도 건강하고 건실해질 수 있기 때문이다. 그래서 성경은 선교는 처음부터 땅 끝이 아니라 가장 가까운 예루살렘에서부터 시작해야 한다고 말하는 것이다.

그렇다면 예루살렘은 어떤 곳인가? 그곳은 이방 나라가 아니라 하나님의 성전이 있는 선택받은 곳이었다. 왜 이곳에 선교가 필요한가? 적어도 선교는 이방에서 시작해야 하는데 어떻게 하나님을 믿는 이곳에 선교가 필요할까? 여기서 예루살렘의 의미는 내면적인 세계로 이해할 필요가 있다. 외적으로, 의식적으로는 하나님께 예배드리는 거룩한 곳이지만 여전히 그 내면이 상해 있고 포로 되고 갇힌 영이 깊은 곳에 숨어 있다면 예루살렘의 밑바닥을 먼저 치유하고 그곳부터 하나님의 나라를 이루어야 하지 않느냐는 것이다. 이것은 앞의 여러 글에서 이미 강조한 바다. 나의 내면이 진정으로 변화되어 하나님의 성전이 지어지고 하나님의 주권과 통치가 선포되지 않고서 외적 선교로 나간다는 것은 하나님의 방법이 결코 아닌 것이다.

반드시 통과해야 할 문

우리는 하나님의 방법과 파송이 아닌 외적인 이유와 절차에 의해서만 이루어진 파송이 하나님의 선교에 얼마나 큰 문제를 일으킬 수 있는지 이미 우리의 선교의 경험에서도 많이 목격할 수 있다. 내면에 대한 이해와 치유가 없는 선교가 얼마나 큰 잘못을 저지르는지 성경을 통해 살펴보자. 히브리서 11장 24절은 모세가 장성하여 바로의 공주 아들이라 불리기를 거절하고 도리어 하나님의 백성과 함께 고난 받기를 원해 그 백성에게로 나아갔다고 기술한다.

"믿음으로 모세는, 어른이 되었을 때에, 바로 왕의 공주의 아들이라 불리기를 거절하였습니다."_히 11:24

우리는 이것을 하나의 선교적 파송으로 볼 수 있다. 그것도 평범한 파송이라고 보기보다는 믿음으로 행한 위대한 파송이었다. 그 누가 이처럼 위대한 변신을 할 수 있었을까? 공주의 아들로서 모든 권력, 부귀와 명예를 버리고 스스로 압제받는 백성의 편에 서서 그들을 구원하려는 모세는 그 누가 보아도 위대한 변신과 파송이 아니었다고 말할 수 없을 것이다. 그것도 믿음으로 했다고 성경은 분명히 말하고 있다. 역사상 누구도 감히 흉내 낼 수 없는 어쩌면 예수님의 성육신만큼이나 희생적이고 위대한 파송을 단행한 모세였다.

그러나 화려하고 위대한 변신에 비할 때 그 결과는 너무도 비참하고 보잘것없었다. 자기 백성을 구원하기보다는 사람을 죽이고 오히려 그들로부터 배척을 받았다. 사람을 살리러 갔다가 죽이고 왔고 그들을 위해 갔다가 그들로부터 버림받고 말았다. 감동스러운 파송이 어떻게 해서 이러한 어처구니없는 결과를 초래하고 말았을까? 우리의 선교지에서는 이런 일은 없는가? 무조건 나의 직장과 보장받은 장래를 버리고 선교지로 간다고 해서 그것이 선교일까? 물론 그 헌신과 파송은 귀한 것이다. 그러나 그 귀한 헌신이 아름다운 열매로 맺어지기 위해서는 그 파송이 내면적 세계를 통과해야만 한다. 즉 자기 내면에 감추어진 아픔과 어두운 세계로의 파송이 먼저 이루어져야 한다는 것이다.

모세의 첫 번째 파송은 물론 믿음으로 결단한 것이지만 그것은 자기 내면의 문제를 해결하려는 투사적projective 행위였다. 자신의 깊은 내면에 자리 잡고 있던 열등한 히브리인을 감추고 애굽인으로 살아오면서 겪었던 그 내면적 갈등과 학대, 분노 등을 해결하기 위해 바로의 궁전을 떠났고 결국 이 내면적 문제 때문에 사람을 죽이고 말았다. 자신 속의 열등감과 분노 등 내면적인 문제를 선교지에서 터뜨리고 만 것이다. 그래서 하나님께서는 그 후 40년간 이 문제를 드러내고 치유하셔서 다시 기름 부으시는 파송하신 것이다. 시내산에서 모세가 하나님을 만나고 고백하는 마음은 바로 첫 번째 파송 때 감추고 있었던 그 마음이었고, 하나님은 이를 40년간 드러내고 치유하신 다음 그를 재파송하신 것이었다.

사도 바울도 위대한 변신을 한 후에 하나님께서 아주 오랫동안 그를 치유하셨다. 성경에 그 과정에 대한 구체적 기록은 없지만, 하나님께서는 내면의 두려움, 열등감, 억압과 학대, 분노 등의 문제를 깊이 다루시고 먼저 그 속에 하나님의 나라가 이루어지도록 치료한 후에야 그를 선교지로 파송하셨다.

물론 우리의 내면이 완전히 치유되어야 선교지로 파송될 수 있다는 것은 아니다. 그러나 적어도 자기 내면이 아프고 무력하다는 것을 알고 어느 정도의 치유를 경험한 사람만이 선교지로 가야 할 것이다. 즉 자신에게 문제가 있더라도 미리 조심하고 절제하여 적어도 사역지의 연약한 영혼들에게 상처를 주지 않을 정도는 돼야 한다는 것이다. 문제는 자기 내면이 열등감과 학대, 분노 등으로 가득 차 있으면서 이를 전혀 모르고 열심만 가지고 선교지로 갔다가는 모세처럼 선교지에서 사람을 아프게 하고 결국 그들로부터 버림받는 일이 일어날 수 있는 것이다.

내적 회복의 궁극적인 목적은 선교

내적인 치유와 회복을 강조한다고 해서 내면의 평안과 행복만을 추구한다는 뜻은 아니다. 흔히 내적치유와 회복의 중요성에는 공감하면서도 모든 문제를 내면 세계에서만 찾으려는 경향에 대해서는 반감을 보이는 사람도 있다. 내면적 세계와 행복에만 몰두하다 보면 이웃과 교회, 선교지에 대한 외적 관심이 줄어들지 않겠느냐는 우려에서 나오는 말이다. 당연한 염려이다. 한국의 성령 운동이 그러했기 때문이다. 성령 충만함이 자기가 복 받고 병 고치는 것으로만 제한되어 사회와 선교단체로부터 비판을 받았던 사실은 부인할 수 없다. 그러나 원래 성령의 충만은 곧 사도행전 1장 8절에 나오는 선교 명령의 전제였고 초대교회 공동체와 선교의 원동력이었다.

"그러나 성령이 너희에게 내리시면, 너희는 능력을 받고, 예루살렘과 온 유대와 사마리아에서, 그리고 마침내 땅 끝에까지 이르러 내 증인이 될 것이다."_행 1:8

그런데 한국교회의 성령 충만은 개인의 능력과 축복에만 머무른 기현상을 보였다. 혹시 내면세계에만 집중하다 보면 그렇게 되지 않을까 우려되기도 한다. 그러나 내적인 치유를 향한 하나님의 뜻은 전혀 그렇지 않다.

내적 회복의 궁극적 목적은 선교이다. 사실 선교를 위해 내적 회복이 필요한 것이고 내적 회복을 제대로 하게 되면 결코 자신의 내적인 평안에만 머물 수 없다. 반드시 자신에게 적절한 파송과 선교가 따르게 된다. 그렇지 않다면 그 내적 회복이 뭔가 핵심을 잃어버린 잘못된 것일 수 있다. 내적인 치유는 죄로 인해 병든 마음이 예수 그리스도의 보혈로 구원과 치유를 받아 그 영이 하나님을 만나 기뻐하고 강건해지는 과정이다. 앞 장의 팔복과 내적치유에서 기술한 대로 이 과정이 팔복에 단계별로 나타나 있고 궁극적으로 하나님을 만나고 나면 그 아름답고 영광스러운 곳에 머무는 것이 아니라 반드시 하나님의 아들로서 성막 밖으로 파송되는 것이다. 하나님을 만나는 것이 치유라면 하나님을 만날 때 반드시 그의 아들이 되고 또한 아들의 영이 그 속에 있을 때 예수님이 하셨던 일을 하지 않을 수 없다. 자기가 낳은 자식이 자기를 닮지 않을 수 없는 것과 같은 것이다. 만일 치유를 받고도 예수님이 하셨던 그 성육신의 파송이 없다면 그 속에는 아직 예수의 영이 성장하지 못했다는 것이요 치유가 충분치 않다는 증거이다. 내적인 치유를 통해 하나님을 만나고 내 속에 그리스도의 영이 충만할 때 우리는 이제 우리의 삶을 박차고 그리스도께서 원하시는 삶을 살게 되는 것이다.

그렇다면 하나님의 아들 예수 그리스도께서는 과연 어떤 삶을 사셨을까? 누구나 잘 알고 있는 사실이지만, 이를 선교의 내적 의미라는 관점에서 다시 한 번 정리해보자. 성경이 모두 예수님을 가리키지만, 특별히 예수님의 삶과 아주 가까운 모형을 제시하고 있는 인물이 있다. 요셉과 다윗이라 생각된다. 먼저 요셉을 살펴보자. 사랑받는 아들로서 살다가 하나님이 주신 꿈 때문에 핍박을 받고 노예로 팔려 갔다. 그 후 그는 잠시 시위대장 보디발의 집에 거하는 것 외에는 계속 감옥에 갇혀 산다. 그러다가 30세에 총리대신이 된다. 요약해서 말하면 아버지의 집을 떠나 갇힌 자들과 같이 감옥에 있다가 총리가 된 것이 그의 인생이다. 다윗의 삶도 유사하다. 기름 부음을 받은 다음, 그는 핍박받으며 쫓겨 다니는 삶을 산다. 그러다가 아둘람 굴로 도망하여 압제받는 사람들과 빚에 시달리는 사람들과 원통하고 억울한 일을 당한 사람들의 우두머리가 되었다가 나중에 그들의 왕이 되었다.

"다윗은 거기에서 떠나, 아둘람 굴 속으로 몸을 피했다. 그러자 형들과 온 집안이 그 소식을 듣고, 그 곳으로 내려가, 그에게 이르렀다. 그들뿐만이 아니라, 압제를 받는 사람들과 빚에 시달리는 사람들과 원통하고 억울한 일을 당한 사람들도, 모두 다윗의 주변으로 몰려들었다. 이렇게 해서 다윗은 그들의 우두머리가 되었는데, 사백여 명이나 되는 사람들이 그를 따랐다."_삼상 22:1~2

그리스도의 삶을 보자. 하나님 아버지의 집을 떠나 이 땅에서도 화려한 궁중에 계시지 않고 버림받은 마구간에서부터 그의 삶을 시작하여 늘 그의 주위에는 가난하고 병든 자들이 있었으며, 버림받은 세리와 창녀와 함께하셨다. 그리고 십자가와 부활을 통해 우리의 왕이 되셨다. 이것이 요셉, 다윗 그리고 예수님에게서 발견되는 공통적인 삶이다. 그런데 이러한 삶은 몇 사람에게서만 나타나는 특별한 경우가 아니다. 예수님의 영이 있는 모든 사람에서이다. 누구나 치유받고 하나님의 아들이 되면 이러한 삶을 살게 되는 것이다. 복된 하나님의 집을 떠나, 갇힌 자, 상한 자, 아픈 자, 묶인 자, 신음하는 자, 포로가 된 자들과 같이 사는 것이다. 이것이 선교이며 파송의 삶이다. 그래서 그들의 죄로 인해 하나님과 이웃과 평화를 누리지 못하는 그들을 예수의 이름으로 다시 화평하도록 돕는 것이 이들의 의무이다. 이것이 팔복의 일곱 번째 화평하게 하는 자의 복인 것이다.

핍박을 이기는 힘은 용서와 온유

그러나 이 파송에는 반드시 핍박이 있다는 것을 기억해야 한다. 갇힌 자들에게 가서 그들을 구원하고 치유하기 위해서는 그들을 묶고 가두어 놓는 것으로부터 해방하는 일을 해야 한다. 예수님의 희년적 사역이 바로 그것이고 모세가 애굽에서 한 일이 바로 그 것이다. 그런데 바로는 결코 하나님의 백성을 쉽게 놓아주지 않았다. 더 심한 학대와 핍박을 가했다. 그러므로 하나님의 아들은 갇힌 자들을 해방하기 위해서 반드시 핍박받을 수밖에 없다. 예수님이 바리새인들에게 핍박받았고 다윗도 사울에게 핍박받았다. 그리고 요셉도 그 형들과 애굽에서 여러 번의 억울한 핍박을 받았다. 그러나 그들은 이 핍박에 대해 한결같은 태도를 보였다. 그 핍박에 항거한 흔적이 없으며 모두 어린 양이 도살장에 끌려가듯 온유함과 용서로 그 핍박을 견디어냈다. 이러한 온유와 용서는 하루아침에 그렇게 될 수 있는 것은 아니다. 팔복에서처럼 내면적인 치유의 과정을 밟은 자만이 가능하다. 즉 내적인 치유 과정을 거쳐 진정한 하나님의 아들이 되어야만 할 수 있는 특별한 능력이다. 선교지에서의 가장 중요한 능력이 바로 온유와 용서이다.

  아무리 열정적이고 능력이 있다고 하더라도 온유함이 없이 분노로 가득 찬 사역자가 있다면 그는 자기 수고에 비하면 제대로 된 선교의 열매를 얻기 어려울 것이다. 온유한 자, 용서하는 자만이 선교지와 영혼의 기업을 얻게 될 것이다. 선교는 곧 용서이다. 용서하는 자만이 선교를 할 수 있다. 그런데 이 용서는 내가 용서받는 치유의 경험 없이는 결코 의지적으로나 심리적으로 가능하지 않다. 모세가 광야에서 한 일 가운데 가장 중요한 것이 용서였고 그래서 그는 가장 온유한 사람인 동시에 가장 위대한 지도자로 기록되고 있다. 광야에서 이스라엘은 반복적으로 하나님을 떠나고 원망과 불평을 하였다. 과거의 모세였으면 그들을 도저히 수용하고 같이할 수 없었을 것이다. 그러나 그는 용서하며 온유했다. 어떠할 때는 하나님과 싸우면서 그들의 용서를 구하기도 했다. 그래서 그는 이 땅에서 가장 온유한 자가 된 것이다. 그가 분노로 사람을 죽인 사람이었다는 것을 안다면 정말 놀라운 변화가 아닐 수 없다.

핍박을 받고 이를 용서하는 자만이 천국에서 상을 받고 왕이 된다. 이것이 팔복의 마지막 단계이며 선교사역의 가장 핵심적인 내용이다. 그러나 인간으로서는 가장 고통스럽고 어려운 대목이 바로 이 핍박과 용서이다. 인간으로는 거의 불가능한 부분이며 이는 하나님의 아들 즉 예수님과 연합하지 않으면 도저히 이룰 수 없는 영적인 부분이다.

이러한 사역을 우리의 힘만으로 감당하기는 결코 쉽지 않다. 성령의 도우심이 없이는 결코 감당할 수 없는 일이다. 그래서 성령의 도우심을 간절히 구해야 한다. 다행이 우리에게 위로가 되고 힘이 되는 것은 성령께서 반드시 갇힌 자들과 같이한다는 것이다. 성령은 부유한 것에 머무는 자들에게 있지 않다. 우리가 치유를 받고 만일 그 은혜와 하나님의 부유함 속에 계속 머문다면 그 성령과 은혜는 소멸하고 말 것이다. 그리고 우리는 계속 그 치유를 잃어버려 다시 세상의 종살이를 하고 만다. 요셉을 통한 치유와 은혜가 다시 종살이로 바뀐 이유가 바로 이 때문이다. 치유받고 갇힌 자들에게로 흩어져 파송되지 않으면 성령의 역사는 소멸한다. 이것이 영적 원리이다. 그러므로 계속된 치유와 성령의 충만함을 위해서는 선교지로 가야 한다. 가난하고 갇힌 자들에게로 반드시 나아가야 한다. 그곳으로 가는 자에게는 성령의 충만한 역사가 반드시 따라간다. 물론 꼭 외국의 선교지를 가는 선교사가 되라는 뜻은 아니다. 그 선교지가 어떠하든 어떠한 선교사의 형태이든 주위의 아프고 갇힌 영혼을 향해 가서 그들을 해방하고 회복시키는 사역을 해야 한다는 것이다.

선교사역을 통한 치유

교회가 성령의 충만함과 은혜를 입고 선교지로 흩어지지 않기에 병들고 분열하고 타락하는 경우를 교회사를 통해 종종 볼 수 있다. 그러므로 우리는 계속된 치유와 성령 충만을 위해서도 꼭 선교해야 한다. 이것이 내가 계속 치유받는 길이기도 하다. 물론 선교는 내가 치유받음으로써 할 수 있는 것이지만, 동시에 선교의 사역을 통해서 내가 계속 치유받을 수 있는 것도 사실이다. 우리는 치유가 완전해진 다음에 선교를 할 수 있는 것은 아니다. 어느 정도의 치유경험, 그리고 자신의 상한 것을 겸손히 드러낼 수 있는 사람이면 선교사의 자격이 있다. 그러나 선교를 통해서 치유는 계속되어야 한다. 하나님께서 요나를 선교지로 보내실 때는 니느웨성의 사람들을 위해 보내신 뜻도 있지만, 요나를 치유하시려는 뜻도 있으셨다는 것을 우리는 기억해야 한다.

사도 바울의 1~3차 전도 여행에서도 바울을 치유하시려는 하나님의 구체적인 뜻이 있었다. 그러므로 우리는 선교지에서 그 선교의 대상들과 더불어 나도 함께 치유를 받고자 하는 자세로 겸손하게 사역에 임해야 한다. 모세는 치유받은 다음 다시 애굽으로 갔지만, 그 역시 출애굽 하면서 다시 그들의 백성과 함께 치유를 받는 것을 볼 수 있다. 여러 번 강조하는 바이지만, 여기서 치유라고 말하는 것은 임상적인 치유만을 의미하는 것이 아니다. 하나님을 더욱 깊이 만나고 하나 되는데 장애가 되는 과거의 상처와 아픔을 치유하고 하나님의 약속을 나의 몸과 삶에서 이루는 것을 의미하기에 모든 신앙인에게 해당되는 치유이다.

하나님께서는 사역을 통해서 구체적으로 어떻게 치료하실까? 먼저 사역지에서 해야 하는 일은 갇힌 자들을 해방하는 일이다. 이때 자신도 아직 세상이나 사단에 묶여 있는 사실이 동시에 드러난다. 내가 아직도 묶여 있다면 선교지의 영혼들을 해방할 수 없다. 내가 아직도 돈과 명예, 욕심 등에 묶여 선교한다면 그 선교는 능력이 없다. 예수님은 이 땅에 오셔서 공생애의 사역을 하시기 전 광야에서 40일간 금식을 하시고 마귀의 세 가지 시험에서 승리하셨다. 이는 우리가 사역하기 전에 끊고 떠나야 할 것을 말씀하신 것으로 그들을 해방하기 위해서는 내가 먼저 하나님 외의 것은 모두 떠나는 온전한 해방과 치유의 경험이 있어야 한다. 하나님께서는 이처럼 사역지의 영혼을 해방하시며 나의 해방도 다시 확인하시는 것이다.

출애굽한 이스라엘 백성들이 광야 생활에서 모세와 하나님을 여러 번 원망하였지만, 모세는 이 모두를 용납하며 하나님께 간구한 온유한 지도자였다. 사역지에서 해방을 경험한 영혼에게 그다음으로 가장 중요한 사역은 용서를 경험하는 것이다. 그래서 사역자에게 가장 먼저 요구되는 덕목은 온유한 성품이다. 사역자가 온유함을 얻는 과정을 통해 내면적 세계를 치유하시고 다지시는 것이다. 분노함으로는 결코 사역할 수 없음을 확인시켜 주신다. 이 용서는 분노를 참고 의지적으로 용서하는 것이 아니다. 자신이 십자가에서 받은 용서를 통해서만 가능하다. 그래서 더 깊은 용서를 먼저 체험해야 사역지에서 용서가 가능한 것이다.

그다음 이스라엘 백성들은 시내산에서 말씀과 성막 그리고 성령을 받고 가나안 정복을 준비하게 된다. 구원받은 성도들이 말씀과 성령을 받은 뒤 또 다른 사역지에서의 영적 싸움을 위해 준비하고 훈련하는 단계라고 볼 수 있다. 여기서 지도자에게 가장 요구되는 것은 공동체를 잘 관리하는 것이다. 성령은 공동체의 교제를 통해 충만해지고 이 공동체의 강건함을 통해 영적 전쟁을 할 수 있기 때문이다. 혼자서는 신앙생활을 잘하지만, 공동체의 삶에서 내면적인 문제가 드러나고 이 문제에 걸려 넘어지는 지도자와 성도들이 많다. 나의 내면적 치유는 반드시 공동체의 삶을 통해 확인되어야 한다. 만일 공동체 속에서 성령의 열매, 특별히 사랑의 관계를 맺지 못한다면 그 내적치유는 아직 미성숙한 단계이며, 드러난 문제로 더욱 깊은 치유를 계속해나가야 한다. 공동체 치유의 단계를 뛰어넘지 못해서 결국 분열하는 교회와 선교단체들이 많다. 사역지에서 하나 되지 못하는 선교사들, 혼자는 능력이 있고 문제가 없는 것 같지만, 같이 일해 보면 문제가 생기는 선교사들, 그 문제의 이유가 무엇이든 이런 문제를 통해 사역자는 더 깊은 자기 치유로 들어가야 한다. 이 역시 의지적인 사랑이 아니라 십자가를 통해 진정한 사랑이 경험되어야 가능한 것이다.

내면의 치유와 강건함이 선교의 가장 큰 능력

이 문제를 극복하지 못하면 더 위대한 선교의 성장을 이루지 못하고 한 개인의 영세한 선교에 머물고 말 것이다. 하나님께서는 영적 싸움을 위해 성령 안에서 선교의 공동체가 하나로 뭉치기를 원하신다. 선교는 성령님이 하시는 사역이기에 지체들과 하나 되지 않으면 결코 성령께서 역사할 수 없다. 그리고 영적 전쟁에서도 패하고 만다. 그래서 선교지로 가기 전에 공동체의 삶을 통한 나의 문제를 반드시 점검하고 지체들의 나에 대한 의견과 평가에 겸허한 마음으로 귀 기우릴 필요가 있다.

선교는 영적 전쟁임을 알고 영적 전쟁에 대한 준비와 훈련을 충분히 쌓아야 한다. 하나님께서는 이스라엘 백성을 가나안 정복에 앞서 철저히 준비시키고 훈련하시는 것을 볼 수 있다. 말씀, 성령, 공동체의 삶과 성결하고 경건한 삶, 영적 전쟁에 대한 훈련 등 하나님께서는 그의 백성을 철저하게 훈련한 다음에 그들을 가나안으로 내어 보내셨다. 아무리 선교지의 사정이 급하고 죽어가는 영혼이 많다고 하더라도 철저하게 훈련받지 않은 선교사를 파송하는 것보다 차라리 보내지 않는 것이 더 현명할 것이다. 한번 잘못된 선교지를 다시 회복하는 것보다 조금 늦더라도 바른 방법으로 선교를 하는 것을 성령님께서 더 원하시는 것이다. 특히 국내에 있는 갇힌 영혼들, 즉 소외되고 가난하고 병든 영혼들을 통해 충분히 훈련받지 않고 해외선교로만 먼저 뛰어드는 경우가 있는데, 이러한 파송이 과연 바람직한 과정일 지에 대해서도 냉정하게 검토해보아야 한다.

국내 선교와 해외선교는 구별되지 않는다. 오로지 갇힌 영혼을 향해 가는 것이 선교이다. 우리는 국내의 갇힌 영혼들을 통해 충분히 준비하고 훈련받아야 한다. 바로 이 훈련은 나의 내면 문제를 미리 드러내게 하고 이를 치유하고 강건케 하여 하나님께서 준비하신 그 가나안 땅에서의 싸움을 백전백승하도록 할 것이다. 나의 내면을 모르고 선교지로 뛰어드는 것처럼 무모한 일은 없다. 하나님은 나의 내면을 드러내고 치유함으로 강건하게 되어 선교지로 파송하려는 것이 그의 분명한 뜻임을 알아야 한다. 선교는 그들을 구원하고 치유하는 것인데 내가 치유받지 않고는 참 선교를 이룰 수 없다. 내면의 치유와 강건함이 선교의 가장 큰 능력임을 잊지 말아야 할 것이다.

하나님의 일을 위해 일반인들이 추구하는 행복을 포기하고 힘든 삶에 뛰어든다는 것은 보통의 결심만으로 쉽지 않다. 특히 오지나 핍박이 있는 지역으로 나가는 선교는 더욱더 그렇다. 모세가 자기의 왕자 직위를 버리는 것과 같은 희생과 결단이 따라야 한다. 그러나 희생적인 결단을 하는 만큼 자신의 문제를 숨기고 방어하는 기회가 될 수 있음을 인지해야 한다. 흔히 말하는 대로 이러한 선교와 사역은 자신의 복잡한 문제를 한방에 해결하는 도피적인 방어가 될 수 있다는 것도 알아야 한다. 모세와 바울도 그러했기 때문에 어떠한 사역자에게도 이러한 문제가 없다고 생각할 수 없다. 그렇다고 이러한 결단과 희생을 주님께서 받지 않으시는 것은 아니다. 모세와 바울의 헌신도 받으셨다. 그러나 주님의 관심사는 사실 사역도 중요하지만, 사역자의 내면 변화를 통해 주님과 더 깊이 만나길 원하신다는 것을 우리는 늘 기억해야 한다. 주님과 하나 됨이 없이는 사역이 의미가 없기 때문이다. 주님이 나를 통해서 하시는 것이 사역이고 선교이기 때문에 내가 주님과 하나 되는 것이 가장 급하고 중요한 문제이다. 그래서 헌신과 사역도 중요하지만, 자기 내면을 항상 살펴보고 자신이 주님과 만나는 데 어떠한 어려움과 장애가 있는지를 알아 이를 고쳐나가는 치유의 자세가 정말로 중요하다. 주님과 하나 되므로 내면적인 강건함과 온유가 사역과 선교에 가장 큰 힘과 덕목임을 기억해야 할 것이다.

구속사에 나타난 치유의 모형

12

내적치유는 새롭게 개발된 내면의 치유 방법이 아니다. 그렇다고 기존 정신의학이나 임상심리학 등에서 연구된 어떤 내면의 원리나 치유 방법을 신학적으로 변용한 치유 방법도 아니다. 물론 내적치유의 내용 중에 기존 정신의학과 심리학의 개념과 방법 등이 포함되지 않은 것은 아니지만, 그렇다고 결코 정신의학과 신학의 만남, 혹은 상호 간의 조화를 통해 이러한 내용이 도출된 것도 결코 아니다. 하나님을 전제로 하지 않은 세상의 학문이 하나님 중심의 학문과 부분적인 대화는 가능하지만, 본질적으로 만나는 것은 어렵다. 그렇다고 신학이나 성경이 세상의 학문을 무시해도 된다는 뜻은 아니다.

  만남을 먼저 시도하기보다는 철저하게 하나님과 그 말씀의 내용 위에 바로 설 때, 세상의 학문은 이미 그 속에 포함된다. 그것은 하나님이 인간과 세상을 창조하신 창조주이시기 때문이다. 창조주 하나님께서 창조하신 인간 정신에 관해 비록 무신론자가 이를 연구하더라도 그 속에 성경에 있는 창조 원리가 어떻게 나타나지 않을 수 있겠는가? 그러므로 심리학과 신학의 만남을 별도로 추구하기보다는 성경을 먼저 철저하게 연구할 때 이미 그 속에서 심리학과 정신의학적인 내용을 발견할 수 있을 것이다. 이를 통해 성경과 심리학의 만남이 가능할 수 있을 것이다.

내적치유를 위한 구체적인 방법

이러한 원리에서 볼 때 인간의 정신적 문제와 치유도 성경 속에서 찾을 수 있다. 내적치유는 성경 속에서의 인간 창조와 죄 그리고 구원을 통한 하나님과의 관계 속에서만 진정으로 이해되고 발견될 수 있다. 인간 마음의 가장 중요하고 핵심적인 문제와 사건이 바로 이것이기 때문이다. 이 문제를 제외하고 다른 정신적인 문제를 아무리 풀어보려고 해도 그것은 극히 피상적인 접근 방법밖에 되지 못한다.

그러므로 인간의 가장 중요한 문제인 하나님과의 관계를 중심으로 그 내면의 문제를 이해하고 풀어보려고 하는 것이 바로 내적치유인 것이다. 따라서 내면의 상함은 바로 인간의 죄와 타락 과정이요, 그 내면의 치유는 곧 구원의 내용이다. 구원 속에 이 내적치유는 가장 핵심적인 내용과 과정이 된다. 죄로 인해 상한 영과 마음을 회복하지 않고는 그 어떠한 구원과 회복도 의미가 없기 때문이다. 그러므로 구원의 내면적 과정이 바로 내적치유라고 볼 수 있다.

성경은 곧 인간을 구원하시기 위해 주신 하나님의 말씀이다. 그러므로 성경 속에는 바로 그 구원을 통한 내적치유가 가장 핵심적으로 포함되어 있다. 그렇다고 성경이 인간의 심리나 치유를 직접적으로 기술하며 표현하고 있는 것은 아니다. 내적치유의 내용은 성경에 별도로 기술되어 있기보다는 성경의 가장 본질적 내용인 구원과 구속사의 내용 속에 포함되어 있으며, 그 내용의 내적 적용이 바로 내적치유인 것이다. 그러므로 우리는 성경의 구속사에 나타난 내용을 내적으로 연구하고 적용함으로 내적치유를 계속해나갈 수 있다.

내적치유는 구체적으로 어떤 방법을 통해 받을 수 있을까? 첫째로 내적치유 세미나가 있다. 내적치유에 대한 강의를 듣고 이를 내면적으로 적용함으로 치유를 할 수 있다. 그리고 조별 모임을 통해 서로 적용한 부분을 나누고 이를 위해 중보 기도를 할 수 있다. 가장 큰 치유의 힘은 기도이다. 세미나는 치유의 동기와 마음을 열게 하는 역할을 하고 조별 모임을 통해 이를 더욱 구체적으로 드러내게 하지만, 이를 기초로 한 실제적인 치료는 기도이다. 성령에 의한 치유적 기도가 꼭 필요하다. 그러나 반드시 내적치유 세미나를 들어야만 치유가 일어나는 것은 아니다. 우리가 매일 드리는 예배와 읽는 성경 말씀을 통해서도 치유가 일어날 수 있다. '내적 성전과 예배'에서 치유적 예배를 어떻게 드릴 것인지에 대해 이미 기술한 바 있다. 그렇다면 우리가 매일 보는 성경 말씀을 통해서는 내적치유를 어떻게 계속해나갈 수 있을까? 앞서 밝힌 구속사의 내용을 통해서 이를 해나갈 수 있다.

성경은 예수님에 관한 말씀이다. 예수님은 곧 구원이시고 복음이시다. 그러므로 예수님은 곧 우리의 치유이신 것이다. 그러므로 어떤 성경을 보아도 그 속에 계신 예수님을 발견할 수 있듯이 그 속에 있는 치유를 발견할 수 있다. 이제 대표적으로 성경의 구속사에서 지금까지 여러 주제에서 다룬 치유의 내용이 어떻게 나타나는지를 살펴보려고 한다. 이는 내적치유에 대한 성경적, 신학적 기초를 찾아보려는 뜻도 있지만, 우리가 성경 속에서 어떻게 치유를 발견하며 스스로 내적치유를 해나갈 수 있는 방법과 실례 등을 들기 위함의 뜻도 있다.

구속사의 세 가지 모형

이에 앞서 앞장까지 설명한 내적치유의 원리를 한 번 더 단계별로 정리해보자. 치유의 첫 단계는 인간이 상한 마음으로 인해 하나님을 대신하여 의지하였던 세상과 인간관계를 떠나고 끊는 단계이다. 떠남을 통해 상하고 아픈 마음을 드러내고 하나님 앞에 가난하고 애통한 마음으로 나아가는 것이다. 이것은 예수 그리스도의 십자가 죽음과 해방의 과정이다. 그러나 이것만으로 치유가 충분치 않다고 했다. 죄인으로부터 용서받고 하나님의 아들로서 용납되는 신분 변화의 과정이 필요하다. 이것이 치료의 두 번째 단계이다. 그래서 이 단계에는 대속의 용서와 함께 하나님의 아들로서의 인치심이 일어나게 된다. 즉, 이는 예수님의 십자가와 부활에서 이룬 사건과 능력을 성령을 통해 더욱 확실히 다지기 위해 성령으로 인치고 확인하는 것이다.

그다음 단계의 치유는 새롭게 변화된 아들로서 하나님의 능력과 기업을 얻는 과정이다. 이 과정을 통해 자신이 더욱 성장하고 강건해지겠지만, 그 강건함이 반드시 자신만의 건강을 유지할 정도로서만이 아니라 다른 사람을 구원하고 치유해줄 수 있을 정도로 발전되어야 한다. 이를 위해서 하나님께서 더욱 큰 능력과 기업 그리고 공동체를 주시는 것이다. 이것이 성도들이 하나님의 나라에 가기 전에 이 땅에서 누릴 수 있는 치유이며 하나님 나라의 내용이 되는 것이다. 성경은 구속사 속에 있는 이러한 세 단계의 치유 과정을 하나의 모형으로써 제시하고 있다.

그런데 성경은 이 모형을 가장 원초적인 모형에서부터 점점 발전되어 가는 형태로 제시하고 있다. 이 모형은 궁극적으로 예수 그리스도로 결실을 맺고 그 후 성령강림과 교회사를 통하여 더욱 온전한 모습으로 완성되어진다. 구속과 치유의 모형은 결국 예수님의 재림으로 발전적 과정이 끝을 맺고 천상의 하나님의 나라로 모든 것이 완결된다. 이제 그 모형이 구속사를 통해 어떻게 발전되어지는지를 살펴보도록 하자.

첫 번째 하나님의 구원은 인간이 죄를 범하고 나서 에덴동산으로부터 쫓겨나는 그 순간에서부터 시작된다. 하나님께서는 죄로 인해 정녕 죽을 수밖에 없는 인간들을 불쌍히 여기셔서 버림받은 순간부터 구원하실 것을 말씀하신다. 여자의 후손 예수 그리스도가 뱀의 머리를 상하게 할 것이며 아담과 그 아내에게 가죽옷을 입히시는 말씀을 통해 예수 그리스도의 죽음으로 인간을 구원하실 것을 약속하셨다.

"주 하나님이 뱀에게 말씀하셨다. "네가 이런 일을 저질렀으니, 모든 집짐승과 들짐승 가운데서 네가 저주를 받아, 사는 동안 평생토록 배로 기어다니고, 흙을 먹어야 할 것이다. 내가 너로 여자와 원수가 되게 하고, 너의 자손을 여자의 자손과 원수가 되게 하겠다. 여자의 자손은 너의 머리를 상하게 하고, 너는 여자의 자손의 발꿈치를 상하게 할 것이다.""_창 3:14~15

"주 하나님이 가죽옷을 만들어서, 아담과 그의 아내에게 입혀 주셨다."_창 3:21

이 말씀이 구속사의 가장 기초적인 모형이다.
그 후 창세기에는 이 믿음의 세 사람이 등장한다. 아벨(히 11:4), 에녹(히 11:5)과 노아(히 11:7)이다.

"믿음으로 아벨은 가인보다 더 나은 제물을 하나님께 드렸습니다. 이런 제물을 드림으로써 그는 의인이라는 증언을 받았으니, 하나님께서 그의 예물에 대하여 증언하여 주신 것입니다. 그는 죽었지만, 이 믿음으로 말미암아 아직도 말하고 있습니다."_히 11:4

"믿음으로 에녹은 죽지 않고 하늘로 옮겨갔습니다. 하나님께서 그를 옮기셨으므로, 우리는 그를 찾을 수 없었습니다. 옮겨가기 전에 그는 하나님을 기쁘게 해드렸다는 증언을 받은 것입니다."_히 11:5

"믿음으로 노아는, 하나님께서 아직 보이지 않는 일들에 대하여 경고하셨을 때에,

하나님을 경외하고 방주를 마련하여 자기 가족을 구원하였습니다. 이 믿음을 통하여 그는 세상을 단죄하고, 믿음을 따라 얻는 의를 물려받는 상속자가 되었습니다."_히 11:7

이 세 사람이 각기 더 발전적인 구속사적 모형을 제시한다. 아벨은 하나님께 바른 제사를 드리고 그것 때문에 죽은 사람이다. 제사는 자신의 상함을 제물로 대신하여 드리는 것이며 아벨은 자기 자신을 제물로 드리는 온전한 제사를 드렸다. 이는 치유의 첫 단계인 떠남과 해방의 십자가에 해당한다. 두 번째인 에녹은 죽음을 맛보지 않고 하늘로 올리운 자로 용서받은 하나님의 아들의 두 번째 치유단계를 의미한다. 노아는 구원의 방주를 지은 자로서 세 번째 치유 단계인 기업과 교회를 의미한다.

가계와 민족으로 확장된 구원

이 구속사적 모형은 서로 관계없는 세 사람의 삶을 통해 드러났지만, 이제 그 모형은 좀 더 발전적이고 연속적인 모습으로 발전되어 나타난다. 창세기 12장 이후 아브라함과 그 자손들을 부르심으로 하나님의 구속 역사는 좀 더 구체적이고 확실히 진행된다. 먼저 아브라함을 믿음의 조상으로 부르시며 그 씨를 통해 구원을 이룰 것을 약속하셨는데, 이 구원이 곧 떠남을 통해 시작되었다는 것이다. 아브라함은 떠남의 사람이었다. 본토 친척과 아비의 집을 떠난 아브라함은 25년간 계속해서 떠나는 삶을 살았다. 떠남은 갈대아 우르를 떠난 외형적인 떠남만을 말하지 않는다. 하나님께서는 진정 우리 내면의 떠남을 보시고 이를 원하시는 것이다.

아브라함의 떠남은 물질과 사람의 떠남, 축복과 능력을 떠나, 자신의 소유물을 떠나, 자기 생각과 감정을 떠나, 그리고 하나님이 주신 기업인 이삭의 떠남에 이르기까지 하나님께서는 아브라함을 철저하게 떠나도록 하신 것이다. 이것이 곧 예수 그리스도께서 이 땅에 오셔서 하신 성육신과 십자가의 떠남의 모습이었다. 그러나 그 후의 이삭은 아브라함과는 반대로 하나님의 큰 은혜를 입은 자이다. 은혜와 용서를 입은 자 곧 하나님 아들의 모습을 보여준 것이다. 그 후의 야곱은 이삭과 또 전혀 다른 모습을 보여준다. 야곱은 그의 일생을 통해 하나님의 기업을 어떻게 얻는 것인가를 보여주고 있다. 자기의 열심과 지혜로 얻었던 기업은 결코 요단강(얍복강)을 건널 수 없었으며 결국 모든 것을 포기한 십자가를 통해서만 하나님의 축복, 즉 이스라엘이라는 기업을 얻을 수 있었다.

아브라함, 이삭, 야곱을 통한 한 가계의 구원과 치유는 드디어 요셉이라는 한 인물의 삶을 통해 열매 맺게 된다. 요셉은 앞선 세 사람의 치유 과정을 한 번 더 집약하여 밟게 되며 그 치유의 결과인 하나님의 아들로서의 삶을 예시하고 있다. 요셉에 대한 자세한 내용은 '선교와 내적 치유'에서 자세히 다룬 바 있어 이 글에서는 생략한다.

한 가계를 택하시고 구원과 치유를 이루신 하나님의 구속 역사는 여기에서 머무르지 않고 한 민족의 단위로 발전된다. 요셉의 자손들은 애굽에 머물면서 4백 년 동안 큰 민족으로 자라게 되며 하나님께서는 이 민족을 집단으로 다시 구원하시고 치유하시는 일을 하신다. 이 과정도 앞선 세 단계를 통해 이루어진다. 즉 출애굽이 첫 번째 단계이다. 출애굽은 치유의 첫 단계인 떠남과 끊음의 과정이다. 물론 이 사건 이전에 하나님께서는 모세를 먼저 부르셔서 구원하시고 치유하시는 일을 하신다. 모세를 통해 출애굽의 사건을 보여주실 때 앞선 아벨과 아브라함의 떠남과 해방의 과정보다 훨씬 더 깊고 자세하게 보여주신다. 한 개인과 가족이 아닌 민족이 떠날 때는 그만큼 끊고 해방될 것이 많기에 바로의 열 가지 재앙을 통해 그 끊어야 할 것이 무엇인지 더욱 구체적으로 말씀해주고 계신다. 그리고 광야는 은혜와 용서의 단계이면서도 가나안에 들어가기 위한 준비와 훈련단계로 과거의 에녹과 이삭의 삶보다 훨씬 더 자세하고 구체적인 내용들을 소개해주고 있다. 이스라엘 백성들은 광야에서, 새 생명으로서 양육을 받고 성장해가는 데 필요한 말씀(십계명)과 성령을 받았으며 가나안 정복을 위한 준비로써 공동체와 성결 및 영적 전쟁 등에 대한 여러 훈련을 받았다.

 이는 구원받은 후 하나님의 자녀와 훈련된 군사로 변화하고 성장하는 동시에, 애굽에서 종살이하며 굳어진 과거의 병과 잘못된 습성들을 치유하고 씻어버리는 과정이기도 하다. 그래서 가나안의 영적 기업을 얻기에 합당한 자로 만드는 중요한 과정이다.

구원과 치유를 명절을 통해 기억하게 함

가나안에서 이스라엘 백성의 전쟁은 영적 기업을 어떻게 얻는지를 보여주고 있다. 칼과 무력으로 기업을 얻는 것이 아니라, 유월절과 할례를 통해 다시 한번 세상과 나를 떠나 죽고, 오로지 하나님만 믿고 순종하는 것이 내적치유의 내용인 동시에 십계명의 본질적 내용이 되며 또한 가나안 정복의 원동력이 된다.

이스라엘 백성의 이러한 세 단계의 구원과 치유를 하나님께서는 그 후손들에게 명절을 통해 기억하도록 하셨다. 즉 유월절, 오순절과 초막절(장막절)이 그것이다. 유월절은 출애굽을 기념함이요, 오순절은 시내산의 율법과 하나님의 강림을 기념함이요, 초막절은 물론 광야에서의 생활을 기억함을 통해 광야의 초막에서 가나안의 기업을 주심을 감사하는 절기이다. 이 절기는 예수님이 오신 다음 다시 재현되는데 유월절은 십자가요, 오순절은 마가 다락방의 성령강림절이 되고 가나안의 기업과 초막절은 초대교회의 탄생과 그 선교사역이 되는 것이다.

가나안의 정복으로 한 민족을 통하여 하나님의 구원과 치유의 사역은 이제 다 완성하셨다. 하나님께서는 그 후 가나안에서의 사사기의 방황과 혼돈의 과정을 지나게 하신 다음 사울 이후부터 이스라엘 왕국을 세우셨다. 이스라엘 왕국에서는 다윗을 통해 그동안의 구원과 치유를 다시 반복하게 하시고 하나님의 아들로 사는 삶을 더욱 구체적으로 보여주신다. 앞서 기술한 요셉처럼 다윗은 하나님의 아들 예수 그리스도의 예표적 삶으로서, 상한 자와 갇힌 자들을 통해 다윗 왕국을 수립하는 과정을 자세히 보여주고 있다.

　요셉과 다윗은 각기 30세 때 총리와 왕이 되었으며 예수님도 30세에 왕으로서의 공생애를 시작한 점 등은 이러한 하나님 아들의 삶을 구조적으로 보여주시려는 하나님의 섬세한 뜻이 담겨 있음을 시사해주는 중요한 근거가 된다. 이러한 구속의 역사적 흐름 외에 구약 속의 예수를 예표하는 여러 내용 속에서도 이 세 단계의 치유적 모형을 계속 찾아볼 수 있다. 가장 대표적인 모형이 성막의 제사이다. 성막에 들어올 때 모든 세상의 것을 끊고 상한 마음으로 들어온다. 그리고 제물이 피와 번제를 통해 죽게 되고 그러므로 성소로 들어와 새 생명과 몸으로 하나님을 뵐 준비를 한다. 이러한 성장과 준비를 통해 하나님을 만날 준비가 되면 대제사장은 1년에 한 번씩 지성소로 들어가 하나님을 만나게 되고 그 후에 하나님의 아들로서 그의 뜻을 이루는 삶을 살게 된다.

순환적 3~4단계의 치유

이러한 구조는 팔복에서 그대로 볼 수 있다. 가난과 애통함은 떠남과 죽음이며 성막의 번제단에 해당한다. 온유함과 의에 주리고 목마름은 용서와 새 생명의 단계이며 성막에서는 물두멍과 회막의 등불을 의미한다. 팔복의 긍휼함과 청결함은 기업을 얻는 단계이며 성막에서는 진설병과 향단을 의미한다. 마지막으로 화평케함과 핍박받음은 하나님의 아들이 되는 제4단계를 말하며 성막에서는 지성소와 제사장으로 사는 삶을 말한다. 물론 모든 성경의 내용을 이렇게 연결할 수는 없지만, 하나님의 구속사적 내용과 예수 그리스도의 복음의 내용이 이처럼 모든 성경에 철저하게 숨어 있다는 것은 구원에 대한 하나님의 계획이 얼마나 완전하고 철저한지를 엿볼 수 있다.

그 외의 율법 중에서 예수 그리스도의 삶을 가장 직접적으로 예시한 것이 있는데 그것은 곧 희년 사역에 대한 것이다. 이는 곧 예수님이 오셔서 할 사역의 내용을 그대로 기술한 것이다. 희년은 크게 노예해방, 부채 탕감과 빚 문서 소각 그리고 토지 반환과 기업 무르기 등으로 그 사역의 내용이 이루어져 있는데 이는 치유의 3단계를 그 어떤 모형보다 가장 정확하게 표현해주고 있다. 노예해방은 떠남과 해방의 과정이요, 부채 탕감과 빚 문서 소각은 용서와 하나님의 아들로서의 신분 회복이요, 토지 반환과 기업 무르기는 하나님의 기업을 얻는 치유의 과정을 각각 말한다.

이스라엘 백성은 다윗 왕국 이후 이러한 구원과 치유의 율법을 지키지 못함으로 결국 바벨론으로 포로가 되어 잡혀간다. 그 결정적인 원인이 희년을 지키지 못했기 때문이다. 그래서 그들이 바벨론에서 포로로 산 기간은 그들이 지키지 못한 안식년 62년과 희년 8년을 합하여 70년간이다. 그들이 70년간의 포로 생활을 끝내고 귀환하여 이스라엘을 재건할 때도 하나님께서는 같은 치유의 3단계 원리를 통해서 하신다. 먼저 그들이 바벨론을 떠나고 귀환한 다음 그들이 제일 먼저 한 것은 율법을 읽고 회개하고 용서받는 일이었다. 이것이 떠남과 용서의 치유단계이며, 그 이후 이스라엘 백성은 성전 재건을 가장 먼저 함으로 국가재건을 시작한다. 하나님의 나라는 하나님의 말씀이 계신 성전을 회복함으로 회복된다. 이는 법궤를 앞세우고 가나안을 정복한 이스라엘 백성과 같은 모습이다. 그 후 예수님이 오심으로 이러한 긴 구속사의 구조는 일단 마무리된다.

　예수님이 오셔서 구약 속의 이러한 구속사적 구조를 예언대로 이루셨다. 동방박사의 몰약이 유향과 황금의 예물에서부터 시작하여 십자가 용서와 부활 승천의 사역에 이르기까지 그는 구약의 구속사적 예언과 구조를 그대로 이루셨다. 그리고 예수님의 승천 이후 초대교회로부터 시작된 성령의 사역 속에서도 이러한 구속사적 구조는 계속된다. 예수님의 구원과 성령의 치유적 사역에 대해서는 이미 여러 주제의 글을 통해 기술한 바 있기에 이 글에서는 생략하기로 한다. 치유의 단계를 3단계 혹은 하나님의 아들로 사는 삶까지 합하면 4단계로 볼 수 있는데 이 구조가 성경의 구속사적 구조 속에 발전적으로 반복, 성숙해가는 과정을 지금까지 살펴보았다. 그러나 이러한 단계적인 치유와 구원이 있다고 해서 우리의 과정을 이러한 단계로서 등급을 매길 수 있다는 것은 아니다.

　우리의 구원과 치유는 연속적인데, 매번 치유가 일어날 때마다 이러한 3~4단계를 거친다는 것이지 "나는 지금 어느 단계에 있다"라는 표현은 적합하지 않다는 것이다. 그러므로 내 속에서 치유가 일어날 때마다 이 과정은 순환적이다. 어떤 부분은 떠남의 단계이고 다른 부분은 기업의 단계일 수도 있을 것이다. 그러나 어떠한 과정이든 그 치유의 기초에는 항상 그리스도의 십자가와 유월절이 있다는 것을 기억해야 한다. 우리는 이처럼 내적치유의 내용을 막연하게 생각하기보다는 매일의 말씀을 통해 예수 그리스도의 구원과 치유의 내용을 깨닫고 이를 나의 내면에 적용함으로 치유를 계속해나갈 수 있을 것이다.

결론적으로 치유는 결코 말씀과 복음, 예수 그리스도와 성령 그리고 하나님과 다른 별도의 방법을 통해 얻어지는 것이 아니다. 그 복음적 내용을 그대로 나의 내면에 적용함으로 이루어진다. 치유는 내면에 적용한 복음의 내용과 그 능력 자체임을 우리는 항상 기억해야 한다.

교회 내의
내적치유

13

하나님께서는 인간의 마음을 만나기를 원하시며, 마음으로 드리는 제사와 예배를 진정으로 받기를 원하신다. 사랑의 하나님이시기 때문에 마음에서 출발하는 사랑의 예배를 받으시기를 원하시는 것이다. 그런데 우리의 마음은 지금 어디에 있는가? 내 몸과 생각과 의지까지는 예배를 드리고 있지만, 지금 내 마음은 어디에 가 있는가? 내 감정과 느낌 그리고 생각이 나의 마음일까?

물론 마음의 한 부분이기는 하지만, 나의 마음 대부분은 내가 알지 못하는 무의식으로 되어 있다. 또한 그 마음에는 죄로 인한 온갖 상처와 아픔이 있어 이를 덮으려고 하기에, 이를 적극적으로 끄집어내어 거룩한 하나님께 가지고 가기가 무척 어렵다. 그래서 우리는 좋은 것과 선한 의지와 생각으로 하나님께 나아가려고 한다. 그럴수록 우리의 아픈 마음은 하나님으로부터 멀어지고 잃어버리게 되는 것이다.

말씀 선포와 예배의 중심,
내적치유

우리는 우선 교회의 예배 속에서 하나님이 가장 원하시는 마음을 찾아야 한다. "아담아, 어디 있느냐?"라고 물으시는 하나님께서는 아담의 숨은 몸이 아니라 죄와 상함으로 병든 그 마음을 찾으신 것이다. 하나님께서는 늘 우리의 상한 마음을 찾으시는데, 우리는 예배 속에서 상한 마음을 누른 채, 우리의 좋고 거룩한 것으로만 나아가려고 한다. 그래서 목회자는 성도의 이러한 잃어버린 마음을 찾아주어야 한다. 제사장은 백성의 죄와 상한 마음을 받아서 하나님께 대신 가지고 나가는 직분이다. 제사장의 눈에는 백성의 상한 마음으로 가득 차 있어야 한다. 그리고 그들의 마음을 용납하고 받아서 예수님께 가지고 나가야 하는 것이다.

설교와 목회가 바로 이러한 제사장 직분을 수행하는 것이어야 한다. 그런데 우리의 교회는 죄인과 상한 자를 얼마나 찾아주고 용납해주는가? 건강하고 의로울 때는 자신 있게 교회에 나가지만, 진정 죄를 범하고 아프면 교회에 쉽게 나갈 수 있을까? 상하고 찢어진 마음으로 교회에 나가 나의 이런 심정을 마음 놓고 예수님께 아뢰어 달라고 할 수 있는가? 상함과 죄를, 날카롭게 지적은 하지만, 얼마나 그들을 사랑으로 용납하고 있는가?

어느덧 교회는 의인과 건강한 자들의 모임이 되는 것 같다. 부유한 자, 갖춘 자, 우월한 자, 칭찬받는 자들의 모임이 되어가고 있는 것 같은 것이다. 아픈 자들이 마음 놓고 그 아픔을 드러낼 수 없는 그런 건강한 곳이 되고 말았다. 우리가 사회생활에는 아픈 곳을 감추지만, 병원에 가서는 맘껏 환부를 드러내고 의사에게 자신의 증상을 상세히 얘기한다. 그러나 우리는 교회에 가서 우리의 병든 마음을 이처럼 자신 있게 드러낼 수 있는가? 하나님께서는 지금도 이러한 상한 심령을 찾고 계시는데 우리는 화려한 옷과 화장을 하며 하나님을 찾고 있다. 때로 용기도 내어보고 때로는 너무 힘들어 자신의 아픈 부분을 호소해보지만, 믿음이 없어, 기도를 안 해서, 봉사를 안 해서, 죄를 회개하지 않아서 그렇다는 판단을 받고 더 괴롭고 힘들어 더 이상 자신을 호소할 용기를 잃는다.

 내적치유는 교회의 부분적인 사역이나 프로그램이 아니다. 구제나 봉사 혹은 의료 활동 같은 한 영역의 사역이 아닌 것이다. 치유는 교회의 실천적인 사역이라기보다는 복음과 교회의 본질적 내용이고 사역이 되어야 한다. 교회의 가장 본질적 내용이 예배와 구원이라면 그 예배와 구원의 핵심에 이 치유가 포함되어야 하는 것이다. 치유가 은사 중의 하나이거나, 한 위원회의 사역만으로 되어서는 안 된다. 물론 그러한 조직과 행정의 필요성은 인정하지만, 그 안에 머무는 사역이어서는 안 된다는 뜻이다. 설교가 늘 구원과 예수 그리스도가 주제이어야 한다면 그 속에는 자연적으로 늘 치유가 일어나야 한다. 바른 예배를 드리면 그 속에서 우리의 마음이 하나님을 만나는 것이 당연하기에 마음의 치유가 항상 포함될 수밖에 없다. 결론적으로 말하자면, 내적치유가 교회 사역 중의 하나가 되더라도 그 본질은 말씀 선포와 예배의 중심에 있어야 한다는 것이다.

하나님께서 찾으시는 우리의 마음을 드리고, 예수의 보혈로 깨끗하게 되어 그 마음에 하나님을 만나는 것이 예배라면 그 예배 속에는 반드시 치유가 있다. 이제 우리는 예배 속에서 우리의 마음을 찾아야 한다. 설교는 잃어버린 그 마음을 찾아 하나님께 드리도록 하는 것이어야 한다. 이러한 목회의 전환 없이는 내적치유의 어떤 프로그램만으로는 교회 속에 치유가 뿌리 내리기 힘들다. 다들 한번 해보자고 하니까, 아프고 힘든 성도가 많으니까? 우리도 이러한 프로그램을 한번 해보자는 식으로 시행한다면 그 영향력은 한순간의 사건으로 끝나고 말 것이다.

내적치유는 예배와 목회의 전환이 있어야 진정한 치유의 능력을 미칠 수 있다. 그렇다고 내적치유가 프로그램화되는 것이 바람직하지 않다는 뜻은 결코 아니다. 이러한 목회적 배경 안에서 내적치유가 하나의 프로그램으로 필요한 것은 사실이다. 그렇다면 내적치유가 구체적으로 교회 안에서 어떠한 사역과 프로그램으로 자리 잡을 수 있을까? 이를 설명하기에 앞서 한 번 더 내적치유가 무엇인지 간략히 소개하려고 한다.

내적치유는 복음의 능력

내적치유는 어떠한 심리학이나 정신학적 원리나 치유 기술을 성서적으로 접목하여 치유하는 방식의 것이 아니라고 했다. 그리고 내적치유는 육체적 질병의 신유나 마귀를 내면에서 쫓아내는 은사적인 치유 방법도 아니다. 무조건 성령 충만하면 얻어지는 그러한 치유도 아니다. 기존의 기독교 상담과도 다르다. 물론 상기한 여러 치유 방법을 배제하는 새로운 것이라는 뜻은 아니다. 이러한 치유 방법과 중복되고 보완되는 면이 분명히 있지만, 내적치유는 전적으로 성경과 복음에 기초한다는 것이 독특성이요 그 능력이 된다.

성경 속에서 마음의 원리를 찾아내고, 마음의 병의 발생 원인과 전개 과정도 성경에서 찾아내고, 마음의 병을 향한 하나님의 뜻과 치유 방법도 성경에서 찾아내어 오로지 성경에서 말하는 방법으로만 우리의 내면을 치료하는 것이다. 성경의 한 말씀이나, 사건을 치유적으로 적용하고 활용한다는 뜻이 아니다. 성경의 전체 흐름 속에 흐르는 하나님의 구원과 치유의 계획과 그 방법을 발견하여 적용하는 것이다. 그러므로 성경의 가장 큰 주제인 복음 즉 예수 그리스도의 십자가와 부활 그리고 모든 율법의 목적인 하나님의 사랑이 그 치유의 내용이요 능력이 된다.

여러 번 강조하는 내용이지만 내적치유는 별개의 치유 방법이 아니다. 우리가 지금까지 알고 있는 성경의 내용이요, 목회의 내용이다. 단지 그 내용과 능력을 우리의 내면에 적용한다는 것이다. 우리는 지금까지 복음을 우리가 아는 세계에만 적용해온 경향이 있다. 내적치유는 이 복음을 우리가 알지 못하는 깊은 내면에까지 적용하여 온 마음이 하나님을 알며 구원받는 그러한 구원의 과정이다. 마음은 신앙에 있어 아주 중요하다. 성경에서도 마음에 대해 많이 강조하고 있다.

하나님이 주신 인간의 영은 마음속에 있고 이를 구원하시려는 하나님의 계획은 반드시 마음의 구원과 치유를 포함한다. 그런데 우리는 우리의 마음에 대해 너무 모른다. 지금까지 우리가 성경을 보고도 신앙의 아주 중요한 대상인 마음은 성경에서 소외되어 있다. 그래서 우리의 보이는 생각과 행동은 하나님의 말씀과 생각으로 차 있지만, 보이지 않는 마음은 죄와 상함에 그대로 머물러 있어, 끝내는 우리의 생각과 삶도 그 상한 마음에 좀 먹게 되고 만다.

이것이 또한 교회의 모습이기도 하다. 아무리 훌륭한 말씀이 선포되고, 말씀에 따른 선교와 봉사가 행해진다고 하더라도, 교회 안의 성도들의 마음이 따라가지 못하고 어두움과 아픔 가운데 소외된다면, 끝내는 그 좋은 말씀과 교회의 프로그램이 능력을 잃고 만다. 자녀를 키울 때도 마찬가지이다. 부모가 자녀를 열심히 공부를 가르치고 아무리 잘 먹이더라도 그 마음을 진정으로 돌보고 만나주지 않는다면, 그 자녀는 성인이 되어 마음의 열등감과 아픔으로 인해 자신의 능력을 제대로 사용하지 못하고 병들게 될 것이다.

이처럼 우리도 하나님 앞에 우리의 아픈 마음을 바로 찾지 못하고 또 목회가 성도들의 마음을 주님에게 제대로 찾아드리지 못한다면, 아무리 바른 말씀과 행동으로 교육하고 노력한다고 하더라도 결코 하나님을 기쁘게 할 수 없을 것이다.

그러므로 내적치유는 바로 하나님의 이러한 뜻을 우리 마음 가운데 이루는 것이다. 구원이 우리의 감추어진 죄를 드러내어 십자가에 내어놓고 죄 사함과 용서함을 받아 하나님의 자녀가 되는 것이듯, 내적치유는 죄로 인해 병든 우리 마음을 찾고 드러내어 십자가에 내어놓고 치유와 고침을 받아 하나님의 자녀로 용납되는 것이다.

내적치유는 마음을 구원의 대상으로 하는 것이므로, 마음을 먼저 알아야 한다. 사실 마음을 우리는 얼마나 알고 있는가? 내적치유는 다른 세미나처럼 지적으로 이해하고 깨닫는 것만으로 가능하지 않다. 내가 아무리 성경에 대해 많이 알고, 신학 지식이 깊고, 은사가 크다고 마음을 잘 알 수 있는 것은 아니다. 마음은 지금까지 우리가 알고 있는 세계와 전혀 다른 독특한 면이 있기 때문이다. 외적 세계의 원리와 전혀 다른 면도 있다. 그러므로 내적치유를 교회에서 시행하기 위해서는 먼저 치유자가 마음에 대한 깊은 경험이 필요하다.

심리학이나 정신의학을 전공한 사람이 해야 한다는 뜻이 아니다. 마음을 이론적으로 이해하는 그러한 앎이 아니라, 진정으로 마음을 마음으로 느끼고 경험하는 그러한 사람이어야 한다는 것이다. 이것은 자신의 치유를 통해 된다. 내적치유를 하는 치유자는 먼저 자신의 상함과 아픔을 깊이 드러내고 그것을 예수님 안에서 치유한 경험이 있어야 한다. 마음을 알고 경험한 자만이 다른 지체의 마음을 찾아 예수님께로 인도해줄 수 있기 때문이다.

치유자는 섬기는 자라야 한다

그동안의 내적치유 사역을 해오며 경험한 바로는 마음을 찾고 경험하는 데는 적지 않은 시간과 과정이 필요하다는 것이다. 일회적인 세미나를 통해서 어느 정도 드러나고 경험하지만, 그 마음은 금방 다시 도망가고 숨겨지기에 자신의 마음의 실체를 제대로 경험하려면 적어도 몇 년간의 지속적이고 집요한 치유과정과 훈련이 필요하다.

교회 내 다른 프로그램도 그러하지만, 특히 내적치유의 진실성과 성공 여부는 거의 전적으로 치유자에게 달려있다. 교회 내 제자 훈련이 스승과 제자의 인격적인 부딪힘이 없이 지식의 가르침으로만 끝난다면 그것은 진정한 제자 훈련이라고 볼 수 없듯이, 내적치유도 진정한 치유자와 마음의 만남이 없이는 진정한 치유가 일어나지 않는다. 치유는 자기의 병과 치유를 아는 것이 중요한 것이 아니라 치유가 실제로 일어나야 한다. 그러기 위해서는 치유자의 치유 경험과 대상에 대한 마음의 태도가 아주 중요하다.

치유는 내가 죄인이지만 예수의 보혈로 인해 깨끗하게 되어 하나님께 용납되는 경험이 그 핵심적인 내용이 된다. 물론 이 사실은 구원받을 때 이미 경험한 사실이지만, 내적치유는 이를 우리가 모르는 더 깊은 내면에 적용하는 것이다. 그러므로 내적치유는 가르침이 아니고 그 구원과 용서를 내가 나의 내면에서 실제로 경험하는 것이다. 가르침을 통해 알게 된 복음이 억눌림과 고통 가운데 있는 나의 내면에 적용되어 그곳에서 진정한 자유와 평안을 누리게 되는 것이 내적치유인 것이다.

이미 우리가 잘 아는 내용이 왜 지금까지 나의 내면에 적용되지 못했을까? 그것은 우리의 삶이 너무 비복음적이요, 비은혜적인 경험 즉 조건과 율법으로 가득 차 있기 때문이다. 복음과 은혜가 나의 내면에 깊이 경험되어질 그러한 삶이 없기에 복음을 그저 개념적으로만 이해하고 끝나는 것이다. 내적치유의 치유자는 그의 만남을 통해 복음과 은혜를 경험토록 해주어야 한다. 그러기 위해선 나의 내면과 삶에 더 깊이 복음과 은혜가 담겨야 한다.

치유자는 가르치는 자가 아니라 이해하고, 용납하고, 온유한 자이어야 한다. 상대방의 병과 아픔을 드러내고 치유하려고 하기보다는 먼저 그 상한 영혼을 받아주고 용납하는 복음과 은혜의 자세가 가장 필요하다. 이것이 없이 아무리 좋은 이론과 정확한 치료를 한다 하더라도 그들의 마음은 벌써 멀리 도망가 있기 때문이다. 마음을 찾아 예수님께 드리기 위해서는 먼저 용납하는 것이 가장 필요하다. 그리고 예수님의 섬김과 온유의 마음이 있어야 한다. 병을 찾아 수술하려는 날카로운 의사의 마음만으로는 치유가 일어날 수 없다. 이제 구체적으로 내적치유 프로그램이 교회 안에 어떻게 시행되고 적용될 수 있는지에 대해 간단히 설명하려고 한다.

내적치유의 4단계 과정

내적치유의 과정은 3단계의 과정이 있고 치유자가 되기를 원하는 경우 치유자 과정까지 4단계가 있다. 한 과정이 12주로 되어 있다.

첫 과정은 기본과정이라고 하며 내적치유의 기본개념과 인간의 근본적인 병든 마음의 종류와 내용을 설명하며 구체적인 치유를 경험하는 과정이다. 버림받은 마음, 굶주린 마음, 분노, 열등감, 죄의식, 상한 마음, 포로 된 마음, 갇힌 마음 등을 설명하고 각각에 대한 치유 방법(십자가, 용서, 하나님의 사랑 등)을 통해 치유를 경험하게 한다. 이때 지적인 강의만으로는 부족하며 마음을 부딪치고 성령님의 치유를 깊이 경험하기 위해서는 뜨거운 기도가 필요하다. 거의 심령부흥회 때와 같은 열기와 통회하는 기도가 필요하다.

그래서 내적치유는 세미나라기보다는 부흥회가 되어야 한다. 마음은 세미나를 통해 잠깐 열리기는 하지만 깊은 곳의 치유는, 결코 지적인 깨달음만으로는 불가능하기 때문이다. 그리고 소그룹을 통한 나눔도 중요하다. 기도를 통해 깊은 치유가 되나, 이를 구체적으로 나누면 치유가 더 구체적으로 다져지고 정리되기 때문에 조별 모임은 아주 중요한 것이다.

두 번째 과정은 적용과정이라고 하며 첫 번째 과정에서 깨달은 원리가 자기 삶에 구체적으로 더 깊이 적용하게 하는 과정이다. 이는 성경 속의 인물 중 창세기의 네 인물(아브라함, 이삭, 야곱, 요셉)과 베드로를 통해 하나님께서 이들을 어떻게 구원하시고 치유하시는가를 배우며 자기 삶과 가족 및 가계에 구체적으로 적용하는 과정이다. 이때는 기본과정과 달리 침묵 기도를 통해 자신의 내면을 깊이 보면서 묵상을 통해 치유를 적용한다. 그리고 조별 모임은 앞의 과정과 같다.

다음 과정은 사역 과정이다. 이는 자신의 사역을 통해 자신이 어떻게 더 깊은 치유를 경험할 수 있으며 어떠한 사역을 하든 어떻게 치유가 일어날 수 있는지를 배우고 경험하는 과정이다. 치유의 목적은 내가 건강한 자가 되어 나 혼자 기쁘고 즐겁게 살라는 것만이 아니라 주의 군사와 병기가 되게 하기 위한 것이기도 하다. 그러므로 치유를 받으면 반드시 사역에 관심을 두고 헌신하게 된다. 그래서 내적치유는 어떤 관점에서 헌신자를 위한 프로그램이기도 하다. 헌신자나 사역자가 되기 위해서는 반드시 치유가 깊이 있어야 하고 치유를 깊이 받게 되면 반드시 사역에 헌신하게 된다. 그러한 뜻에서 치유와 사역은 서로 분리될 수 없는 것이다.

사역 과정은 출애굽에서 가나안 정복까지의 과정을 치유적으로 적용하는 과정이다. 이는 병든 내가 구원받고 더욱 강한 군사로 회복되어 하나님의 기업을 얻는 과정이다. 치유란 죽어가는 자를 살리는 것도 포함하지만, 죽음으로부터 회복된 자를 더 강건케 하여, 다시 죽어가는 자를 고치고 치유하는 역할까지 하게 한다. 처음은 단순한 환자를 치유하는 병원의 기능에서 의과대학과 수련병원의 기능까지를 담당하는 것이다. 그런 의미에서 이 사역 과정은 무척 중요하다. 이 과정에서는 찬양을 많이 한다. 찬양을 통해 하나님을 더 깊이 만나며 내가 더 강건해지기 때문이다.

이 과정이 끝나고 특별히 내적치유 사역의 치료자로 헌신하기를 원하는 사람은 치유자 과정을 밟는다. 그러나 치유자의 경우 본인이 원한다고 다 받아줄 수 있는 것은 아니다. 치유자는 다른 사람의 마음을 만나고 치유하는 중요한 사역을 해야 하기에 많은 것을 고려해야 한다. 먼저 자기 치유가 깊이 있었고, 마음을 이해하며 상한 자를 이해하고 용납할 수 있는 사람이어야 한다. 그리고 내적치유는 매일 자신의 치유를 깊이 계속해나가지 않으면 안 되기 때문에 매일 기도 시간과 QT를 깊이 해나가며 말씀과 성령의 인도함을 받는 사람이어야 한다. 그리고 QT 말씀을 치유적으로 적용하여 자신의 치유를 게을리하지 않아야 한다. 대개 이러한 자격이 필요하며 치유자 과정에서는 이를 매주 점검받는다.

또한 각 과정에서의 구원, 십자가, 성령, 영적 전쟁 등과 치유에 대한 자기 간증과 보고서도 제출하여 이를 점검한다. QT도 보고하며, 기본 과정을 자신이 치료자로서 준비하여 발표한다. 그리고 치유자의 자세에 대한 강의와 내적치유 기본과정에 대한 정리를 다시 하는 시간도 갖는다. 이러한 과정으로 6주를 보내고 실제로 실습 과정을 12주 갖는다. 이때는 3, 4명의 소그룹의 치유자가 직접 되어 치유과정을 실제 담당하며 매주 이를 보고하고 문제점 등을 서로 나누는 시간을 갖는다.

이러한 훈련 기간에 가장 중요한 것은 계속 자신의 치유가 게을러지지 않도록 강의를 하면서 소그룹 내의 아픈 사람들의 문제점을 내어놓고 중보기도를 하며 실제 소그룹 내의 치료를 경험하고 간증하도록 한다. 지금 이 과정을 모두 마친 사람들이 교회 내에서 정기적으로 내적치유를 받고자 하는 사람을 신청받아 소그룹을 맡아 치유 사역을 하고 있다. 대개 이 과정을 다 밟는 데 2, 3년이 소요된다.

소그룹치유를 받은 사람 중에 다시 치유 사역을 원하는 사람은 다시 모아 앞서 기술한 4단계 치유와 훈련을 받아 치유자를 계속하여 배출하고 있다. 그러나 마음의 상함과 고통은 때로 급할 때가 있다. 소그룹 치유 사역은 1년에 2차례 정도 정기적으로 시행할 수 있다. 물론 치유자 훈련을 받은 사람이 충분할 때는 언제든지 필요한 사람과 연결하여 상담과 치유를 계속할 수 있으나 아직 수요보다 공급이 부족한 상태에서는 교회 안에서 수시로 발생하는 마음의 문제를 그때그때 대응하기는 어렵다. 그래서 이러한 문제를 해결하기 위해 매주 치유 예배와 중보기도 모임을 별도로 갖고 있다. 교회 안에서 특별한 내면적인 상처와 어려움이 있는 사람들은 이 예배에 나와 치유적 말씀을 나누고 서로의 어려움을 내어놓고 이를 중보기도하고, 필요하면 소그룹 혹은 개별적 상담을 하기도 한다. 이 모임을 매주 가지며 급한 마음의 어려움과 위기를 겪는 사람들이 많은 도움을 받고 있다.

현재 이러한 세미나와 프로그램은 유튜브에서 강의로 만날 수 있다. 지금은 소그룹이나 개별적인 훈련과정은 진행되지 않고 있지만, 강의를 잘 활용하면 얼마든지 스스로 이러한 프로그램을 만들어 진행할 수도 있을 것이다. 진행 과정에서 질문이나 어려움은 저자와 언제든지 소통하면서 풀어갈 수 있기 때문에, 성령을 의지하며 믿음과 용기를 가지고 시작할 수만 있다면 이러한 경험을 통해 깊은 치유가 일어날 수 있을 것이다.

목회자에게 직접 내놓지 못하는 문제를 해결할 수 있다

내적치유는 기존의 기독 상담이나 목회 상담보다 장점이 많다. 개방된 주제로 상담을 하게 되는 경우 상담의 전문성과 많은 경험이 요구된다.

한 사람이 한 사람밖에 상담할 수 없으므로, 많은 목회자가 상담의 중요성을 알면서도 시간 문제로 깊은 상담을 계속하기가 어렵다. 또한 자신의 문제를 직접 목회자에게 내놓기가 상당히 어려워 웬만한 문제면 혼자 해결하려고 하며 가능하면 누구에게 내어놓기를 꺼리는 경향이 있다.

그러나 내적치유는 교재가 있으므로 이를 공부해나가면서 자연스럽게 자신의 문제를 이야기하고 치유해나갈 수 있어 치유자나 치유 대상에게 부담이 적다. 또한 일대일 뿐만 아니라 소그룹으로도 가능하며, 여러 사람의 이야기를 서로 들을 수 있어 비교 내지는 공감할 수도 있어 치료 효과가 높을 수 있다. 자신에게만 문제가 집중되는 것은 피할 수 있어 처음부터 크게 부담되지는 않는다. 그리고 전문적인 상담 훈련이나 심리학적 용어를 몰라도 대부분 성경에서 말하는 개념에서 출발하므로 일반 평신도들도 큰 어려움이 없이 치유자가 될 수 있다. 물론 내적치유 훈련을 받은 치유자가 상담 훈련이나 가정사역 훈련을 받으면 더 나은 치유자가 될 수 있을 것이다. 그래서 전문적인 치유자로 헌신하기를 원하는 경우 이러한 훈련을 더 받도록 권하고 있다.

그러나 교회 안에서 내적치유가 가끔 부작용을 일으킬 때도 있다. 교회가 아주 큰 경우나 교회가 다른 경우, 서로 성도들끼리 잘 모르기 때문에 소그룹을 통해 자신의 문제를 맘껏 내어놓고 치료받을 수도 있다. 그러나 교회의 성도들끼리 잘 아는 경우 처음부터 깊은 내면과 가정 이야기를 하기가 어렵고 어떤 경우 너무 내어놓았다가 오히려 교회 적응이 어려울 수도 있다. 특히 초신자 보다 교회의 직분이 있는 경우 더 어렵다. 그러므로 교회 내의 성도들만으로 소그룹치유를 할 때 이런 어려움이 있고, 특히 목회자가 이를 이끄는 경우 목회자 앞에서 자신의 문제를 쉽게 드러내기가 어려울 수 있다.

그러므로 교회가 크지 않으면 무리하게 내적치유의 드러냄을 하지 않는 것이 바람직하다. 이런 경우 어쩔 수 없이 개교회 중심의 치유보다는 초교파적인 세미나나 소그룹이 바람직할 수 있다. 그러나 이것이 반드시 바람직한 것만은 아니다. 교회가 크든 작든 모든 지체가 서로 마음을 열어놓고 위로하고 섬길 수 있는 것이 바람직하지만, 처음부터 너무 이상적으로 시도하다 보면 상처를 입을 수도 있기 때문에 서서히 절제하면서 시행해나가는 것이 필요하다. 그러나 조금씩 마음을 열어나간다면 언젠가 용납과 사랑으로 이러한 문제도 극복될 수 있을 것이다.

내적치유의 성공 여부는 참여자의 동기에 달려있다

내적치유는 모든 사람을 다 치유할 수 있는 만능적인 치유 방법은 아니다. 내적치유에 가장 큰 효과를 보는 사람은 그동안 신앙생활을 열심히 한 사람, 즉 구원의 확신, 성경 공부, 성령 체험, 봉사, 기도 생활을 열심히 하면서도 내면과 가정의 평화가 없거나 삶의 근본적인 변화가 없이 뭔가 답답하고 힘들어하는 성도들이다. 그래서 신앙생활을 열심히 하였지만 이를 내면적으로 적용하지 못한 사람들에게 큰 도움이 되는 것이다. 치유 내용과 능력이 자신이 잘 아는 복음이고 또 답답하고 갈

급한 마음이 치유에 가장 큰 힘과 동기가 되기 때문에 좋을 결과를 얻게 된다.

그러나 신앙생활을 열심히 하더라도 내면적인 갈등이 전혀 없거나 필요성을 느끼지 않는 사람은 지적인 호기심은 줄 수 있을지 모르나 큰 치유는 일어나지 않는다. 불신자나 초신자로서 내면적 갈등을 별로 느끼지 못하는 사람들도 큰 효과가 보기가 어렵다. 깊지 않더라도 내면적인 상처와 가정의 어려움이 있는 사람들도 치료 효과가 높다. 그러므로 내적치유의 성공 여부는 참여자의 동기 여부에 달려있다고 볼 수 있다.

자신이 필요성을 강하게 느끼지 않는데 주위의 권유나 호기심만으로 온 경우 치유가 일어나기 어렵다. 그러나 이러한 사람도 포기하지 않고 꾸준히 만나는 경우 치유의 후반부부터 조금씩 자신의 문제에 혼동이 생기면서 치유가 일어나기도 한다. 그래서 자신은 아무런 문제가 없는 줄 알고 그냥 내적치유가 좋다고 해서 왔다가 나중에 자신의 문제를 발견하고는 깊이 치유되는 사람들이 적지 않게 있다.

기도원처럼 전문적 치유원이 필요

그러나 현실적인 어려움이 너무 크거나, 임상적인 정신질환이 심한 경우, 현실감각이 흐린 정신질환자들에게는 이 치료 방법만으로는 충분하지 않다. 이러한 경우는 전문적인 상담이나 정신과적인 치료 혹은 입원이 필요하다. 그러나 주위에 신앙과 전문적인 상담과 치료를 병행하는 병원이나 기관이 많지 않기에 이런 사람들이 쉽게 찾아갈 곳이 마땅하지 않다. 그래서 앞으로 내적치유의 원리를 좀 더 증상이 심한 임상적인 환자에게 적용하여 치료할 수 있는 전문적인 치료센터나 기도원이 필요하다. 이러한 환자들은 그곳에 오래 머물며 치유하는 것이 바람직하기 때문에 이러한 치료환경이 큰 도움이 될 것으로 생각된다.

그동안 내적치유를 통한 경험을 볼 때 내적치유는 기존의 신앙과 복음과 별도의 내용이 아니기 때문에 그 치유 결과도 신앙적인 열매로 드러난다. 신앙이 내면적으로 깊어지고 그 삶과 가정이 변화되고 하나님과 예수님과의 만남도 깊어지면서 외형적 신앙생활과 봉사에서 더 내면적으로 성숙한 신앙생활로 변화된다. 그리고 특별히 가난한 자, 고아와 과부 등과 같은 불쌍한 영혼에 대한 긍휼한 마음이 더 깊어져 이러한 선교와 긍휼 사역에 많은 열매를 맺게 된다.

치유의 과정은 때로 힘들기는 하지만, 과거 자신의 어떠한 신앙적 노력으로 맺지 못한 성령의 열매들을 자연스럽게 맺어가는 것을 보게 된다. 물론 내적치유를 해야만 이렇게 되는 것은 아니고 내적치유를 했다고 반드시 이렇게 되는 것도 아니다. 성령님께서 인도하시는 대로 바른 치유를 받으면 이러한 변화가 있게 된다는 것이다. 그러나 치유는 일회적이나 어떤 과정을 통해 수료하는 것은 아니다. 치유는 항상 예수님 앞에 가난하고 애통한 마음으로 나아가는 상한 심정이 계속돼야만 그 열매가 더 지속적으로 아름답게 열리게 된다.

내적치유,
그 위치와
문제점

14

내적치유inner healing란 말이 처음 어떻게 시작되었으며 어떤 뜻으로 사용되었는지는 정확하지 않다. 그러나 최근에 나온 말은 아니며, 외국에서는 오래전부터 사용되었다. 아마 오순절 계통의 성령 운동에서 신유가 강조되면서 치유가 외적인 신체질환만이 아니라 내면의 모든 문제도 치유할 수 있다는 데서 시작된 것 같다. 실제로 우리가 예수를 믿고 성령을 깊이 체험하면, 마음의 아픔과 상처들이 치유되는 경험을 할 수 있기 때문이다.

그러나 초기에는 부작용도 적지 않았다. 초기에는 마음에 대한 깊은 이해가 부족한 상태에서 은사와 신유 중심으로 치유를 시행하다 보니 문제가 생길 수밖에 없었다. 분위기와 감정적 도취로 생기는 표면적 감정 변화를 치유로 착각하는 경우도 있었고 내적치유를 받았다고 확신하는 사람들 속에서 진정한 의미의 치유와 변화가 일어나지 않은 경우도 있었다. 오히려 원래의 잘못된 성격이 더 굳어 버리기도 하였다. 내적 세계를 외적 신체와 같은 치유의 대상으로 접근함으로 인해 생기는 치유의 한계라고 볼 수 있다. 내면의 문제는 일회적인 신유나 성령의 강림으로 치유될 수 있는 세계가 아니기 때문이다. 그래서 성령이나 신앙적인 치유를 도입하더라도 내면세계를 깊이 연구하는 전문성의 바탕 위에 시행해야 하는 것이다.

심리학과 성경의 차이

전통적으로 목회 상담이란 분야가 있다. 이는 대부분 삶과 내면적인 문제에 대한 성경 및 신앙적 권고에서 출발한다. 이러한 문제가 있을 때에 성경은 무엇이라 말하고 있고 신앙적으로는 어떻게 하는 것이 좋다는 내용을 개인적인 상담을 통해 나누는 그러한 방법이다. 그러나 이러한 상담도 한계가 있다. 인간의 심성과 삶을 성경적 입장에서 바라본 것이기 때문에 인간의 상하고 찢긴 마음을 먼저 이해하고 진정으로 치유받는 데는 적지 않은 어려움이 있다.

전통적인 신학에서는 심리학이나 정신의학을 세속 학문으로 보았으며 인간의 마음을 연구하고 그러한 문제를 인정하는 것을 거룩한 세계가 세속적인 것으로 오염되는 것으로 생각했다. 인간의 모든 문제가 죄에서 출발한 것이기 때문에 내면 문제 역시 치유 대상이라기보다는 구원받으면 해결되는 것으로 보았으며, 죄의 문제를 구원이 아닌 다른 방법으로 해결하고 연구하는 것도 인정하기가 어려웠다. 그리고 문제가 있다면 성경 안에서 해결 방법을 찾고 기도와 믿음으로 이를 행하면 된다고 생각했다.

그러나 이러한 죄와 구원, 성령의 은사, 성경 공부와 기도 등의 신앙적 여러 방법으로도 해결할 수 없는 많은 크리스천의 내면적 문제와 특히 가정 내의 갈등이 터져 나오기 시작했다. 특히 70년대 이후 미국에서 전문적인 상담을 찾는 크리스천들의 욕구가 크게 늘어나게 되었으며 교회도 이러한 내면과 가정의 문제를 더 이상 과거의 신앙적 방법으로만 수용할 수 없음을 인정하게 되었다. 미국에서는 크리스천들이 내면 문제가 생기면 목회자보다 정신과 의사나 임상 심리학자를 더 많이 찾는다. 내면의 문제로 전문가를 찾는 것이 수치스럽기보다는 보편적으로 인정되어 온 방법이기 때문이다.

하지만 크리스천들은 내면의 문제에 신앙이라는 독특한 내용이 있어서 이를 이해하지 못하는 상담가를 만나서는 그들의 문제를 도저히 해결할 수 없음을 느끼고 크리스천 전문 상담가를 찾기 시작했다.

그럼에도 전통적으로 정신 분석학이나 심리학에서는 상담에 종교성을 배제하고 중용적인 입장을 취하기에, 설사 상담가가 신앙이 있다 하더라도 상담에 이를 도입하는 것은 쉽지 않았다. 그러나 상담가로서도 비록 종교로 인해 내면의 문제가 더 복잡해지더라도 신앙인을 상담할 때 신앙을 배제하고는 깊은 상담을 할 수 없다는 것을 알게 되었다. 또 많은 크리스천이 기독교 전문 상담가를 찾는 추세를 거부할 수 없었기에 기독교 전문 상담과 치유가 적극적으로 논의되기 시작하였다.

이 같은 배경으로 70년대와 80년대에 이르러 미국에서는 기독교적

치유와 상담에 관한 책과 연구 결과들이 많이 쏟아져 나왔다. 과거에는 심리와 신앙이 서로 배타적인 관계였으나 상호협력의 관계로 대화하기 시작하였다. 성경에도 인간의 마음과 치유에 대한 많은 내용이 있으며, 심리학과 정신의학의 원리와 일치되는 내용도 많이 발견되고 연구되었다. 상담 때 이러한 성경적 원리를 잘 도입함으로 내면적 문제를 해결하는 데 적지 않은 도움을 줄 수 있었다.

그럼에도 여기에도 또 다른 문제와 한계가 있었다. 그것은 심리학과 성서의 근본적인 배경에서 오는 한계이다. 심리학은 근본적으로 인본주의이며, 성경은 신본주의이다. 서로 일치하고 대화할 수 있는 점도 있지만 만날수록 더 부딪치고 갈등하는 부분도 있었다. 그래서 두 분야에서 나타나는 이러한 문제에 대한 비판이 적지 않게 나오고 있다. 심리학이나 정신 분석학의 면에서는 신앙을 치료에 도입하면 신앙에 의한 방어defence를 수용하게 되므로 더 깊은 치료를 하기가 어려운 점이 있다. 내면적인 문제를 모두 신앙적인 것으로 도피하고 숨기고 방어하는 경향이 있으며 일단 신앙적으로 방어할 때, 이는 다른 방법보다 더 완고하여 이를 허물기가 쉽지 않았다. 그래서 신앙을 치료에 무조건 받아들이기가 쉽지만은 않았다.

신앙적인 입장에서 심리학에 대한 문제점이 적지 않았다. 성경의 진리를 인본주의적인 해석으로 깎아내리는 위험에 대한 지적이다. 적극적 사고, 부활 신앙, 하나님은 당신을 사랑하신다. 나를 먼저 사랑하라, 무거운 죄의식으로부터의 자유로움 등은 우선 율법과 종교로부터 압박받는 신앙인에게 위로와 평안함을 준다. 그러나 과연 이러한 상담이 신앙적으로 바람직한가? 사람의 평안과 치료를 위해 하나님을 편리한 대로 이용하는 것은 아닌지, 여전히 인본주의에 대한 위험이 있는 것을 경고하는 것이다. 성경과 신앙이 심리에 따라 상대화시켜 기독교 진리가 약화될 수 있기 때문에 이를 경계하는 것이다. 이러한 서로의 입장을 충분히 이해할 수 있기 때문에 서로의 성급한 통합이 그렇게 바람직한 것이 아니라는 의견도 상당히 일리가 있다.

겉과 속이 다른 치유 현장

또 다른 기독교적 치유 형태가 있다. 인간의 행복과 치유를 강조하다 보니, 복음의 진리와 내용보다 인간의 평안과 위로를 더 우선하는 경향이 생겼다. 기독교적 형태와 언어만 있다면 무엇을 통해서든 내 마음에 평안만 얻으면 되는가? 인간의 고통과 그 의미를 진정 복음 안에서 새기며 하나님의 방법으로 이를 해결하기보다는, 포장은 기독교적이지만 내용으로는 세속적이고 비복음적인 치유의 형태가 범람하기 시작한 것이다.

　　마인드 컨트롤mind control, 요가, 단전호흡, 단丹, 바이오피드백biofeed-back, 최면술, 이완 요법relaxation, 명상, 뉴에이지new age 등의 치유 원리가 기독교로 그 포장을 바꾸어서 교묘한 방법으로 치유를 갈망하는 기독교인들을 유혹하고 있다. 그 내용이 무엇인지 모르고, 기독교란 이름 아래 성령이나 성경 말씀이 있으면 그것을 하나님이 주신 치유로 무조건 수용하는 풍조가 생기게 되는 것이다. 이를 내적치유로 부를 수도 있다.

내적치유는 어떤 특별한 치료 방법을 일컫는 용어는 아니다. 전반적으로 신앙 안에서 내면의 문제를 치유하는 경우를 대개 내적치유라고 한다. 이상에서 살펴본 대로 "내면을 기독교적으로 치유하는 데도 여러 방법이 있다"라는 것을 알아야 하고, 그 장단점과 한계에 대해서도 잘 인식하고 있어야 한다. 그래서 내적치유의 한 부류나 단면만을 보고 전체적인 내적치유에 대해 너무 긍정적으로나 부정적으로 평가해서는 안 되며, 어떠한 배경에서 출발한 내적치유인지 잘 파악한 다음 이에 접근해야 한다.

앞서 여러 가지 기독교적 내적치유와 상담의 방법들에 관해 기술하였는데, 저자도 개인적으로 앞선 여러 가지 갈등을 겪은 바 있었다. 그리스도인 정신과 의사로서 신앙과 치유를 분리할 수는 없으나 그렇다고 섣불리 결합할 수도 없는 이러한 갈등을 많이 겪었다. 그러던 중 성경 안에서 이러한 모든 갈등과 한계를 극복할 수 있는 내적치유의 방법이 가능하다는 것을 알게 되었다. 과거에도 성경과 신앙 안에서 인간의 심리와 상처를 치료하려는 상담적 치유가 없었던 것은 아니나, 신학적이고 신앙적인 차원에 머물렀고 정신의학과 심리학적인 면에서는 전문성을 충분히 갖지 못했다. 그리고 인간을 신앙적인 차원에서만 보는 일방적인 접근이어서 많은 사람에게 공감을 주지는 못했다.

그러나 인간의 마음에 대해 성경이 어떻게 말씀하고 있는지 관심을 두고 연구하자, 심리학이나 정신의학의 이론을 도입하지 않고도 충분히 인간의 심성에 대한 전문성을 가지는 방법이 가능하였다. 물론 성경은 심리학적 전문 서적은 아니다. 마음이라는 말은 무수하게 나오지만, 전문적인 용어로서보다는 보편적인 언어일 뿐이다. 지금까지 인성에 관한 신학적인 연구가 있었지만 2분법, 3분법 등의 논란과 함께 더 깊은 전문적인 발전은 없었다.

성경 속에 숨겨진 내면세계의 원리

하나님께서 인간을 창조하시고 하나님의 형상인 영을 인간의 마음 가운데 주셨다. 그런데 인간이 죄를 범하므로 영이 죽게 되고 이로써 마음이 병들게 되었다. 하나님께서는 그 영을 다시 살리시고 구원하시기를 원하시는데 그 영이 들어 있는 마음을 어찌 깊이 다루지 않으시겠는가? 마음이 닫히면 그 영을 구원할 수 없기에 마음을 열고 마음을 치유하시는 것은 부수적인 것이 아니라 구원 사역에 아주 필수적이고 중요한 부분인데 성경에서 어떻게 마음을 깊이 다루지 않겠는가?

성경 전체가 구원을 위한 책이고 구원은 마음을 제외하고는 가능하지 않다면, 성경 전체가 마음에 관해서 이야기하고 있다고 보아야 한다. 다만 우리의 눈이 가리어져 못 볼 뿐이지 성경은 마음에 대해 무수하게 이야기하고 있다. 이러한 마음으로 성경을 다시 볼 때 성경의 모든 얘기가 인간의 마음에 관해 이야기하고 있는 것을 발견하게 된다. 비록 성경은 마음에 대한 직접적인 기술은 없다고 할지라도 성경의 많은 사건과 말씀을 통해 이를 찾아볼 수 있는 것이다.

예를 들어 창세기의 인간 타락 과정이나 아브라함과 그 자손들을 통해 일어난 많은 일을 마음에 적용하면 마음의 상함과 하나님의 치유하심에 대한 너무도 깊고 많은 내용을 발견할 수 있다. 또한 출애굽과 시내산 사건, 특히 성막과 제사는 마음의 구조와 기능으로 볼 수 있으며 이를 치유적으로 적용할 수 있다(실제 이것은 내적치유 세미나의 적용 및 사역 과정의 내용이기도 하다). 물론 성경의 외적인 면도 중요하다. 그러나 하나님께서는 외적인 내용을 먼저 내면에서 시작하여 안과 밖으로 통일시켜 이루시는 뜻이 있으시다. 따라서 이를 내면에서 먼저 적용하는 것은 결코 지나친 것이 아니며 성경과 복음의 본질적인 방향이라고 생각된다.

그러므로 성경을 이러한 차원에서 다시 한번 볼 때, 세상의 학문을 의지하지 않더라도 성경만으로도 충분히 인간의 심성과 치유에 대한 깊은 내용과 실제를 찾아낼 수 있다. 이러한 원리 아래에서 시작된 것이 저자가 시행하고 있는 성경적 내적치유 세미나이다. 물론 성경적이라고 해서, 심리학이나 정신 의학적인 것이 아주 배제되었다는 뜻은 아니다. 성경 속에 숨겨진 내면세계의 원리를 찾는 것은 정신 의학적인 경험과 훈련만으로는 다 이해할 수 있는 것은 아니지만, 그러한 배경이 많은 도움이 된 것은 사실이다.

성경 속에서 찾은 내면 원리는 놀랍게도 심리학이나 정신의학에서 연구된 정신에 대한 이론을 포함하면서도 인간 심성을 더 깊이 이해하고 치료할 수 있게 해주었다. 이런 면에서 성경적 내적치유는 과거의 성서적 상담이나 치유학과 다소 다르다고 볼 수 있다. 아직 성경적 내적치유가 학문적으로 충분히 연구된 것은 아니지만, 그 가능성으로는 결코 세속적 학문과의 대화나 연구를 하는 데 부족함이 없다고 생각한다.

그러므로 성경적 내적치유는 다른 내적치유의 방법보다 성경적 내용에 더 철저히 근거한다. 마음의 원리뿐 아니라 마음의 병의 발생 원인과 전개 과정도 성경에서 찾아내고 마음의 병을 향한 하나님의 뜻과 그 치유 방법도 성경에서 찾아내어, 오로지 성경적인 방법으로만 우리의 내면을 치유하는 것이다. 성경 말씀을 많이 인용하거나 사건들을 치유적으로 적용하고 활용하는 데만 끝나는 것이 아니라, 성경의 전체 흐름 속에 흐르는 하나님의 구원과 치유 계획과 방법을 발견하고 적용하는 것이다. 그러므로 성경의 가장 큰 주제인 복음, 즉 예수 그리스도의 십자가와 부활 그리고 모든 율법의 목적인 하나님의 사랑이 치유의 내용과 능력이 된다.

이제 내적치유가 구체적으로 어떤 치유 과정을 통해 그 효과를 보이는지 살펴보자. 정신 의학적 상담 치유는 크게 두 가지로 나누어진다. 하나는 덮어 주는covering 지지적supportive 치료 방법이요, 다른 하나는 드러내는uncovering 분석적analytic 치료 방법이다. 카운슬링, 위기 조정, 관계 훈련, 행동 치료, 사회 치료, 지지적 정신 치료 등은 대개 환자의 문제를 원인적으로 찾아내어 해결하기보다는, 환자의 현재 문제에 초점을 두어 그 문제를 어떻게 잘 해결하여 더 이상의 고통을 없앨 것인가에 더 집중한다.

그러므로 환자의 부족한 점을 더 밝혀내기보다는 덮어두고 지지하는 방법이다. 어려울 때 이러한 치료 방법이 많은 도움이 된다. 물론 잠재

된 무의식이나, 과거의 원인을 전혀 다루지 않는다는 뜻은 아니다. 필요할 때 잠시 다루기는 하나 주로 현재의 문제 해결에 더 많은 중심을 둔다. 그러나 이러한 치료에도 한계가 있다. 아무리 현실적인 문제를 잘 해결하고 마음을 새롭게 정리해도 근본적인 내면 문제가 해결되지 않으면 자꾸 반복될 가능성이 있다.

이러한 경우에는 환자의 현재보다는 무의식적 동기와 그 원인을 찾아가는 분석적 치료 방법을 사용하게 된다. 특히 어려서 부모와의 관계, 형제와의 관계에서 문제가 있으면 비록 현재는 다 잊어버렸다고 해도 과거의 무의식적 관계와 상처가 현재까지 영향을 줄 수 있기 때문에 분석적 치료가 필요하다. 이를 위해서는 환자의 잃어버린 과거로 내려가 잠재된 무의식의 갈등과 아픔을 끄집어내야 한다. 그리고 나서 그것을 다시 건강하게 이해하고 정리하고 재경험하도록 함으로 그 문제를 치료한다. 그러나 이러한 치료 방법에도 한계가 있다.

인간의 근본적인 문제가 그대로 있는 한 아무리 과거의 병적 관계를 이해하고 새롭게 경험한다고 하더라도 어느 정도까지밖에는 치료가 안 된다. 인간에게 있는 근본적인 죄의식, 굶주린 마음, 버림받음에 대한 두려움과 열등감 등을 해결하지 않는 한 결국 한계에 부딪히고 만다. 인간에게는 과거 부모와의 관계뿐만 아니라 부모 이전의 영적 부모인 하나님과의 관계가 바로 해결되지 않으면 인간관계가 바로 회복될 수 없는 한계가 있다. 상대적 죄의식, 굶주린 마음, 열등감과 두려움 등은 정신 분석적 치료를 통해 어느 정도 해소될 수 있을지는 모르나, 하나님 앞에서의 절대적인 죄의식, 열등감, 하나님 외에는 해결할 수 없는 근원적인 굶주림과 두려움 등이 그대로 있는 한 인간의 치료에는 여전히 한계가 있을 수밖에 없다.

인간은 태어나서 부모를 경험하기 이전에 이미 하나님과의 관계에서 형성된 근원적인 문제가 있다. 원죄로 인해 형성된 인간의 근원적 원마음이 있다. 죄가 마음에 던져짐으로 하나님의 형상으로 지음받은 인간의 마음이 병들기 시작하였다. 죄로 인해 절대적 열등감, 죄의식, 버림받은 마음, 두려움, 불신, 분노, 굶주림 등이 인간의 원마음에 자리 잡고 있다. 이 문제를 근원적으로 해결하지 않고 성장 과정의 문제만 해결하는 것은 한계가 있다. 그러므로 성경적 내적치유는 정신분석에서 다루는 성장 과정의 문제와 함께 하나님 아버지와의 관계까지 분석하고 치유함으로 더욱 본질적인 치유를 가능하게 한다.

더 큰 치유의 힘은 복음 속에

정신치료에서 치유의 힘은 병적 방어를 동참함과 함께 과거 잘못된 관계를 이해하고 바로 경험하는 것이다. 성경적 내적치유도 이러한 분석적 치료의 힘이 작용한다. 그러나 이보다 더 큰 치유의 힘은 복음 속에 있다. 분석적 치료는 인간의 죄와 상한 마음을 그대로 둔 채 그 한계 안에서 최선의 치료이지만 내적치유는 인간의 근원적 죄와 상한 마음을 십자가 안에서 거듭나게 함으로 치유하는 것이다.

그러므로 내적치유의 가장 큰 힘은 십자가 보혈과 부활의 실제적 능력이다. 그리고 이 힘은 성령을 통해 내면에서 실제로 일어난다. 일반적 정신치료와 도저히 비교할 수 없는 엄청난 변화의 힘이다. 문제를 그대로 둔 채 이를 적절히 조절하고 승화시키는 분석적 치료와는 비교할 수 없는 본질적인 변화의 힘이 있는 것이다. 그러므로 이러한 본질적 치유의 힘은 과거 성장기의 상처와 왜곡된 관계를 치유하는 정신 분석적 치료를 더욱 쉽게 한다. 또한 과거 부모와의 잘못된 관계를 해결함으로 하나님과의 왜곡된 관계도 개선함으로 상호 선善순환적인 치료를 가능하게 한다.

그렇다고 성경적 내적치유가 모든 내면 문제를 치유할 수 있는 만능 해결사는 결코 아니다. 본질적인 치유일수록 많은 어려움이 있다. 수술적 치유는 가장 원인적인 치료가 되지만, 많은 후유증과 어려움이 있어서 모든 사람에게 일률적으로 시행할 수 있는 것은 아니다.

정신 분석적 치료가 깊은 치료이기는 하지만 아무에게나 적용할 수 없는 것처럼 성경적 내적치유도 처음부터 아무에게나 쉽게 적용할 수 없다. 치료에 대한 준비와 인격적, 신앙적 성숙이 필요하다. 그리고 많은 시간과 함께 반복적인 치료가 필요하다. 성령의 치유를 강조하다 보면 여러 종류의 은사를 내적치유에 도입할 수 있는데, 이러한 은사를 사용하는 것은 무척 조심해야 한다. 치료 대상자의 인격과 신앙의 성숙도를 무시한 채 은사를 일방적으로 사용하여 환자가 더 큰 혼란과 정신적 고통 가운데 빠질 수 있다. 본질적이고 원인적인 치료일수록 많은 인내와 기다림이 필요하다.

그러므로 성경적 내적치유는 모든 사람에게 적용될 수 있는 치유 방법은 아니다. 심한 환자나, 아직 인격적으로 미성숙하거나, 신앙적인 경험이 깊지 않은 자에게는 결코 쉬운 치료는 아니다. 오히려 그들의 문제가 더 드러나고, 이를 감당하지 못하여 증상이 악화될 수도 있다. 그러므로 성경적 내적치유는 어느 정도 인격적 성숙과 신앙적인 체험과 갈등을 경험한 사람에게 효과적이다. 그렇지 못한 사람에게는 아주 개인적인 지지적 분위기 속에서 많은 시간에 걸쳐 조심스럽게 시행되어야 하는 치료 방법임을 기억해야 한다.

내적치유의 방어화

마지막으로 내적치유의 문제점으로 다룰 또 하나의 중요한 문제점이 있는데 바로 내적치유의 방어화이다. 물론 이는 내적치유에만 생기는 문제는 아니다. 인간의 모든 것이 마음을 숨기는 방어가 될 수 있고 하나님께서 주셨다고 해도 일단 인간의 것이 되면 방어화의 위험이 있다. 신앙과 종교가 방어가 될 수 있고 또 복음과 예수님마저도 방어가 될 수 있다. 내적치유가 아무리 방어를 허물고 치유를 우선한다 해도 스스로 방어에 묶일 수 있는 가능성은 여전히 남아 있다.

방어화가 된다는 것은 결국 마음으로 내려가지 못하고 머리에 머무는 이론과 치유가 되는 경우이다. 치유는 가슴의 감정과 배의 영으로 내려가야 하는데 처음에 조금 하다가 그다음부터는 치유가 된 줄 알고 진정 아픔의 감정으로 가지 않고 내적치유로 자신을 감싸고 방어하는 것이다. 자신이 치유되었다고 스스로 착각하고 남들에게 착각을 주는 것이다. 사실 이는 아주 위험하다. 남을 치유한다면서 오히려 실족시킬 수 있기 때문이다. 모르면 가만히 있지만, 자신이 안다고 생각하며 문제를 일으키면 누구도 말리기 어렵다. 겉은 치유가 일어나는 것 같지만, 속의 마음과 생명은 닫히고 상처를 입게 된다. 이를 알지 못하고 겉의 생각과 행동만 포장함으로 치유를 하는 것처럼 착각을 일으키게 하는 것이다.

　이를 알고 예방할 수 있는 길은 없을까? 첫째로 진정한 감정의 드러냄을 지속해서 해야 한다. 치유는 일회적이지 않다. 겉의 증상은 한 번에 치유될 수 있지만, 이것으로 모든 것이 해결되었다고 생각하는 것은 큰 오산과 착각이다. 원인이 아직 남아 있기에 나중에 다른 문제로 나올 수 있다. 은사나, 성령으로 고침을 받았더라도, 증상만 고쳐진 것이지 그 속의 원인은 그대로 있을 수 있다. 그래서 그 원인이 되는 문제를 찾아 해결해야 한다. 이는 신체질환과 정신적 문제 모두에서 그렇다. 증상의 치료와 함께 원인을 찾아 더 깊은 아픔으로 들어가야 한다. 치유는 늘 양파껍질처럼 진행된다. 이것이 인간의 변화원리이다. 인간의 생명과 인격은 연약하고 섬세해서 절대로 한 번에 다 변화할 수 없다. 그래서 하나님께서 성경에서 사람들을 변화시킬 때 능력이나 관심이 적어서 시간을 오래 끄시는 것이 아니다. 인간의 연약함을 알기 때문에 하나님은 오래 기다리시기 때문이다. 보통 몇십 년은 기본이다. 이상한 사람의 이야기가 아니라, 성경에 있는 위대한 사람들의 경우이다. 그래서 이런 문제를 잘 모르고 간증했다가 나중에 큰 낭패를 보는 경우가 있다. 주님이 고쳐주셨더라도 조심하고 겸손해야 한다. 불신이 아니라, 더 깊은 문제에 대해 겸손해야 한다는 뜻이다. 그래서 간증을 할 수 있지만 조심해야 한다. 간증이 걸림돌이 되어 넘어질 수 있기 때문이다.

  이런 문제를 극복하려면 매일 성령과 말씀의 인도함을 받으며 자신의 아픔을 겸손하게 드러내고 치유받는 것이 필요하다. 실제 감정인지 사고화된 감정인지를 잘 구분해야 한다. 자신의 감정에 아주 솔직해야 한다. 다른 감정은 몰라도 아픔만은 가식적일 수 없다. 그래서 아픔을 찾고 아픔을 통해 주님을 만나는 것이 아주 중요하다. 매일 아픔만 파는 것이 너무 치유에 빠지는 것이 아닌가? 거부하고 비판하는 사람도 있다. 우리가 너무 죄에 갇혀 있지 말고 주님이 이미 다 용서해주셨으니 구원의 열매를 맺어야 하는 것처럼, 너무 아픔에 빠지지 말고 치유의 열매를 맺어야 한다고 주장한다. 일리가 있는 비판이고 권고이다.

  그러나 여기서 권하는 것은 아픔에 빠지라는 것이 아니라, 아픔을 통해서 주님을 만나 십자가와 부활의 연합을 통해 진정한 구원과 치유의 열매를 맺을 수 있기 때문에 오히려 진정한 열매와 변화를 위해서 아픔이 출발점이 되어야 한다는 뜻이다. 진정한 아픔만이 방어를 푸는 길이기에 진정한 아픔은 매일의 양식이 되어야 한다는 것이다. 이를 잊으면 자기도 모르게 방어화될 수밖에 없음을 기억해야 한다.

  두 번째 방어화를 진단하고 극복하는 길은 자기 생각과 말을 늘 살펴야 한다는 것이다. 복음의 중심과 생명은 용서이다. 이를 잃어버리면 자기도 모르게 복음을 떠나 방어로 가고 있음을 알아야 한다. 용서가 사라지면 가장 잘 나오는 것이 판단과 비판이다. 자신이 조금씩 이러한 경향이 많아지고 있다면, 자신을 경계하고 자신이 방어로 숨기고 있는 것을 찾아 용서의 복음으로 나아가야 한다. 치유의 중심은 위로, 수용, 공감과 용서라는 것을 늘 알아야 한다. 이는 놀랍게도 성경의 진리이기 이전에 일반 상담학에서 가장 강조하는 기초이기도 하다. 이것이 안 되면 아무리 공부를 많이 하고 경험이 많다고 하더라도 치유자로서 자질에 문제가 있다고 보아야 한다.

그리고 세 번째로 자신을 살펴야 할 것은 치유의 열매이다. 치유의 열매는 일반 구원의 열매와 동일하다. 그리고 성령의 열매와 고린도 전서 13장의 사랑의 열매와 같은 것이다.

늘 자기 열매를 점검하며 작더라도 믿음으로 열매를 맺어야 한다. 이때 가장 중요한 것은 열매의 다양함이나 크기가 아니다. 남들이 인정해주느냐 아니냐가 중요한 것이 아니라, 변화되는가, 아닌가가 제일 중요하다. 조금씩이라도 자신이 달라지고 있는가? 매일 깨달아가고 새로워지고 있는가? 이것이 가장 중요한 것이다. 생명의 가장 큰 특징은 자라나는 것이다. 변화되는 것이다. 매일은 몰라도 일주일은 달라야 하고 매달 다르고 일 년이면 같은 것 같지만, 달라야 한다. 만일 그렇지 않다면 자신의 치유와 변화가 방어로 멈추고 있다는 것을 인정하고 이를 깨고 그 속에 숨어 있는 아픔을 찾아 십자가에 가지고 나아가야 한다.

네 번째는 어떻게 보면 가장 중요한 것으로서 늘 복음 가운데 있어야 한다는 것이다. 복음은 무엇인가? 한마디로 말하면 용서와 사랑이다. 매일 자신 속에 용서와 사랑이 있는가? 용서를 통해 의를 경험하고 십자가의 사랑을 더 깊고 크게 경험하고 있는지를 늘 점검해야 한다. 십자가와 부활의 복음을 떠나면 치유는 멈출 수밖에 없다. 멈춤은 곧 방어화이다. 그래서 사도바울은 매일 십자가에 나가 죽는다고 했다. 매일 새롭게 변화되기 위해 이미 가진 것을 내려놓고 예수 그리스도에게 나아간다고 했다. 멈춤과 방어를 늘 깨고 십자가에 나가 죽음으로 새로워져야 한다는 것이다. 바울처럼 위대한 사도도 그러했다면 우리는 더할 나위도 없을 것이다. 매일 십자가를 생명처럼 몸에 모시고 사는 길이 방어를 풀고 늘 새로워지는 길인 것이다.

이제 마지막으로 마음만이 아니라 몸까지 살펴야 한다. 흔히 모두가 건강이 중요하다고 생각하지만, 몸의 가치를 제대로 알지 못하고 있다. 생각과 영성이 중요하고 이를 실행하려면 건강한 몸이 있어야 하므로 그 도구로서 몸을 소중히 여겨야 한다고 생각하는 정도이다. 몸의 성경적 의미와 중요성에 대해서는 앞의 글에서 여러 번 강조한 바 있다. 마음은 몸에서 나온다고 했다. 마음이 원활하게 드러나지 못하고 억압되고 방어화되면 몸이 아프기 시작한다. 그래서 몸의 불편함과 아픔을 늘 소중히 여기며 이를 가지고 그 속의 마음을 찾아 주님에게 가지고 나가야 한다. 몸과 마음과 영이 하나 되어 주님을 만나고 변화되고 성화되어야 한다. 그래서 몸의 질환뿐만 아니라 사소한 불편함도 그 속에 숨어 있는 마음과 감정을 찾아 십자가에 가지고 나가 주님을 만날 수 있어야 한다. 이만큼 철저하게 자신을 보며 주님을 만날 때 우리는 방어에 머물지 않고 늘 새롭게 변화하고 치유될 수 있는 것이다.

왜, 우리는 변화되지 않는가?
내면의 창으로 다시 본 성경

초판 1쇄 발행 2022년 2월 22일

지은이 이성훈
발행인 이의영

펴낸곳 도서출판 성인덕
출판등록 제2019-000115호
주소 (06241) 서울시 강남구 테헤란로4길 46, 100동 118호(역삼동, 쌍용플래티넘밸류)
전화 02-564-0602
팩스 02-569-2917

ISBN 979-11-966783-9-5(03230)

• 책값은 뒤표지에 있습니다.
• 이 책의 일부 또는 전부를 재사용하시려면 반드시 도서출판 성인덕의 동의를 얻어야 합니다.
• 잘못 만들어진 책은 구입하신 곳에서 교환해드립니다.